심리학으로 보는

조선왕조실록

심리학으로 보는
조선 왕조실록

강현식 지음

살림

머리말
최고의 심리 이야기, 조선왕실 이야기

　사극은 드라마 소재로 빠지지 않는 주제입니다. 특별히 조선왕실의 이야기는 더더욱 그렇습니다. 잊혀질 만하면 다시 방영되기를 끊임없이 반복하고 있습니다. 이것은 조선왕실에서 일어났던 일들이 드라마로 만들기에 적합하다는 것이겠죠. 또한 현대를 살아가는 우리의 삶의 내용도 이와 크게 다르지 않다는 것일 겁니다. 왜 그럴까요? 시간으로 보자면 짧게는 100년, 길게는 600년 이상이나 차이가 나는 시대인데…….

　그 이유는 조선왕실의 이야기나 지금 우리들의 이야기나 모두 '사람들의 이야기'이기 때문입니다. 비록 시대가 많이 흘러서 그때와 비교했을 때 입는 옷도 다르고, 먹는 음식도 달라졌으며, 사는 집도 너무나 다릅니다. 어디 이뿐입니까? 사용하는 언어(어휘)도 상당히 달라졌고, 글자도 달라졌습니다. 탈 것은 두말 할 필요가 없죠. 이외에도 다른 것을 따지자면 한도 끝도 없습니다. 그러나 변하지 않는 것이 있습니다. 바로 사람의 심리입니다.

　그때나 지금이나 우리는 자신보다 유리한 위치에 있는 경쟁자를 보면 시기와 질투를 느낍니다. 중요한 사건 앞에서는 망설입니다.

나보다 연약한 사람을 보면 측은지심을 느끼곤 합니다. 또한 내 부족함을 채워 줄 수 있을 것 같은 이성을 만나면 쉽게 사랑에 빠지곤 합니다. 그러다가 사랑하는 사람의 배반에 복수의 칼을 갈기도 하죠. 그런데 이 모든 것은 심리학자들의 관심사가 아니겠습니까! 이처럼 역사와 심리는 떼려야 뗄 수 없는 것입니다. 하지만 많은 역사책들을 보면 이러한 심리적인 관점들은 거의 찾아보기 힘듭니다. 역사학자들은 주로 심리 외적 요인들(국제정세, 국내 정치상황, 이념의 차이 등)만 설명합니다. 간혹 심리적인 설명을 곁들이기도 하지만, 아주 제한적일 뿐이죠. 그래서 저는 역사를 전공한 사람은 아니지만, 아주 용감하게(?) 이 책을 쓰게 되었습니다.

 책을 쓰기 위해서 수많은 책을 읽었습니다. 조선역사라고 하면 역사를 전공하지 않은 사람들도 전문가가 많을 정도가 아닙니까! 역사를 자칫 잘못 건드렸다가는 본전도 못 건질 것 같아, 가능한 객관적인 자료에 근거하여 역사를 기술하고 심리적으로 해석하려고 노력했습니다. 그런데 역사를 공부하면서 알게 된 놀라운 사실은 정사(正史)나 야사(野史), 그 어느 것 하나도 완벽한 역사 기술은 없다는 것입니다.『조선왕조실록』의 경우에는 후대 왕의 평가에 의하여 자료가 선별되기 쉽고, 야사는 그 근거조차 희미하기 때문입니다. 정사와 야사가 전혀 다른 이야기를 하는 경우도 많았습니다. 역사학자들이 쓴 책을 보아도, 정사와 야사에 두는 비중은 학자들마다 너무나 달랐습니다. 어쩔 수 없이 여러 자료들을 비교해 가면서 비교적 공통된 부분들을 자료로 삼았으며, 때로는 심리 이야기를 풀어 가기 위해서 선별적으로 자료를 선택하기도 했습니다. 따라서 조선역사의 전문가라고 생각하시는 분들은 책을 읽으시다가, 자신의 관점과 다른 이야기가 있더라도 너그러운 마음으로 이해해 주십사 부탁드립니다.

저의 전작인 『누다심의 심리학 블로그』가 세계사를 심리학으로 푼 것이라면, 이 책은 조선왕실의 이야기를 심리학으로 푼 것입니다. 『누다심의 심리학 블로그』는 청소년을 염두에 두고 쓴 것이기 때문에, 역사와 심리 이야기를 구분해서 쉽게 썼습니다. 그런데 이 책에서는 역사와 심리 이야기를 하나로 녹이려고 노력했습니다. 그래서 어떤 이들에게 이 책은 심리책으로 보일 것이나, 어떤 이들에게는 역사책으로 보일 것입니다. 어떠한 배경 지식을 갖고 있는지, 어떠한 기대를 하고 있는지, 어떠한 관점을 가지고 있는지에 따라 전혀 다르게 보일 수 있다는 것입니다. 저는 이 책이 역사적 관점을 갖고 계신 분들에게는 심리학 책으로, 심리적 관점을 갖고 계신 분들에게는 역사책으로 보이기를 바랍니다. 그래야 상호보완적인 관점을 가지게 되어 역사를 제대로 이해할 수 있을 테니까요.

마지막으로 이 책이 출간되기까지 애써 주신 분들께 감사드립니다. 처음 아이디어를 제공해 주신 살림출판사의 강심호 선생님, 책이 세상의 빛을 볼 수 있도록 산파 역할을 해주신 정은선님, 그리고 사랑하는 아내와 저를 아빠로 만들어 준 아들 생명에게도 고마운 마음을 전합니다. 그리고 저를 늘 지지해 주시는 부모님께도 이루 말할 수 없는 감사와 사랑을 전합니다. 무엇보다 부족한 책에 관심을 가져 주시고, 구입해 주신 독자 여러분에게 감사드립니다.

누구나 다가갈 수 있는 심리학을 꿈꾸는 이
강현식(nudasim@hanmail.net)

심리학으로 보는 조선왕조실록

목 차

머리말 _ 최고의 심리 이야기, 조선왕실 이야기 · 005

제1장
약한 아버지와 강한 아들, 500년 조선의 첫 시작을 열다 · 013
`양가감정, 공격성, 승화` — 태조, 정종, 태종

태조의 조선 건국 이야기 ㅣ 태조는 조선을 꿈꾸었나? ㅣ 일관되지 못한 태조의 행동 ㅣ 태종의 왕위 계승 이야기 ㅣ 추진력 강한 태종 ㅣ 늘 아들의 승리 ㅣ 약한 아버지와 강한 아들

제2장
왕으로 산다는 것, 패륜아와 영웅 사이에서 · 045
`투사적 동일시` — 세종, 문종, 단종, 세조

수양대군, 세조가 되다 ㅣ 세조를 바라보는 또 다른 시각 ㅣ 관점의 차이 ㅣ 감정이입의 영향력 ㅣ 해석의 차이 ㅣ 누가 가해자이고 누가 피해자인가 ㅣ 단종과 세조의 대상관계 ㅣ 아쉽기는 하지만 욕할 정도는 아닌

제3장
고부갈등이 희대의 폭군을 낳다 · 077
`반동형성, 경계선 성격` — 예종, 성종, 연산군

파워게임의 승자 ㅣ 소혜왕후의 기구한 운명 ㅣ 겉과 속이 다를 수밖에 없는…… ㅣ 불행의 씨앗이 싹트다 ㅣ 며느리의 입장 ㅣ 시어머니의 입장 ㅣ 받은 대로 갚아 준다 ㅣ 따뜻한 품을 찾다

제4장 강한 어머니와 약한 아들이 초래한 비극 · 109
편집성 성격, 자기충족적 예언 — 중종, 인종, 명종

준비되지 못한 왕, 중종 | 9개월의 왕, 인종 | 인종은 왜 죽었는가? | 여왕 문정왕후 윤씨 | 아무도 믿을 수 없는 | 아들을 괴롭히는 어머니 | 강한 어머니와 약한 아들

제5장 근본적인 열등감의 대물림 그리고 임진왜란 · 139
열등감, 우월성의 추구 — 선조, 광해군

후궁의 아들이 왕이 되다 | 방계승통이 지속되다 | 아들에게 열등감을 느끼는 아버지 | 열등감을 대하는 태도 | 동생에게 열등감을 느끼는 형 | 열등감의 결과 | 비운의 왕으로 남다

제6장 의심이 병자호란을 일으키고 아들을 죽이다 · 171
집단극화, 인지협착, 확증편향 — 인조, 효종

굴욕을 당하다 | 집단의 결정이 초래한 굴욕 | 볼모로 잡혀간 두 아들 | 몸의 긴장과 마음의 긴장 | 믿는 도끼에 발등 찍히다 | 믿었던 도끼를 버리다 | 같은 경험, 다른 입장

제7장 절대군주, 마음이 공허한 나르시시스트 · 203
자기애성 성격 — 현종, 숙종

적통 숙종, 14세에 친정을 하다 ｜ 절대군주의 전능감 ｜ 환국의 연속 ｜ 마음이 공허한 나르시시스트 ｜ 최고의 나르시시스트 숙종 ｜ 공부하고 일하는 왕이었던 숙종 ｜ 자신의 적은 바로 자신 ｜ 죽음 앞에서도 변하지 않는 성격

제8장 억울함이 아버지와 아들 사이에 그림자를 드리우다 · 237
억울함, 그림자 — 경종, 영조, 사도세자, 정조

탕평책과 경종 독살설 ｜ 억울함의 심리 ｜ 단 하나뿐인 아들 ｜ 사도세자의 정신병리 ｜ 아버지와 아들의 그림자 ｜ 나는 사도세자의 아들이다

제9장 시아버지와 며느리의 투쟁, 500년 조선의 막을 내리다 · 269
의존적 성격 — 순조, 헌종, 철종, 고종, 순종

고종이 왕이 되기까지 ｜ 겉과 다른 속, 속과 다른 겉 ｜ 며느리가 숙적이 되다 ｜ 민비는 왜 흥선대원군을 미워하게 되었나 ｜ 자리가 사람을 만든다 ｜ 조선의 왕, 황제가 되다 ｜ 의존적 성격에서의 탈피

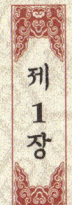

제1장

약한 아버지와 강한 아들, 500년 조선의 첫 시작을 열다

― 태조, 정종, 태종

우리는 아침에 일어나는 순간부터 저녁에 잠자리에 드는 순간까지, 크고 작은 선택을 한다. 말과 행동, 생각 등 어느 것 하나도 선택 없이 가능한 일은 없다. 어떤 옷을 입을지, 어떤 음식을 주문할지, 누구에게 부탁을 할지 등 우리의 삶은 선택의 연속이라고 해도 과언이 아니다.

수많은 선택 앞에서 사람들의 반응은 크게 두 가지로 나뉜다. 하나는 여러 가능성 앞에서 끊임없이 주저하고 망설이는 것이고, 또 다른 하나는 자기 선택에 확신을 가지고 추진력 있게 밀고 나가는 것이다. 전자는 주관이 없고 주변 사람들에게 휘둘리는 생각 없는 사람처럼 보일 수 있다. 그의 마음에는 두 마음이 팽팽하게 맞서고 있어서 어느 한쪽이 우세하지 않기 때문에 선택을 쉽게 하지 못한다. 어떻게 보면 신중하다고 할 수도 있고, 달리 보면 답답하다고 할 수 있다. 이와는 반대로 주저하지 않고 선택한 후 실행에 옮기는 사람은 한쪽 마음이 확실히 우세한 것이다. 이런 사람들은 추진력이 있다고 할 수도 있고, 또 한편으로는 자기 생각만 한다고 할 수도 있다.

단기간에 성과를 내야 하는 일에는 추진력 있는 사람이 적합하지만, 사람을 대할 때에는 자기 생각을 무조건 밀어붙이기보다 상대방을 배려하는 조심스러운 사람이 선호된다. 어떤 성격이 더 좋다고 할 수 없는 이유다. 그러나 한 나라를 이끌어 가는 왕이라면 당연히 주저하는 성격보다는 추진력 있는 편이 좋다. 특히 한 나라를 최초로 일으킬 때라면 더욱 그러하다.

이처럼 상반된 성격은 종종 부모와 자녀 사이에서 나타나곤 한다. 그리고 서로 다른 두 스타일은 결코 타협과 공존이 불가능하므로 반목과 갈등이 끊이지 않는다. 조선의 건국 과정에서 등장하는 태조와 태종이 바로 이런 사람들이다.

조선의 1대 왕은 누구인가? 모두 '태조 이성계'라고 자신 있게 대답할 것이다. 그러나 질문을 바꿔서 "조선의 근본을 설립한 왕은 누구인가?"라고 질문한다면, 대답을 주춤거리는 사람이 많을 것이다. 왜냐하면 조선의 1대 왕이 태조 이성계이기는 하지만 조선을 조선답게 만든 것은 그의 아들이자 3대 왕인 태종 이방원이라고 할 수 있기 때문이다. 특히 조선이 건국되는 과정을 잘 아는 사람이라면 이 말이 무슨 말인지 금세 알아차릴 것이다.

조선의 개국공신은 매우 많다. 그러나 신하 중에서는 정도전, 가족 중에서는 이방원이 단연 최고라고 할 수 있다. 그런데 이 두 사람이 이성계를 도와 조선을 건국하는 과정을 살펴보면 이성계를 진정으로 도운 것이라기보다는, 자신들의 야심을 이루기 위해 이성계를 잠시 전면에 내세운 것은 아닐까 하는 의구심이 든다. 정도전은 신권 중심의 나라를 만들기 위해, 그리고 이방원은 스스로 왕이 되어 왕권 중심의 나라를 만들기 위해 이성계를 이용했다고도 볼 수 있을 정도다.

전혀 다른 생각으로 이성계를 도운 이 두 사람은 결국 극한의 대립으로 치달았고, 이 대립은 이방원의 승리로 끝났다. 이방원은 왕위에 올라 태종이 되었고, 조직과 체계를 다듬거나 새롭게 만들어 조선을 조선답게, 즉 고려와는 다른 새로운 나라로 만들었다. 사실 태종의 아들 세종이 수많은 업적을 세우면서 조선을 한층 탄탄하게 할 수 있었던 것도 태종이 왕권을 튼튼하게 구축한 덕분이다. 이런 면에서 보면 태조보다는 태종이 조선의 근본을 세웠다고 할 수 있을 것이다.

실제로 많은 역사학자들과 작가들은 태조보다는 태종에 더욱 주목한다. 그도 그럴 것이 태조는 좀 밋밋하다. 소신이 뚜렷하지 않아 주변 사람들의 말에 쉽게 흔들렸고, 중요한 결정 앞에서는 주저하는 모습도 자주 보였으며, 결정이 잘못되었다고 뒤늦게 후회하고 번복하는 일이 많았다. 그래서일까? 무려 500년 동안 지속된 조선왕조를 설립한 사람치고는 별로 할 이야기가 없다. 반면 태종은 목표와 이상이 뚜렷하고 추진력이 있었다. 물론 목표와 이상을 추구하다가 지나치게 많은 피를 뿌렸으며, 수단과 방법을 가리지 않는 성품 탓에 '잔인한 폭군'이라고 평가하는 사람도 있다. 어찌 되었든 그는 많은 이야깃거리를 제공한다.

도대체 무엇이 태조와 태종을 이리도 다르게 만들었을까? 조선의 1대와 3대 왕이었던 태조와 태종을 제대로 이해하지 못하면 조선의 시작을 제대로 알기 어렵다. 조선의 시작은 이렇게 확연히 다른 아버지와 아들의 이야기로 시작된다.

태조의 조선 건국 이야기

1335년 지금의 함경남도에서 이자춘의 장남으로 태어난 이성계는 어릴 적부터 총명했으며 궁술에 뛰어났다. 당시 중국에서는 새로 명(明)이 일어서면서 원(元)이 약해졌고, 이 틈을 타 여진족이 새로운 세력을 형성해 고려를 위협했다. 또한 남쪽에서는 왜구의 노략질이 끊이지 않아 나라 전체가 혼란스러웠다. 이성계는 이러한 난세에 태어났다. 난세에는 붓보다 검을 휘두르는 사람이 인정받고 출세하는 법. 일찍이 아버지와 함께 고려의 변방을 지켰던 무사 이성계는 조금씩 두각을 나타내었다. 급기야 1362년 원의 나하추와 맞서 싸워 승리하면서 고려의 영웅으로 떠올랐다. 이 승리는 우연이 아닌 필연이었다. 30여 년을 전쟁터에서 살면서 한 번도 패한 적이 없다는 사실이 그것을 증명한다. 대단한 용사가 아닐 수 없다. 이렇게 전쟁에서 승리할 때마다 그의 위상은 차츰 높아졌다.

　명은 원을 물리치고 중원을 장악한 후 주변국으로 눈길을 돌렸다. 고려도 그 눈길을 피하지 못했다. 명은 고려에게 무리한 공물을 요구했고, 철령 이북 땅을 차지하겠다고 위협했다. 이곳은 원에게 속해 있던 곳이니 이제는 자신들의 몫이라는 것이다. 고려를 속국으로 삼겠다는 것과 다름없는 말이다. 고려의 장수 최영(崔瑩)은 우왕에게 이대로 명의 속국이 될 수는 없다고 하면서, 명의 전초기지였던 요동을 정벌하자고 주장했다. 우왕도 이에 동의하여, 결국 고려는 요동 정벌을 실행한다. 우왕은 최영을 필두로 하여 이성계와 조민수에게 요동 정벌의 막중한 임무를 주었다. 그러나 우왕은 자신의 장인이자, 나이가 너무 많아 전쟁에 나가기 힘든 최영을 출전시키지 않았다. 마침내 1388년 5월 이성계와 조민수는 5만 대군을 이끌고 압록강의 하중도(河中島)인 위화도에 도착했다.

　그러나 요동을 코앞에 둔 이성계는 우왕에게 상소를 올려 요동 정벌이 불가한 이유 네 가지를 들었다. 첫째, 이소역대(以小逆大), 작은 나라가 큰 나라를 거스르는 것은 옳지 않고, 둘째, 하월발병(夏月發兵), 여름철에 군사를 동원하는 것도 옳지 않으며, 셋째, 거국원정왜승기허(擧國遠征 倭乘其虛), 나라 전체가 원정을 떠나면 왜구가 허점을 노려 기승할 수 있으며, 넷째, 시방 서우노궁 대군질역(時方 署雨弩弓 大軍疾疫), 지금은 장마철이라 활이 휘어지고 병사들이 병에 걸릴 수 있다는 것이다.

물론 우왕과 최영은 이성계의 주장을 받아들이지 않았다. 그러자 이성계는 왕명을 거역하고 조민수와 함께 개경으로 회군한다. 우왕과 최영에 대해 반란을 일으킨 것이다. 제아무리 역전의 용사인 최영이라 하더라도 대군을 이끄는 이성계와 조민수를 이길 수는 없었고, 결국 이성계의 일방적인 승리로 끝났다. 최영은 유배를 갔고 우왕도 폐위되어 강화도로 유배를 떠난다.

그런데 그 후 이성계는 조민수를 바로 제거하고 조선을 세우지 않는다. 오히려 최영과 우왕을 내쫓은 다음 누구를 왕으로 추대할 것이냐 하는 문제에서 이성계는 조민수의 주장을 따랐다. 그 결과 창왕이 등극했으나, 창왕은 정통 왕족인 왕씨가 아니었고 신돈의 자손으로 간주되었다. 이는 과거를 청산하고 새로운 시대를 꿈꾸는 개혁파들에게 시빗거리가 되었다. 당시 개혁파에는 고려를 대신할 새로운 왕조를 세우자는 역성혁명론자들이 있었고, 그보다는 고려왕조의 정통성을 회복함으로써 온건한 개혁을 꾀하자는 개혁론자들이 있었다. 역성혁명을 주장하는 사람들은 정도전과 이방원을 중심으로 한 이성계의 무리였고, 온건한 개혁을 주장하는 사람들의 수장은 정몽주였다. 이들은 힘을 합쳐서 창왕을 내쫓았다. 그리고 공양왕을 추대한 후 창왕을 옹립했던 조민수를 탄핵하여 귀양을 보냈다.

이제 개혁파가 조정을 장악했으나 새로운 갈등이 시작되었다. 사실 역성혁명론자들은 창왕을 내쫓은 다음 이성계를 왕으로 추대하려고 했지만 이러한 시도는 불발로 끝났다. 이성계 본인이 극구 사양했기 때문이다. 이를 계기로 조정의 주도권은 온건개혁파에 넘어갔고 이성계 일파의 입지는 점점 좁아졌다. 자칫하다가는 역성혁명이 백일몽이 될 지경에 이르렀다. 그러나 늘 반전이 있는 법. 이성계의 아들 이방원은 온건개혁파의 수장 정몽주를 선죽교에서 제거했고, 1392년 7월 이성계는 조준과 정도전, 남은, 이방원 등에 의해 조선의 1대 왕으로 추대되었다.

태조는 조선을 꿈꾸었나?

앞의 이야기는 조선왕조의 시작을 다룬 책이라면 어느 곳에나 나오는 일반적인 이야기다. 그러나 그 면면을 찬찬히 음미해 보면 석연치 않은 점을 발견할 수 있다. 바로 새 왕조에 대한 이성계의 태도다. 이성계가 조선을 설립하는 과정을 보면 그가 정말 새로운 왕조를 꿈꾸던 사람이었는지에 대해 의문이 든다. 보통 새로운 왕조의 설립자라고 하면 새로운 시대를 꿈꾸면서 치밀하게 준비하는 것이 일반적이다. 자신과 생사고락을 함께할 사람을 모으고 힘을 합친다. 그러다가 결정적인 순간에 반란을 일으켜 기존 왕조를 무너뜨리고 새 왕조를 세운다. 그러나 이성계에게는 위화도 회군부터 시작하여 왕이 되는 과정이나 왕이 된 후에도 새로운 왕권과 왕조에 대한 강한 의지가 보이지 않는다.

우선 조선왕조 시작의 결정적 사건인 위화도 회군을 어떻게 볼 것인가? 역사학자의 입장에서는 위화도 회군을 왕위 찬탈을 목적으로 한 사전에 계획된 쿠데타로 보거나, 요동을 공격할 수도 없고 안 할 수도 없는 진퇴양난의 상황에서 나온 불가피한 선택으로 본다. 그러나 이 두 가지 해석은 설득력이 약하다.

우선 위화도 회군이 계획된 쿠데타가 아니라는 이유는 이렇다. 이성계가 누구인가? 무려 30년 이상 전쟁터를 누빈 역전의 용사였다. 이런 사람이 계획한 쿠데타라고 하기에는 너무 허점이 많다. 만약 처음부터 쿠데타를 계획했다면 굳이 수만 명의 병사를 이끌고 위화도까지 갈 필요가 있었을까? 지금처럼 군용 트럭이나 수송기가 있었던 시대도 아니고, 개경에서 압록강까지 병사들을 도보로 왕복시킨 다음 전쟁을 치른다는 계획이 말이나 되는가? 또한 압록강 강변에 머무르다가 돌아온 것도 아니고, 강을 건너서 위화도까지 들어갔다. 지금처럼 섬과 강변을 잇는 대교가 있었던 것도 아니었기에 수만 명의 군사와 식량, 가축과 무기를 모두 가지고 강을 건넌다는 것은 엄청난 일이다. 게다가 전쟁이란 기습적으로 해야 승리할 수 있는 법인데, 우왕에게 상소를 올리고 압록강에서 개경으로 돌아오는 동안 최영이 전쟁에 대비할 시간적인 여유를 주었겠는가?

그뿐만 아니라 진퇴양난의 상황이라고도 할 수 없다. 다시 말해 명과 전쟁을 하려고 출전했는데, 가 보니 정말 전쟁할 상황이 아니어서 되돌아온 것은 아니라는 것이다. 그 이유는 이성계가 군대를 개경으로 돌리기 전에 우왕에게 보낸 사불가론에서 드러난다. 이성계가 언급한 이유들은 위화도에 도착해서 깨달은 것이 아니라 요동 정벌에 대한 의견이 나올 때부터 충분히 예상된 것이었다. 당시 전쟁에는 늘 백성이 동원되었고 백성은 대부분 농업에 종사했기에 여름에 하는 전쟁은 항상 백성의 원성을 초래했고, 온 나라가 북쪽에서 전쟁을 하면 남쪽에서 왜구가 들끓는다는 것도 너무 빤한 일이며, 장마철에 활을 제대로 쏘기가 어렵고 전염병이 돈다는 사실 역시 이성계는 30년 이상 전장에서 경험했다.

어떤 이들은 이성계가 여러 전쟁에서 승승장구하면서 고려의 영웅으로 떠오르자, 우왕과 최영이 이성계를 위험인물로 여겼고 그를 제거하기 위해 요동 정벌을 명했다고 주장한다. 만약 이성계가 왕명을 어기면 처단할 구실이 생기는 것이고, 설사 그가 전쟁에 나가더라도 명과의 전쟁에서 패하여 죽을 가능성이 크며, 혹시 죽지 않고 전쟁에서 이기더라도 우왕과 최영에게는 손해 볼 것이 없다는 것이다. 그래서 이성계가 요동 정벌의 명을 받았을 때 이러한 분위기를 감지하여 왕명을 받아 전쟁에 나갈지 말지 고민했고, 그의 아들 이방원이 이성계를 찾아와 일단 출정한 후에 기회를 노리자고 계획했다고 주장하는 사람들도 있다.

어떤 것이 사실인지는 분명하지 않으나 한 가지는 확실하다. 바로 이성계가 새로운 왕조를 만들기 위해 이 모든 상황을 치밀한 계산 하에 의도적으로 이용한 것은 아니라는 것이다. 이 말은 이성계에게 권력욕이나 새로운 왕조에 대한 꿈이 전혀 없었음을 의미하는 것은 아니다. 고려 말의 혼란스러운 상황 속에서, 그리고 자신에게 벌어지는 일련의 사건을 통해 새로운 왕조를 만들어서 왕이 되고 싶은 마음도 있었겠지만, 이에 못지않게 그 반대의 마음도 컸을 것이다. 다시 말해 새로운 시대를 꿈꾸기도 했으나 이 과정에서 치러야

양가감정

어떤 대상에 대해 서로 상반되는 두 마음이 함께 존재하는 것으로, 그 대상이 사람이라면 애증(愛憎)이 대표적인 양가감정일 수 있다. 양가감정은 누구에게나 있는 자연스러운 심리상태지만, 그 정도가 커지면 아무 것도 실행할 수 없는 무기력한 상태에 빠지기도 한다.

할 희생에 대한 두려움과 망설임도 있었을 것이다. 이렇게 사람이나 사물, 사건에 대해 상반되는 두 개의 태도나 감정, 마음의 공존을 가리켜 양가감정(ambivalence)이라고 한다.

그렇다면 이성계의 마음에는 어떤 양가감정이 있었을까? 하나는 새 왕조를 세워 새로운 시대를 만들고 싶은 마음이다. 혼란스러운 고려 말, 대부분의 사람들이 개혁을 원했다. 늘 그렇듯이 왕조 말기에는 소수의 기득권 세력만 제외하고는 모두 변화를 원한다. 이성계도 다르지 않았다. 새로운 영웅으로 떠오르기는 했으나, 자신의 조상들이 원나라로 망명한 전력 탓에 출세나 입지에 여러 가지 한계를 느꼈을 것이다. 또한 수많은 전쟁을 치르고 백성을 만나면서 고려의 백성이 얼마나 살기가 힘들었는지 실감했을 것이다. 그래서 그도 새로운 시대를 원했을 것이다.

그러나 이와는 또 다른 마음이 있었다. 새 왕조를 세우는 과정이 결코 순탄하지는 않을 것이고, 또한 얼마나 많은 사람들이 목숨을 잃어야 하는지 누구보다 잘 알았다. 어디 그뿐인가? 고려를 위해 30년 이상 목숨을 내놓고 충성을 다했던 그였기에 반역은 가당치도 않았다. 게다가 최영은 여러 전투에서 함께 생사를 넘나든 직속상관이었고 평소 마음속 깊이 존경하는 인물이 아니었는가! 그에게는 새로운 왕조를 세우고자 하는 소망 못지않게 이에 대한 부담감과 두려움도 있었을 것이다.

일관되지 못한 태조의 행동

물론 누구나 두 마음이 있을 수는 있다. 그러나 양가감정이라고 부르려면 두 마음의 대립과 갈등이 커야 한다. 한 마음이 다른 마음을 쉽게 누르면 그것을 양가감정이라고 하지는 않는다. 마음을 행동으로 옮기기 위해서는 마음의 방향을 잡아야 하는데, 두 마음의 크기가 비슷하면 마음을 정하기가 쉽지 않다. 이때에는 보통 주변 사람들이나 상황적 여건에 따라서 마음을 결정한다.

예를 들어 자장면을 먹어야 할지 짬뽕을 먹어야 할지 심하게 고민하는 사람은, 주변에서 어떤 사람이 자장면을 먹으라고 하면 그렇게 하겠다고 한다. 그러다가 또 다른 사람이 자장면보다는 짬뽕이 더 맛있을 것이라고 하면 결정을 번복하고 짬뽕을 선택한다. 이때 또 다른 사람이 "왜 그렇게 사람이 줏대가 없냐?"고 핀잔을 주면, 원래대로 자장면을 먹으면 될 것이 아니냐고 또다시 변덕을 부린다. 이렇게 두 마음의 크기가 비슷하여 갈등과 대립이 심한 양가감정을 지닌 사람들은 일관성 없는 행동을 한다. 그런데 이러한 사람은 다른 사람의 의견을 잘 수용하는 것처럼 보이기 때문에 아주 마음이 넓고 그릇이 큰 사람처럼 보일 수도 있다. 그러나 그 내면은 전혀 다르다.

태조도 마찬가지였다. 분명 그는 요동 정벌을 위해 출정하면서 갈등했을 것이다. 왕의 명령을 거역할 수도, 따를 수도 없었다. 몸은 요동으로 가고 있었으나 고민과 갈등은 쉽게 끝나지 않았다. 하루는 죽음을 각오하고 왕명을 받들어 요동을 칠 계획을 세우다가도, 다음 날에는 자신만을 믿고 따르는 군사(백성)들에게 무모한 전쟁이라는 생각에 회군을 계획했다. 그러나 30년 동안 고려를 위해 목숨을 아까워하지 않았는데 이제 와서 뒤집을 수는 없었다. 하지만 무너져 가는 왕조를 위한 희생보다 새로운 시대를 위한 희생이 더 값진 것이라는 생각도 들었다. 이렇게 진군이냐 회군이냐를 놓고 이성계는 끊임없는 고민과 갈등 속에서 괴로워했다.

이러한 갈등 끝에 결국 회군을 결정한 이유는 무엇일까? 당시 백성 사이에서 유행했다던 '목자득국(木子得國)'이라는 노래 때문이 아니었을까? 목자(木子)를 합하면 이(李)가 되기에, 이 노래는 "이씨가 나라를 얻는다."로 풀이될 수 있다. 이성계는 전국에서 모인 수많은 군사(백성)들과 함께 한 달 이상 행군하면서 고려 조정에 대한 민심과 이 노래에 담긴 소망을 알았을 것이다. 결국 이것이 진군이냐 회군이냐를 놓고 갈등하는 그의 마음에 방향타가 되었을 것이 분명하다. 이렇게 회군을 결정한 것이 바로 압록강을 건너 위화도까지 왔을 때였던 것이다.

이성계의 이러한 결정을 놓고 새 왕조를 만들기로 결심한 증거라고 해석을 하는 것은 무리다. 양가감정을 지닌 사람들은 당장의 작은 결정도 어려워한다. 회군이냐 진군이냐를 놓고 무려 한 달이나 고민했는데 어떻게 새로운 왕조의 설립이라는 거사를 결단할 수 있겠는가? 그러나 이성계를 중심으로 역성혁명을 꿈꾸던 사람들은 위화도 회군을 조선왕조 설립의 결심으로 보았다. 많은 역사학자들도 마찬가지다. 그러나 이성계의 마음은 그렇지 않았다. 그렇기에 우왕을 내쫓고 누구를 왕으로 옹립할 것이냐의 문제가 닥치자 주변 사람들의 반대에도 불구하고 창왕을 세우자고 하는 조민수의 의견을 따른 것이다.

바로 이 대목에서 이성계의 위화도 회군을 조선 설립의 결단으로 볼 수 없는 측면이 드러난다. 이성계가 새로운 왕조를 세우고자 했다면 조민수와의 대립에서 지지 않았어야 한다. 그러나 이성계는 달랐다. 그는 왕이 되려고 하지 않는 것처럼 보였다. 주변 사람들이 보기에는 이해가 쉽게 되지 않았을 것이다. 위화도에서 회군을 결정할 때는 언제고 지금 와서 왜 저러냐는 반응도 있었을 것이다. 겉으로 보기에는 일관되지 못한 행동처럼 보이기 때문이다.

그러나 조민수의 창왕 옹립은 여러 반대에 부딪힌다. 정도전과 이방원을 중심으로 한 역성혁명론자들과 정몽주를 중심으로 한 온건개혁파는 창왕의 등극에 반대한다. 그래서 정몽주는 정도전과 손잡고 창왕을 폐하기로 합의한다. 이때 이성계를 따르는 사람들, 대표적으로 정도전과 이방원은 아예 이성계를 왕으로 추대하여 새로운 왕조를 만들자고 주장하지만 이성계는 전혀 동의하지 않는다. 겸손이 미덕이라서 거절하는 수준이 아니라 그는 진심으로 거절한 것이다. 위화도 회군을 새 왕조를 일으키기 위한 결단이라고 볼 수 없음을 다시 한 번 증명하는 장면이다. 이성계는 두 마음 가운데서 여전히 갈등 중이었을 것이다. 위화도 회군은 새 왕조에 대한 '필요성'이 다른 마음인 새 왕조에 대한 '두려움'을 이긴 결과라고 볼 수 있지만, 그 후로는 두려움이 필요성에 대한 우위를 점령한 것 같다.

양가감정을 지닌 사람들은 되도록 선택과 결정의 상황을 피하려고 한다. 그러다가 어쩔 수 없는 상황에서 한 마음을 선택하더라도 그 선택에 대해 확신을 갖고 추진력 있게 실천하지 못한다. 그리고 부정적인 결과가 발생하면 자기 선택을 쉽게 후회한다. 이성계도 마찬가지였을 것이다. 위화도 회군 후 이성계는 자신이 섬기던 왕을 내쫓고 최영 장군을 죽음에 이르게 한 것을 괴로워했을지 모른다.

자신을 믿고 수만 명의 군사를 맡긴 그들에게 칼을 겨눈 심정이 어떠했을까? 괴로움에 사로잡힌 이성계는 더는 두 마음의 갈등을 겪고 싶지 않았기에 조민수에게 모든 일을 맡긴 것이다. 그래서 갈등과 결정을 끊임없이 계속해야 할 부담이 있는 권력의 자리에서 물러나고 싶어 한 것처럼 보인다.

그러나 역사는 이성계에게 다시 한 번 기회를 주었다. 조민수가 옹립했던 창왕을 폐하는 과정에서 이성계를 추대하자는 의견이 많았다. 그러나 그는 한사코 마다했고, 왕의 자리는 고려의 마지막 왕인 공양왕이 이어받았다. 어떤 이들은 공양왕이 이성계 일파의 꼭두각시에 불과하다고 기록하고 있으나, 꼭 그렇다고는 보기 어렵다. 정몽주가 왕에게 조언하는 스승의 자리에 있었기 때문이다. 다시 말해 왕을 선택한 이들은 이성계 일파였지만 왕을 실질적으로 조종한 사람은 정몽주였다.

정몽주는 이성계가 부상당한 틈을 타서 이성계 일파인 정도전과 조준을 탄핵하여 유배를 보냈다. 이성계는 정국의 주도권을 처음에는 조민수에게, 그 다음에는 정몽주에게 넘겨 준 것이나 다름없었다. 상황이 이렇게 되자 이방원을 비롯한 많은 사람들이 이성계에게 정몽주를 제거하고 새 왕조를 열자고 강하게 호소했으나 이성계의 마음은 쉽게 움직이지 않았다. 그는 여전히 결정과 선택이 부담스러웠던 것이다. 자신을 따르던 사람들의 목숨을 살리기 위해서는 무슨 수를 써야 할 것 같으나, 한편으로는 왕조를 세우는 과정에서 흘릴 피를 생각하면 두렵고, 왕이 되어 모든 국정을 이끌어 가야 할 일이 부담스러웠을 것이다.

이러한 아버지를 너무나 잘 알았던 아들 이방원은 거사를 치렀다.

정몽주 제거에 나선 것이다. 예리한 판단력의 소유자였으며 아버지와 성격이 정반대인 이방원은 우선 부상당한 아버지를 개경으로 돌아오게 했다. 그리고 정몽주에게 병문안을 오라 하여 그때 마지막으로 정몽주의 의중을 떠보았다. 이것이 〈하여가〉와 〈단심가〉다. 이방원은 정몽주의 마음이 여전히 고려의 정통성 회복과 재건에 있음을 알고는 아버지 이성계의 강한 반대에도 정몽주를 죽인다. 양가감정으로 인해 결단을 내리지 못하던 이성계 대신 결단을 내린 것이다.

이방원이 정몽주를 제거했다는 이야기를 전해들은 이성계는 크게 노했다고 한다. 자신이 왕이 될 결정적인 계기를 만들어 준 이방원에게 속으로는 은근히 고마워하면서 정몽주를 따르는 사람들의 눈치를 보느라 겉으로만 노한 척한 것이 아니다. 그는 진심으로 정몽주의 죽음을 슬퍼했고, 나아가 이제 자신에게 선택의 여지가 없음을 슬퍼한 것이다.

상황이 이렇게 전개되자 위화도 회군 후 줄곧 왕을 하지 않겠다던 이성계가 어쩔 수 없이 태도를 바꾸었다. 결국 이방원과 정도전 등은 이성계를 새로운 왕조의 왕으로 추대한다. 그러나 이성계는 이때에도 여러 번 거절했다. 이것도 왕이 되고 싶지만 겉으로 겸손함을 표하기 위한 거절이 아니라, 양가감정이 여전함을 보여 주는 거절이었다. 마침내 공양왕 4년인 1392년 7월, 475년 동안 지속됐던 고려왕조는 막을 내렸다. 위화도 회군이 1388년 5월이고 조선의 설립이 1392년 7월이니, 이성계는 무려 4년 동안 양가감정 사이에서 갈등한 것이다.

500년이나 지속된 조선왕조를 세우는 과정의 면면을 들여다보면 분명 이성계는 일관되지 못한 행동을 보였다. 위화도 회군은 왕이 되고픈 마음이고, 조민수와 정몽주에게 조정의 실권을 넘겨 준 것은 왕이 되기 싫은 마음이다. 부상당했을 때 이방원을 따라 개경으로 돌아온 것은 왕이 되고픈 마음이고, 이방원이 정몽주를 죽였을 때 불같이 화를 낸 것은 왕이 되기 싫은 마음이다. 그리고 주변 사람들이 자신을 추대하도록 놔둔 것은 왕이 되고픈 마음이고, 옥새를 받지 않으려고 여러 번 거절한 것은 왕이 되기 싫은 마음이다. 그러다 이성계는 결국 왕이 된다.

어떤 이들은 이 모든 것이 이성계의 치밀한 계획이었다고 주장하고 싶을 것이다. 그러나 왕이 된 후에도 이성계의 일관성 없는 행동은 계속된다. 이것은 치밀한 계획과 겉으로 드러내기 위한 겸손이 아니라, 이성계의 마음이 왕권과 새 왕조에 대한 양가감정이었음을 증명하는 것이다.

태종의 왕위 계승 이야기

우왕 9년인 1383년, 17세에 과거에 급제하여 조정에 진출한 이방원은 고려가 조금씩 기울고 있음을 간파했다. 그러면서 날로 높아지는 아버지의 명성에 주목하고 그 주변에 뛰어난 인재들이 모이고 있음을 보았다. 이들은 성리학을 공부하는 신진사대부들로, 고려를 대체할 새로운 시대를 원했다. 그러나 최영 장군과 이색, 정몽주가 고려라는 폐가의 든든한 기둥 역할을 했기에 새로운 시대는 금세 올 것 같지 않았다. 바로 이때 고려의 기득권을 지니지 않은 이성계가 혜성처럼 나타났고, 사람들은 자연스럽게 이성계 주변으로 모여들었다.

이성계의 위화도 회군 후 이들은 자신들이 원하던 시대가 당장 열릴 것 같은 기분을 느꼈다. 그런데 이성계가 처음에는 조민수에게 양보하고, 그 다음에는 정몽주에게 양보하자 큰 위기의식을 느꼈다. 이렇게 가다가는 새로운 시대는커녕 귀양살이만 하다가 죽을 것 같았다. 이러한 상황을 제일 답답하게 여긴 사람은 바로 그의 아들 이방원이었다. 그는 아버지 이성계의 결단을 촉구했으나, 이성계는 여전히 고민하고 갈등했다. 아버지와 달리 이방원은 고민과 갈등을 취미로 삼지 않았다. 이방원은 앉아서 당할 수 없다는 생각에 아버지의 명을 어기면서까지 사람을 시켜 정몽주를 죽였다. 이제 다른 대안은 없었고, 결국 이성계는 조선이라는 나라를 세웠다.

이렇게 이성계가 왕이 된 데에는 당연히 이방원의 공로가 결정적이었다. 이것은 이방원이 아버지를 이어서 왕위를 계승하고자 하는 욕심이 있었음을 의미하는 것이다. 그런데 태조는 자신의 뒤를 이을 세자에 이방석을 책봉한다. 이는 분명히 태조의 두 번째 부인인 신덕왕후 강씨와 최측근 신하였던 정도전의 작품이었다. 정도전은 역성혁명론의 중심에서 조선왕조의 설립에 주도적인 역할을 했을 뿐더러, 신권 중심의 정치를 꿈꾸었던 사람이다. 따라서 자신의 사상과 생각을 주입할 수 있는 나이 어린 세자를 원했을 것이다. 이렇게 조선 개국의 일등공신인 정도전의 논리와 사랑하는 부인 강씨의 간청 때문에 태조는 왕위에 오른 지 한 달 만에 이방석을 세자로 책봉했다.

26세였던 이방원은 크게 상심했고 분노했다. 상심과 분노는 정도전을 향한 것이었다. 결국 이 문제는 1차 왕자의 난으로 발전했다. 이 사건으로 정도전과 강씨의 두 아들 이방번과 이방석은 죽음을 맞았고, 태조는 큰 충격에 휩싸여 일을 수습하기보다는 왕위를 내어놓는 선택을 했다. 자, 그러면 누가 왕이 될 것인가? 물론 이방원이다. 그러나 정작 이방원은 사양한다. 형들이 있는데 자신이 먼저 왕이 될 수 없다는 것이다. 그리고 둘째 형 이방과를 추천한다. 정종이 된 이방과는 자신의 왕위가 이방원으로 넘어가기 위한 수순이라는 사실을 누구보다도 잘 알았다. 그래서 모든 것을 이방원에게 맡기고 자신은 유유자적한 생활을 보낸다.

그러나 상황을 잘못 판단한 사람이 있었으니, 이방원의 바로 윗형인 이방간이었다. 이방간은 왕위 계승에 대한 야심을 노골적으로 드러내면서 상황이 이방원에게 유리하게 흐르는 것을 참지 못했다. 이때 박포가 이방간에게 다가가 이방원이 기습적으로 공격할 것이라고 말했다. 물론 거짓말이었다. 이방원은 방간을 칠 계획이 없었는데도 박포가 이런 행동을 한 데에는 이유가 있다. 자신이 1차 왕자의 난 때 공을 세웠음에도 인정받지 못한 것은 물론, 이를 불평하다가 귀양살이까지 다녀왔기 때문이다. 이방원에게 원한을 품은 박포는 이방간에게 거짓말을 했고, 이방간은 병사들을 끌고 이방원에게 선제공격을 가한다. 물론 앉아서 당할 이방원은 아니었기 때문에 승리는 이방원에게 돌아갔다. 이를 2차 왕자의 난이라고 한다.

이방원이 승리하자 이방원의 반대 세력은 거의 소멸되었고 이방원의 입지는 더욱 견고해졌다. 그러나 이방원은 섣불리 왕이 되지 않는다. 이미 모든 상황을 장악했기 때문이다. 이방간과 달리 상황을 잘 파악했던 정종은 태상왕 태조의 허락을 얻어 이방원에게 왕위를 물려준다. 드디어 태종이 왕위에 오른 것이다.

추진력 강한 태종

태종은 태조와 달리 목적을 달성하는 데 놀라운 결단력과 실천력을 발휘했다. 이성계가 쉬운 여건 속에서도 주춤거리고 머뭇거리다가 주변 사람들과 상황에 의해 어쩔 수 없이 왕이 된 것이라면, 이방원은 왕이 되기 힘든 환경 속에서도 철저한 목표와 계획을 세워 결국 왕의 자리를 쟁취했다.

 공격성과 사랑의 에너지
프로이트는 인간을 움직이는 것은 성적 추동, 즉 사랑의 에너지라고 주장했다. 그러나 제1차 세계대전을 겪으면서 공격성도 인간에게 중요한 동인이 된다고 보았다. 죽음과 삶의 에너지라고도 하는 공격성과 사랑은 인간의 시작과 죽음을 지배한다.

이렇게 목적의식이 뚜렷하여 추진력이 강한 사람, 목적을 이루어 내고야 마는 사람은 그 안에 에너지가 있다고 한다. 그 에너지를 어떤 것으로 보느냐는 사람마다 다르겠지만, 정신분석의 창시자 프로이트(Freud)는 이를 공격성의 에너지(aggressive drive)라고 표현한다. 프로이트는 사람에게는 두 가지 에너지가 있다고 했는데, 하나는 공격성의 에너지고 또 하나는 사랑의 에너지(sexual drive)다. 사랑의 에너지가 사람들과 친밀하고 밀접한 관계를 추구하는 경향이라면, 공격성의 에너지는 자신의 목표를 추구하기 위해 다른 사람의 희생도 꺼리지 않는 경향이라고 할 수 있다.

물론 어떤 사람들은 이방원을 목적을 위해 수단과 방법을 가리지 않고 사람을 죽인 잔인한 폭군으로 보지만, 역사는 이방원을 그렇게 소개하지 않는다. 일례로 2차 왕자의 난에서 이방간이 쳐들어왔을 때 이방원은 싸움에 나가기를 주저했다. 형제 간에 칼을 겨누어야 한다는 사실이 못 견디도록 슬펐기 때문이었다. 이때 부인 민씨가 갑옷을 입혀 주면서 싸움에 나갈 것을 격려했고, 결국 형과의 싸움에서 승리한 것이다. 이방원은 이방간을 죽일 수도 있었으나, 유배를 보내는 수준에서 사태를 정리한다. 수많은 사람들이 이방간을 죽여야 한다고 했지만, 이방원은 형을 보호했다.

어디 이뿐인가? 1차 왕자의 난에서도 이방원은 이복동생인 이방번과 이방석을 살려 두려고 했다. 어머니는 다르지만 같은 형제라는 생각 때문이었다. 물론 이들은 태종의 측근에 의해 죽임을 당했으나, 이는 분명 태종의 뜻은 아니었다. 이 외에도 태종은 불필요한 희생을 최소화하고자 노력했고, 불가피할 경우에만 희생을 감수했다. 그럼에도 불구하고 그렇게 사람을 죽여야만 했느냐고 반문하는 사람도 있을 것이다. 그러나 역사는 그 시대의 기준으로 보아야 제대로 볼 수 있다. 당시에는 잠재적으로라도 해가 되는 사람들은 가차 없이 죽이던 때였다. 따라서 태종의 희생이 다른 왕들보다 많다거나

불필요한 것이라고 할 수는 없다.

이러한 면에서 그는 공격성의 에너지를 사회적으로 잘 승화(sublimation)했던 사람이었다. 우리 안에 있는 두 에너지가 있는 그대로 드러나면, 무분별한 성관계와 무자비한 살인으로 나타난다. 그러나 이렇게 극단적인 행동들은 사회 속에서 사는 우리를 불편하게 한다. 그래서 우리는 이러한 에너지를 사회에서 수용 가능한 형태로 변형할 필요가 있는데, 그것이 바로 승화다. 태종의 삶을 보면 분명 그 안에 있는 에너지들이 적절하게 조절되고 표현되고 있음을 알 수 있다.

승화

원초적인 에너지를 그대로 노출하지 않고, 사회적으로 바람직하고 권장되는 행동으로 표출하는 방법이다. 대낮에 복면을 쓰고 다른 사람의 심장에 칼을 꽂는 사람은 심장 전문의가 아니면 강도다. 전자가 공격성의 에너지를 승화로 변형하여 표현한 예라면, 후자는 있는 그대로 표현한 예다.

태종은 왕권 중심의 나라를 만들려고 했다. 목표가 뚜렷했고 추진력이 있었다. 그는 아버지와 달리 조선이라는 나라에 기대를 걸고 조선의 미래에 대한 큰 그림을 그렸다. 그렇기에 이것을 이루는 데 방해되는 모든 것을 과감히 제거하는 뛰어난 전략가의 모습을 보였다. 두 번의 내선파동과 세자 책봉 문제에서 태종의 추진력은 뚜렷이 드러났다.

태종은 왕권이 강하게 유지되도록 하기 위해 내선파동이라는 아주 묘한 방법을 사용했다. 왕권이 강해지려면 신권이 약해야 하는데, 조선의 건국은 수많은 신하들의 도움으로 이루어졌기 때문에 개국공신들이 막강한 세력을 형성하고 있었다. 그래서 태종은 자신이 죽은 후 왕권이 신권에 눌릴 것을 염려했고, 어느 날 신하들을 불러 모아 왕위를 세자 양녕대군에게 넘기겠다고 선언했다.

신하들은 태종의 갑작스러운 선언을 극구 만류했다. 태종은 고집을 부렸다. 왕을 하지 않겠다는 것이다. 그러나 태종의 선언을 은근히 반기던 사람들이 있었으니, 태종의 처남이자 양녕의 외삼촌이었던 민무구와 민무질이었다. 세자였던 양녕대군은 어린 시절 외갓집에서 성장했기에 이들과 친분이 돈독했다. 그런데 태종은 세자가 왕이 되면 분명 외삼촌들인 이들이 왕권을 쥐고 흔들 것이라고 염려했다. 그뿐만 아니라 이들은 1, 2차 왕자의 난 때도 결정적 역할을 했기 때문에 이미 조정에서도 막강한 힘을 지니고 있었다. 그래서 태종이 물러나겠다고 하자 내심 기뻐했던 것이다.

태종은 신하들의 만류에 못 이기는 척하면서 내선을 번복했으나, 얼마 지나지 않아 민무구와 민무질을 비난하는 상소가 올라왔다. 내선을 은근히 기뻐했다는 것이다. 결국 민무구와 민무질은 탄핵을 당하여 유배를 갔다. 사건은 여기서 끝나지 않았고 남은 두 명의 동생인 민무휼과 민무회까지도 죽임을 당했다. 자기 확신이 강한 태종은 대의를 위해서라면 처남이든 누구든 처형했다.

태종은 한 번 더 내선파동을 일으키는데, 이번에는 이숙번이 걸려들어 옥살이를 하다가 유배를 갔다. 그리고 세자의 위치를 격상한 다음, 그 주변에 모여든 사람들을 제거하기도 했다. 이렇게 묘한 방법으로 왕권 중심의 조선에 어울리지 않는 인물들을 제거했다. 그리고 많은 후궁을 들여서 외척도 약화시켰다.

태종이 왕권 강화를 위해 취했던 조치는 사람에 국한되지 않았다. 태종은 조직과 제도도 정비했는데, 우선 왕족이나 귀족이 군사를 개별적으로 소유하는 사병제도를 혁파하고 이들을 모두 국가로 귀속했으며, 조세제도를 정비하여 국가 재정을 안정시켰다. 더불어 조정을 왕 중심의 조직으로 만들었다. 이것이 바로 태종 14년(1414

년) 단행한 육조직계(六曹直啓)다. 육조직계란 왕이 의정부를 통해 육조를 관장하던 이전과 달리, 의정부를 없애고 왕이 직접 육조를 관장하는 형태다. 억울함을 직접 왕에게 호소할 수 있도록 한 신문고(申聞鼓)도 설치했는데, 이것도 왕권 중심의 철학에서 나온 것이다.

 이것으로 왕권 중심의 나라를 만들기 위한 조치가 끝났을까? 왕권을 위협하는 사람들을 제거하는 일이나 왕권이 약해지지 않도록 조직을 개편하는 것은 어쩌면 부차적인 것이다. 왕권 강화의 핵심은 바로 왕이다. 누가 왕이 될 것이냐가 중요한 문제로 남았다. 태종은 이미 세자로 책봉된 양녕대군이 마음이 들지 않았다. 여기에는 양녕이

외삼촌 민무구, 민무질과 친분이 있었다는 점과, 양녕은 태종 자신이 꿈꾸는 강력한 왕권 중심의 나라를 끌어갈 그릇이 못 된다는 생각도 작용했을 것이다. 그래도 이미 세자가 아닌가? 그러나 이것이 태종에게 걸림돌이 되지 않았다. 마침내 태종 18년(1418년) 양녕대군을 폐위하고 충녕대군을 세자에 책봉했다. 이 일을 두고 야사(野史)에서는 태종이 충녕대군에게 마음이 있다는 사실을 알고 양녕대군이 일부러 태종의 마음에 들지 않게 행동했다고 하지만, 이것이 사실이든 아니든 태종은 자신의 계획과 결심을 실천에 옮겼을 것이다.

늘 아들의 승리

태조는 조선의 왕이 되기까지 두 마음의 갈등 속에서 일관되지 않은 행동을 보였으나, 태종은 모든 상황을 정면으로 돌파하면서 권력에 대한 야심을 숨기지 않았다. 자신이 왕이 되기 위해 무엇을 해야 할지 본능적으로 알았던 사람처럼 보인다. 이러한 태종의 성격은 그의 아버지 태조와 좋은 대비를 이룬다. 태종은 추진력 있고 목적의식이 뚜렷하기 때문에 과단성과 결단력이 있고 후회나 뒤끝이 없다. 그러나 태조는 갈등되는 두 마음 사이에서 위치를 찾지 못하고 주변 사람들의 말에 쉽게 흔들려서 뒤탈이나 후회가 많다. 이렇게 대비되는 부자의 모습은 여러 장면에서 극명하게 드러난다.

조민수가 실각한 뒤 사람들은 이성계를 왕으로 추대하려고 했으나 이성계는 사양했다. 1차 왕자의 난 뒤 사람들은 이방원을 왕으로 추대하려고 했으나 이방원은 사양했다. 두 사람 모두 왕으로 추대

받았을 때 똑같이 사양했지만, 그 이유는 전혀 달랐다. 이성계가 두 마음의 갈등 탓에 결정을 내리지 못해 사양했다면, 이방원은 더 좋은 때 왕이 되기 위해 사양한 것이다. 이성계는 정몽주가 제거된 뒤 다시 왕으로 추대되었는데, 이때에도 그는 진심으로 사양한다. 그러나 사양은 더 이상 통하지 않았고, 왕이 '된' 것이다. 이방원도 2차 왕자의 난 후 다시 왕으로 추대되었는데, 그는 사양하지 않았다. 자신의 때를 확신했고, 왕을 '한' 것이다.

왕이 되는 과정에서 나타난 태조의 갈등과 태종의 확신은 왕이 된 뒤에도 계속 좋은 대비를 보여 준다. 세자 책봉 과정을 살펴보자. 태조는 조선이라는 나라에 대한 큰 밑그림이 없었기 때문에 조정에서는 정도전에게, 집안에서는 부인 강씨에게 끌려다니다가 세자 책봉도 이들의 의견을 전적으로 따랐다. 그래서 왕위에 오른 바로 다음 해에 성급하게 이방석을 세자로 책봉했다. 결국 이것이 계기가 되어 왕자의 난이라는 끔찍한 사건이 일어났다. 사건 후, 태조는 이를 지혜롭게 처리하려고 애쓰기는커녕 왕위를 성급하게 물려주고 만다. 자신의 결정에 대한 비난과 후회, 그리고 책임을 회피하는 것처럼 말이다. 비록 건강이 좋지 않아 선위했다는 이유를 댔지만, 왕위에서 물러난 뒤 10년 동안 건강하게 살았다.

태종도 세자 책봉 과정이 순탄치는 않았다. 일찍이 큰아들 양녕대군을 세자로 책봉했으나, 양녕이 왕이 될 자질이 아니라고 판단하여 폐세자를 결단하고 충녕대군을 세자로 삼았다. 이 과정에서 태종은 오랜 시간을 두고 조심스럽게, 그러나 확실하게 의사를 표시했으며 예상되는 모든 문제의 소지를 없앴다. 그리고 충녕대군에게 왕위를 물려줄 때까지 세자 교육을 철저히 시켰고 충녕대군이 왕이 된 뒤에도 자신이 죽는 날까지 왕권 안정에 힘을 쏟았다. 태조와 태종 모두 세자 책봉에 문제가 있었지만, 그것을 해결하는 과정은 완전히 달랐다.

수도를 한양으로 옮길 때도 아버지와 아들의 일처리 방식은 좋은 대비를 보인다. 이성계는 왕이 된 후 한양 천도를 추진한다. 그런데 천도를 추진한 이유가 새로운 왕조를 새로운 곳에서 시작하여 새로운 시대를 열어 보려는 의도가 아니었다. 바로 개경의 덕이 약해졌다는 '도참설'과 고려 시대부터 유행하던 '한양 명당설' 때문이다. 그렇기에 천도를 서두를 수밖에 없었다. 태조가 왕위에 오른 것이 1392년이었는데, 1394년 8월에 신하들에게 새로운 수도 후보지에 대한 의견을 올리라고 했고, 9월에는 새로운 수도의 도시 설계를 명했으며 10월 28일에는 천도를 단행했다. 당연히 궁궐 공사는 시작도 못했을 때였다. 궁궐과 종묘는 1395년 9월에 완성되었고 이성계는 12월에 새 궁궐로 이사를 했으니, 새로운 왕조의 1대 왕이 1년 동안 임시거처에서 지낸 것이다.

성급한 결정은 항상 후회를 부르고 번복을 초래하는 법이다. 1차 왕자의 난이 일어난 다음 해인 1399년, 수도는 한양에서 다시 개경으로 바뀐다. 그러나 태종은 달랐다. 왕이 된 뒤 여러 상황을 보아 재천도를 결정했고, 이때에는 충분한 시간을 두고 다양한 의견을 수렴하여 철저하게 준비했다. 그 후 한양은 조선의 수도가 되었다.

이렇게 대비되는 아버지와 아들의 모습은 직접적인 갈등과 대결 국면에서도 잘 나타난다. 태조는 1차 왕자의 난과 개경 재천도 후 거처를 고향 함흥으로 옮겼다. 태종은 함흥에 있는 태상왕을 모셔오려고 했다. 태상왕이 자신과 함께 있지 않고 다른 곳에 머문다는 것이 당연히 마음에 걸렸으며 모양새도 좋지 않기 때문이었다. 그래서 사람을 보내어 돌아오시라고 설득했는데 이성계는 고집을 피우며 계속 함흥에 머물렀고, 심지어 설득하러 오는 사람들을 활로 쏘아 죽였다고 한다. 그래서 함흥으로 간 사람들은 돌아오지 않는다고 하여 함흥차사(咸興差使)라는 말도 생겼다. 그러나 한번 물면 놓지 않는 아들과 양가감정이 특징인 아버지와의 싸움에서 아버지는 질 수밖에 없었고 태조는 태종에게 돌아왔다.

그러나 이것이 태종을 용서했다는 것은 아니었다. 또 다른 마음이 있었다. 태조에게는 그래도 왕이 된 아들을 도와주어야겠다는 마음도 있었지만 자신에게 돌이킬 수 없는 상처를 입힌 아들을 미워하는 마음도 있었기 때문이다. 당연히 태조는 두 마음 때문에 불편했다. 특히 1차 왕자의 난 직후 왕위를 내려놓은 것을 생각하면 더욱 그랬다. 한편으로는 왕이라는 부담에서 벗어나 잘했다 싶으면서도, 또 한편으로는 차라리 왕권을 유지하면서 적어도 이방원이 왕이 되지 못하게 했어야 한다고 생각하면 잠이 오지 않았다. 지금이라도 가능하다면 이방원을 왕위에서 끌어내고 싶은 생각이 들다가도, 어차피 다 지난 일이고 아들의 결정과 선택이 이해가 가기도 했다.

그런데 이렇게 복잡한 태조의 마음을 시원하게 하는 일이 있었다. 신덕왕후 강씨의 먼 친척인 조사의가 안변부사로 부임한 뒤 동북면의 호족들과 은밀히 접촉하여 반란을 획책한 것이다. 반란의 목적은 억울하게 죽은 방번과 방석의 원수를 갚겠다는 것이었다. 늘 스스로 나서서 결정하기보다는 주변 사람들에게 휩쓸리는 이성계에게는 고마운 소식이 아닐 수 없었다. 이성계는 사람을 보내어 조사의를 뒤에서 도왔고, 조사의는 1만 명에 달하는 군사를 끌어 모아 반란을 일으켰다. 그러나 당연히 이 반란은 쉽게 진압되었다.

아들은 결단력 있는 사람이다. 목표를 추구하는 데는 조금도 망설이지 않는다. 아버지는 두 마음의 갈등이 특징이다. 그래서 주변 사람들의 말에 쉽게 흔들려 일처리가 성급하고 서투르기까지 하다. 결정을 한 후에도 후회가 많고 자기 비난이 많다. 그래서 결정을 번복하려는 모습도 자주 보인다. 한마디로 변덕이 죽 끓듯 하다. 그러나 아들의 마음에는 목표와 이상이 뚜렷했다. 그래서 중요한 순간마다 일의 방향을 예상하여 냉철하게 판단하고 신속하게 결정한다. 후회가 없고 추진력이 강하다. 아버지와 아들의 대결에서 승리는 늘 아들의 것이었다.

약한 아버지와 강한 아들

이렇게 500년 조선왕조는 상반된 성격의 아버지와 아들의 이야기로 시작한다. 그런데 어떻게 보면 이성계는 아주 못난 사람처럼, 이방원은 대단해 보일 수도 있다. 그러나 이것은 옳지 못한 평가다. 무엇이 좋고 나쁘다는 기준과 판단은 상황에 따라 달라지는 것이다. 이들이 왕으로서 살았기 때문에 그렇게 보이는 것이다. 이성계의 성격은 왕이라는 자리와 맞지 않았을 뿐이고, 이방원은 맞았을 뿐이다. 그래서 다른 틀로 보자면 평가는 바뀔 수 있다. 예를 들어 한 가정의 가장으로서는 이방원보다 이성계가 더 나을 수 있다.

이성계는 조선을 건국하는 데 충실한 내조로 도운 둘째 부인 신덕왕후 강씨를 끔찍이 사랑했고, 그녀의 말에 귀를 기울였다. 그러나 강씨가 왕비가 된 지 5년 만에 세상을 떠나자 태조는 말할 수 없이 크게 슬퍼했다. 어쩌면 1차 왕자의 난이 일어난 뒤 허무하게 왕위를 버린 것도 사랑하는 아내를 잃은 슬픔에 더하여, 노년에 얻은 귀한 아들까지 잃은 충격이 컸기 때문이었는지 모른다. 게다가 자신을 끊임없이 힘들게 했던 아들에게 보복하지 않았고, 결국 모든 것을 용서했음을 생각해 볼 때 그는 좋은 남편이자 인자한 아버지였다.

그러나 이방원은 어떤 가장이었나? 이방원의 아내 원경왕후 민씨는 소위 고려의 뼈대 있는 집안 출신이었다. 민씨와 그녀의 집안은 이방원이 왕위에 오르는 데 도움을 준 일등공신이었다. 그런데 이방원은 왕위에 오른 뒤 태도를 180도 바꾸어 민씨를 너무하다 싶을 정도로 모질게 대했다. 왕권에 위협이 된다고 판단했기 때문이다. 게다가 외척을 막기 위해 후궁을 계속 들였을 뿐더러 처남 넷을 모조리 죽음으로 몰아넣었다. 태종이 중요하게 여긴 것은 오로지 왕권의 강화였다. 원경왕후 민씨는 왕비가 된 뒤 고통스럽게 살다가 태종이 상왕이 되고 세종이 즉위한 후 얼마 지나지 않아 결국 궁궐을 나왔다. 고통스러운 기억뿐인 궁궐을 나와 집으로 돌아왔고 거기서 여생을 마감했다.

이방원은 아버지로서도 그리 훌륭하지 못했던 듯하다. 왕권 강화에 도움이 안 될 것 같은 양녕을 과감히 내치고 충녕을 세자로 삼았다. 충녕이 태종의 마음에 들었기에 망정이지 충녕도 왕이 될 그릇이 아니라고 판단했다면 그마저 내쳤을지도 모르는 일이다. 그는 아내를 사랑하는 남편도 아니었고, 자식을 끔찍이 아끼는 아버지도 아니었다.

사람의 성격이 결정되는 데에는 노력이나 의지보다는 훨씬 다양한 원인이 영향을 미친다. 이성계와 이방원이 살아온 과정을 보면 이러한 모습이 이해가 된다. 이성계는 첫째였다. 물론 이복형 이원계가 있었으나 큰아들의 역할과 부담은 온전히 이성계의 몫이었다. 첫째들은 어렸을 적부터 '책임'이라는 말을 듣고 자란다. 자기 행동에 대한 책임, 가정에 대한 책임을 일찍이 느꼈기에 매사 행동하기 전에 충분히 생각하고 결정해야만 했다. 그러니 마음속에 많은 갈등이 생긴다.

게다가 이성계는 무사였다. 수십 년간 전쟁을 했다. 우리는 전쟁 경험이 사람을 강하게 만들 것이라 생각하지만, 실제로는 그 반대다. 끊임없이 사람을 죽이는 전쟁을 치를수록 사람은 겸손해지고 약해진다. 생명의 소중함을 알게 되며 자신의 결정에 따라 수많은 사람이 죽거나 살 수 있다는 사실을 깨닫게 되기에 마음속 두려움은 더욱 커진다. 또한 삶과 죽음을 넘나들면서 인생이나 권력의 덧없음도 느낀다. 결국 무엇보다 중요한 것은 사람이고, 사람과의 관계임을 깨닫는다. 이러한 환경에서 살아온 이성계는 왕의 자리가 결코 행복한 자리가 아니라는 것을 알았다. 왕의 책임이 얼마나 무거우며, 왕이 되는 과정에서 얼마나 많은 피를 흘려야 하는지도 알았다. 그는 왕의 길보다 아내와 자식을 사랑하는 아버지의 길을 택한 것이다.

그러나 이방원은 달랐다. 그는 다섯째 아들이었다. 그것도 고려의 떠오르는 영웅 이성계의 아들이었다. 어린 시절부터 활동적이었으며 총애를 받았다. 동생은 늘 형을 이기고 싶어 한다. 이방원에게도 책임보다는 '경쟁'이 인생의 주제였다. 형들이 많으면 동생은 자신보다 여러 모로 뛰어난 형들을 경쟁상대로 삼고 그들에게 도전한다. 그러고는 이기려고 한다. 이러한 환경에서 자란 이방원은 머리까지 뛰어났다. 그리고 혼란스러운 고려를 개혁하고자 아버지 주위에 모여든 사람과 의견을 교환하면서 자연스럽게 새로운 시대를 꿈꾸었다. 성공을 위해서 어느 정도 희생은 불가피하다고 생각했다. 그 희생의 대상이 아버지든, 형제든, 아내든, 처가든, 아들이든 개의치 않았다. 이상을 추구하는 것이 인생의 목적이었다. 그는 아버지의 길보다는 나라를 굳건히 세우는 왕의 길을 택한 것이다.

분명 태종의 결단력과 추진력은 아버지와 다른 삶을 살고 싶은 마음의 발로였을 것이다. 실제로 우리는 주변에서 유약한 아버지 밑에서 강한 아들이 크는 것을 종종 볼 수 있다. 아들은 아버지를 답답해할지 모르지만, 자신이 그렇게 강해질 수 있었던 것이 바로 아버지였다는 사실을 아주 늦게 깨닫곤 한다. 이들은 때로 극한의 대립으로 치닫기도 하지만 큰 틀에서 보면 결국 같은 목적을 지니고 한 방향으로 가는 것이다. 이것이 조선 설립 과정에 있었던 아버지와 아들의 이야기다.

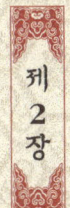
제2장

왕으로 산다는 것,
패륜아와 영웅 사이에서
— 세종, 문종, 단종, 세조

옛말에 남의 부부싸움에는 함부로 끼어드는 것이 아니라고 한다. 이 말은 부부싸움에 끼어들어서 득 될 것이 하나도 없다는 것이다. 어차피 부부싸움이란 칼로 물 베기인데, 괜히 끼어들었다가 입장만 난처해지기 쉽다. 어느 쪽 이야기를 듣든지 자기 입장에서만 이야기하기 때문에 모두 자신이 피해자라고 여기기 때문이다. 남편 말을 들으면 아내가 악처라서 싸운다고 한다. 아내 말을 들으면 남편이 자신을 악처로 만들었다고 한다. 당연히 남편 친구들은 남편의 입장에 동감하면서 친구의 아내를 욕하고, 아내 친구들은 아내의 입장에 동감하면서 친구의 남편을 욕한다. 누가 피해자이고 누가 가해자일까?

비단 부부싸움만이랴. 우리 주변에서 일어나는 대부분의 갈등과 싸움은 겉으로 보기에는 잘잘못이 명확한 것처럼 보이지만 그 내막을 알고 보면 정반대인 경우가 많다. 피해자라고 믿었던 사람이 가해자고, 가해자라고 믿었던 사람이 피해자인 경우는 얼마든지 있다. 왜 그럴까? 사람들 중에는 스스로 피해자가 되기를 원하는 사람이 있고, 이 사람에게 가해자의 역할을 해 주는 사람이 있기 때문이다. 물론 피해자가 되기를 원하는 사람의 마음에는 아이러니하게도 피해자의 입장에서 벗어나고자 하는 강렬한 소망이 있기 때문이다. 그러나 확실한 것은 이 세상의 어떤 싸움에서도 무조건적인 가해자와 무조건적인 피해자는 없다는 것이다.

많은 사람들은 자세한 내막을 살펴보지도 않고 자기 입장에 따라 판단한다. 특히 자신들의 처지와 비슷한 상황에 있는 사람들에게 감정이입을 한다. 그리고 보는 관점과 해석에 따라 객관적인 사실은 전혀 다른 주관적 사실로 변하기도 한다.

우리 자신과 주변에서 일어나는 모든 갈등을 쉽게 단정할 수 없는 것은 이 때문이다. 자칫하면 진짜 피해자를 가해자로 만들 수도 있기 때문이다. 조선의 왕들 중에 피해자와 가해자 구도로 가장 많이 등장하는 단종과 세조의 심리를 살펴보자.

왕권 중심의 조선왕조를 꿈꾸었던 태종 이방원은 결국 목표를 이루었다. 왕이 되기 전에는 왕이 되기 위해 노력했고, 왕이 된 뒤에는 왕권 강화를 위해 할 수 있는 거의 모든 일을 했다. 외척을 배척하기 위해 처남 네 명을 죽음으로 내몰았고 수많은 후궁을 두었다. 내선파동으로 기회주의자들을 처단했고, 무능한 양녕을 쫓아내고 유능한 충녕을 세자로 세웠다. 어느 왕보다 획기적이었고 추진력 있게 왕권 강화에 매진했다. 그에 대한 후대의 평가는 엇갈릴지 몰라도 그의 마지막 '작품'인 충녕대군(세종)은 이견 없는 성공작이다.

세종은 누가 뭐래도 조선 최고의 왕이다. 백성과 신하에게 존경을 받았음은 물론, 수많은 업적을 세웠다. 그중에서도 백미는 바로 한글 창제다. 국가제도를 정비하거나 백성의 삶을 윤택하게 하고 국방을 튼튼하게 하는 업적은 다른 왕들도 할 수 있는 일이었다. 그러나 우리만의 글자 한글을 만든 것은 아무도 하지 못한 것이기에, 과연 세종은 대왕으로 불릴 만하다.

글은 말과 비슷하지만 분명히 다른 구석이 있다. 말은 사람들이 모여 살다 보면 자연스럽게 생기는 것이다. 지역마다 다른 독특한

발음과 새로운 표현이 있다는 점이 그 증거가 아닌가? 말은 어떤 한 사람이 의도적으로, 주도적으로 만들 수 있다. 그러나 글은 어떤 사람이 의도적으로, 주도적으로 만들지 않으면 존재하기 어렵다. 그래서 세상에는 말이 있으나 글이 없는 소수민족이 많다. 또한 말은 시간이 지나면서 자연스럽게 만들어지지만, 글을 만들려면 엄청난 노력이 필요하다. 바로 이러한 일을 세종이 한 것이다. 세종도 위대하지만 세종의 능력과 성품을 알아본 태종의 선견지명 역시 뛰어나다고 아니할 수 없다.

어떤 이들은 태종 자신과 그의 뒤를 이은 세종의 업적 때문에 왕이 되는 과정에서 흘린 수많은 피는 헛되지 않다고 주장한다. 목적이 좋고 결과가 좋으니 그 과정이야 어떻든 상관없다는 말이다. 그러나 목적이 수단을 정당화할 수는 없다. 태평성대를 이루었고 훌륭한 업적을 남긴 세종을 왕으로 삼았다고 해서 태종의 모든 잘못과 실수가 용서되는 것은 아니다. 태종을 무조건 잘했다고만 하면 또 다른 태종이 나타날 수도 있기 때문이다.

백성도 제아무리 태평성대를 원한다 하더라도 왕족끼리 서로 칼을 겨누고 죽이는 끔찍한 일을 원치는 않았을 것이다. 그러나 조선의 역사는 우리를 또 다른 태종의 이야기로 이끈다. 태종이 아버지 태조와 형제들 그리고 정도전에게 칼을 겨누었다면, 또 다른 태종은 조카 단종과 형제들, 그리고 집현전의 학자들에게 칼을 겨누었다. 바로 수양대군이라고 불리는 세조의 이야기다.

수양대군, 세조가 되다

　세종은 소헌왕후 심씨에게서 여덟 아들을 얻었다. 첫째는 세종의 뒤를 잇는 문종이고 둘째가 수양대군이다. 셋째는 안평대군이고 여섯째가 금성대군이다. 재위 32년 세종이 승하한 뒤 첫째 아들인 문종이 왕위에 올랐다. 사람들은 세종을 꼭 빼닮은 문종이 태평성대를 지속해 주기를 기대했다. 그러나 그는 병약했고 결국 2년 3개월 만에 요절하고 말았다. 아직 세종의 국상 기간도 끝나지 않은 때에 문종이 죽자 온 나라는 슬픔에 빠졌다. 문종이 병약하여 모두들 걱정한 것은 사실이지만 이렇게 갑작스럽게 죽을 것은 예상하지 못했던 듯하다. 그렇기에 아무런 대책도 없이 그의 아들 단종이 1453년 12세에 왕이 되었다.

　나이 어린 단종에게 왕이란 직분과 책임은 너무나 컸다. 수렴청정(垂簾聽政)이라도 할 사람이 있다면 다행이련만, 단종 주변에는 그럴 사람도 없었다. 단종의 어머니인 현덕왕후 권씨는 단종을 낳은 지 3일 만에 출산 후유증으로 죽었다. 단종을 키워 주었던 세종의 후궁 혜빈 양씨는 왕실에 너무 늦게 들어온 탓에 정치적으로는 아무런 힘도 없었다.

　문종도 이러한 상황을 직시했고 죽기 전에 유언으로 대신들에게 단종을 보필하도록 명했다. 그래서 단종이 왕이 되자 영의정 황보인과 우의정 김종서가 그를 보좌했다. 좌의정 남지도 있었지만 그는 몸이 아파 쉬고 있었기에 황보인과 김종서가 국정을 도맡았다. 이들이 단종을 보필했다고는 하지만 보필이 아니라 정권 자체를 쥐고 있었다고 할 수 있다. 어린 단종은 대신들이 붙여 주는 황표(黃標)를 보고 모든 것을 결정했기 때문이다. 한마디로 허수아비 왕을 앞세운 대신들의 정권놀음이 시작된 것이다.

조정에서는 대신들의 세력이 비대해졌지만 궐 밖에서는 세종의 아들이자 문종의 동생인 단종의 숙부들이 나름 세력을 키웠다. 특히 둘째 수양대군과 셋째 안평대군 주변에 사람들이 많이 모였다. 글씨와 그림에 능하고 일찍부터 고명대신(顧命大臣)들과 교류하던 안평대군 주변에는 김종서와 황보인 등 실세들이 있었고, 수양대군 주변에는 비교적 늦게 정치에 뛰어든 권람과 그의 친구 한명회가 있었다. 김종서와 황보인이 안평대군과 손을 잡은 것은 바로 수양대군을 견제하기 위함이었다. 단종은 왕으로 즉위한 후 왕족 대표 두 사람에게 자신을 보필하도록 부탁했는데, 바로 수양대군과 금성대군이었다. 그런데 금성대군은 정권욕이 없는 사람이었기 때문에 수양대군의 영향력이 막강했다. 따라서 고명대신들이 수양대군의 바로 아랫동생인 안평대군 주변에 모인 것이다.

단종이 왕이 된 지 얼마 뒤 중국에서 단종을 왕으로 책봉하는 고명(誥命)이 왔다. 고명을 받으면 감사하다는 뜻을 전하기 위해 정승을 사은사(謝恩使)로 파견하는 것이 관례였다. 그러나 황보인은 최근에 다녀왔고 남지는 몸이 아파서 쉬고 있었기 때문에 김종서가 가야만 했다. 그러나 그는 나이가 많다는 이유로 회피했다. 이때 사은사로 갈 것을 자청한 사람이 바로 수양대군이었다. 그의 측근인 한명회와 권람은 반대했지만 수양대군의 뜻을 꺾을 수는 없었다. 그는 신숙주와 함께 중국으로 출발했다. 동갑내기였던 그들은 서로 마음이 잘 통했고 후에 뜻을 함께한다.

중국에서 돌아온 지 얼마 되지 않은 10월에 수양대군은 정예 무인을 모아 김종서의 집을 습격하여 그를 죽이고 안평대군을 잡아 강화로 귀양을 보냈다. 그러고는 단종에게 가서 김종서와 황보인 등이 안평대군을 중심으로 반역을 모의했는데 상황이 급박하여 먼저 죽였다고 보고했다. 그 다음에 여러 재상들을 급히 입궐하게 한 다음 황보인 등 안평대군과 김종서를 따르던 무리들을 죽였다. 이들의 시신은 곧바로 거리에 효수되었으니, 바로 이것이 계유정난(癸酉靖難)이다. 이 일을 계기로 수양대군은 영의정이 되었고 이조와 병조의 판서를 겸하게 되었다. 군사권과 인사권 그리고 행정권을 장악한 것이다. 조정도 수양대군의 실세들이 장악했다. 이 일로 금성대군을 비롯한 여러 종친들과 신하들이 반발하자 수양대군은 이들을 모두 유배보냈다. 이러한 상황에서 단종은 왕위를 숙부 수양대군에게 주고 상왕으로 물러앉는다. 단종의 나이 15세였고, 수양대군은 세조가 되었다.

세조 2년(1456년) 중국에서 사신이 와서 창덕궁에서 단종과 함께 연회를 열었는데, 이때 성삼문과 박팽년 등은 유응부와 손잡고 세조를 모살할 계획을 세웠다. 유응부가 별운검(別雲劍)으로 연회에 칼을 들고 참석하기로 되어 있기 때문이었다. 이들의 목적은 세조를 죽이고 상왕 단종을 복위하는 것이었다. 그러나 연회 직전에 한명회가 별운검을 들이지 않는 것이 좋겠다고 하여 계획은 수포로 돌아갔는데, 이때 김질이 모든 계획을 세조에게 고해 바쳤다. 이들은 세조 앞에서 심문을 받으면서도 세조의 왕위 찬탈을 비판하다가 결국 죽임을 당했으니, 이들을 가리켜 사육신(死六臣)이라고 한다. 그리고 세조 3년(1457년) 9월에는 유배되었던 금성대군이 유배지 순흥에서 단종을 복위할 계획을 세웠다가 발각되어 처형당했다.

이렇게 상왕 단종을 복위하려는 움직임은 끊임없이 계속되었다. 왕으로 즉위할 때 12세였던 단종은 상왕으로 물러앉을 때 15세였다. 그리고 그는 점차 청년으로 성장했다. 단종을 그냥 두었다가는 끊임없이 단종 복위 운동이 일어날 것이라고 생각한 사람들은 세조에게 상소를 올려 단종을 노산군으로 강등하고 다시 서인으로 전락시켰으며 결국 그를 죽이고 말았다. 이리하여 세조는 조카를 죽인 왕이 되었다.

세조를 바라보는 또 다른 시각

세조는 여러 면에서 태종과 비슷하다. 원래 왕이 될 수 있는 장자가 아니었으나 뛰어난 처세술과 지략으로 결국 왕이 되었다. 이 과정에서 태종은 이방석과 이방번, 이방간 등 형들을 죽였고, 세조는 조카 단종과 동생인 안평대군과 금성대군을 죽였다. 둘 다 왕권이 중심이 된 조선을 꿈꾸었기에 신권 중심을 주장하는 신하들과 대립했고 결국 그들도 죽음으로 내몰았다. 태종에게는 정도전이었고, 세조에게는 사육신이었다. 또한 왕이 되기 직전 두 명 모두 중국에 다녀왔다. 태종은 위화도 회군 후 이색이 명나라에 갈 때 사실상 인질로 중국에 다녀왔으며, 세조는 단종의 고명에 대한 사은사로 중국에 다녀왔다. 또한 태종과 세조는 둘 다 아내의 적극적인 후원과 성원에 힘입어 왕이 되었다. 특히 2차 왕자의 난이 터지자 싸우러 나가는 태종에게 원경왕후 민씨가 갑옷을 입혀 준 장면과 세조가 김종서를 습격하러 갈 때 정희왕후 윤씨가 갑옷을 입혀 준 장면은 마치 미리 짠 각본 같다. 또한 태종과 세조는 왕이 되기 전부터 역사에 등장하기 때문에 이방원과 수양대군이라는 이름이 더 많이 알려져 있다. 그뿐만 아니라 왕이 된 뒤에는 왕권 강화를 위해 육조직계를 실시하고 경연(經筵)을 폐지한다. 그리고 왕권 강화를 통해 백성의 삶에 직접 와 닿는 수많은 정책을 실시한다.

태종과 세조는 이렇게 비슷하지만, 확연히 다른 점이 있다. 그것은 바로 이들에 대한 역사와 대중의 평가다. 태종이 왕권 중심의 나라를 이루어 가는 과정에서 흘린 피는 조선이라는 나라의 기초를 닦는 과정에서 어쩔 수 없었다는 평가가 일반적이며, 따라서 그를 강한 리더십의 전형으로 보기도 한다. 그러나 세조를 두고서는 거의 모든 학자와 역사책이 왕권을 얻기 위해서 끊임없이 사람들을 죽이는 패륜아나 무단정치의 대표로 평가한다. 그리고 이러한 평가 뒤에는 늘 충신으로 평가되는 사육신과 생육신(生六臣), 변절자로 평가되는 신숙주가 등장한다. 신숙주의 이름은 언젠가부터 나물로 기억되고 있다. 숙주나물을 원래의 이름인 녹두나물로 부르자는 대대적인 캠페인을 벌이지 않는 한, 신숙주와 세조에 대한 평가는 바뀌기 어려울지도 모른다.

그러나 세조가 왕권을 얻기 위해 형제들과 조카를 죽인 패륜아도 아니고, 신숙주 역시 자기 안위를 위해 의리를 버린 변절자가 아니라는 주장이 있다. 『조선왕조실록』의 기록과 당시의 정황을 꼼꼼히 살펴보면, 오히려 수양대군의 왕위 등극이 합리적이었으며 최선의 선택이었다는 것이다.

이 주장은 이렇다.• 문종이 죽고 단종이 왕위에 오르자 대신들이

● 신동준의 『조선의 왕과 신하, 부국강병을 논하다』 참고

국정을 쥐고 흔드는 시대가 도래했다. 당연히 조정은 영의정 황보인과 우의정 김종서가 쥐락펴락하게 되었고 어리기만 한 왕은 허수아비에 불과했다. 비록 지금은 왕이 어리지만 시간이 흘러서 나이가 들거나, 할아버지와 아버지를 닮아 병약하여 요절이라도 한다면 어떻게 될까? 이러한 상황이 벌어지면 대신들은 자신들의 생명이 위태로울지도 모른다고 생각했다. 왜냐하면 수양대군이 자신들을 못

마땅하게 여겼기 때문이다. 그래서 이들은 만약의 상황에 대비하여 평소 친분이 있었던 안평대군과 결탁하여 역모를 꾸몄다고 한다.

그도 그럴 것이 수양대군은 일찍이 세종에게 큰 신임을 받은 아들이었다. 세종이 수양대군에게 내린 군호(君號)만 보더라도 알 수 있다. 수양대군은 세종에게서 11세 때 '진평'이라는 군호를 받았고, 16세에 '함평'으로 봉해졌다가 다시 '진양', 그리고 세종 27년에는 '수양'이라는 군호를 받았다. 수양이라는 군호를 받았을 때는 다섯째와 일곱째 동생들이 한 달 간격으로 죽은 직후인데, 세종은 수양이 건강하게 오래 살기를 바라는 마음으로 군호를 주었다고 한다. 게다가 수양대군은 학문에도 뜻이 있어 집현전 학자들과도 친분이 두터웠으며, 세종이 말년에 불교에 의지할 때에 아버지를 도와 적극적으로 불교를 옹호했다. 그러니 세종이 수양을 아끼지 않을 이유가 없었다.

만약 단종이 갑작스럽게 죽는다면 왕위는 당연히 수양대군에게 돌아갈 수밖에 없다. 수양대군은 고명대신들의 황표 정사를 반대하면서 이들을 내심 못마땅하게 여겼다. 고명대신들은 만약을 대비하여 대책을 마련해야 했고, 결국 수양의 바로 아랫동생이자 자신들과도 친분이 있는 안평대군에게 눈을 돌린 것이다. 마침 안평대군도 야심이 있는지라 이들을 물리치지 않았다. 이것을 모를 리 없는 수양대군은 권람이 추천한 한명회와 함께 대책을 마련했다. 그러나 김종서는 병권을 장악하고 있었기에 쉽게 처단할 수 없었다. 그래서 한명회가 수양대군을 대신하여 유능한 칼잡이들을 모아 기습적으로 김종서를 처단한 것이다.

수양대군이 왕이 되기 위해 안평대군과 김종서에게 누명을 씌워 처단하고 나중에 단종을 압박하여 왕위를 선양받은 것이 아니라는 결정적인 증거는, 계유정난 후 송현수의 딸을 단종의 왕비로 맞이하게 한 것이다. 왕실을 튼튼히 하기 위해서는 단종이 정비를 맞이하여 세자를 낳아야 한다고 생각한 것이다. 왕실을 보전하기 위한 수양대군의 노력은 단종에게도 인정받아서, 단종은 왕비와 함께 수양대군의 사저를 방문하여 연회를 열거나 사냥대회에 함께 참여하곤 했다고 한다. 단종을 제치고 왕이 되려는 계획을 품은 사람이라고 하기엔 단종에게 베푼 호의가 너무 많다는 것이다.

얼마 후 명나라 사신이 왕비의 고명을 전달하기 위해 한양에 도착하여 두 달 동안 머물렀는데, 바로 이때 단종이 왕의 임무를 감당하는 것이 자신의 능력에는 벅차다고 판단하여 세조에게 선위했다고 한다. 즉, 수양대군이 계유정난 후 단종에게 끊임없이 왕위를 내놓으라고 압력을 가한 것이 아니라, 단종이 종묘와 사직을 위해 자발적으로 왕위를 내놓은 것이라는 주장이다. 사실 명나라 사신이 와 있는 동안 수양대군이 압력을 넣어서 왕위를 받았다는 것은 있을 수 없는 일이며, 단종의 선위가 자발적이었다는 것은 성삼문을 비롯한 모든 관원들이 이를 긍정적으로 받아들였다는 데서도 알 수 있다고 한다. 실제로 성삼문은 세조가 왕이 된 후 우부승지로 승진하여 활발히 활동했으며, 당시 충청도 관찰사 박팽년도 글을 올려 세조의 즉위를 축하했다고 한다. 이렇게 사육신은 단종의 선위와 세조의 즉위를 당연시했다는 것이다.

그렇다면 사육신은 왜 2년 뒤에 세조를 제거하려고 했을까? 그 이유는 세조가 왕이 된 뒤 태종처럼 의정부를 무력화하고 육조직계를 도입하는 등 왕권을 강화했기 때문이라는 것이다. 다시 말해 겉으로는 세조의 왕위 찬탈을 비판한 것처럼 보이지만, 실제적인 이유는 왕권 강화에 대한 반발이라는 것이다. 세조의 왕위 계승 자체를 반대한 것이 아니라, 왕권 강화에 대한 반발로 세조를 비판하기 시작했고 결국엔 세조를 제거할 계획까지 세운 것이라는 주장이다.

사실 세조가 잔인한 기회주의자였는지, 아니면 종묘와 사직을 걱정하면서 왕실의 안정을 위해 자신이 맡은 역할에 최선을 다하는 실리주의자였는지 정확히 알기는 어렵다. 그러나 전혀 다른 두 시각이 존재하는 것은 사실이며, 아직은 세조를 실리주의자보다 기회주의자로 보는 시각이 우세한 것도 사실이다. 그렇다면 왜 이렇게 한쪽 시각이 우세한 것일까? 크게 세 가지 이유를 들 수 있다. 관점의 차이, 감정이입의 영향력, 해석의 차이다.

관점의 차이

역사의 발전과 주체가 누구여야 하는지에 대해서는 크게 두 가지 견해가 있다. 하나는 권력자가 중심이 되어야 한다는 것이고, 다른 하나는 신하(백성)가 중심이 되어야 한다는 것이다. 권력자 중심의 입장은 유능한 왕의 개인적 능력에 의존하는 것이고, 신하 중심의 입장은 다양한 의견들을 수렴하면서 왕의 권력을 견제하는 것이다.

이러한 관점의 차이는 조선의 개국 과정에서 극명하게 드러났다. 조선 개국의 일등공신들은 조선이 신권 중심의 나라여야 하는지, 아니면 왕권 중심의 나라여야 하는지에 대해서 모두 생각이 달랐다. 대표적으로 정도전은 신권 중심의 나라를 꿈꾸었고, 이방원은 왕권 중심의 나라를 꿈꾸었다. 신권 중심의 나라를 꿈꾸었던 정도전은 태조의 세자로 이방석을 택했다. 자신의 말을 잘 들을 사람이 왕이 되어야 하기 때문이다. 결국 이러한 관점의 차이는 현실적인 대립으로 이어졌고, 이방원의 승리로 끝났다.

그러나 왕이 주도권을 잡는다고 해서 왕 혼자 나라를 다스릴 수는 없는 노릇이다. 그러다 보니 당연히 유능한 신하들이 필요했고, 유능한 신하들은 늘 왕권을 견제하며 도전하려고 했다. 특히 조선의 중심이었던 성리학은 왕권보다는 신권 중심의 국가를 강조했기 때문에 이는 당연한 것이었다. 그런 면에서 태종과 세조는 늘 신하들의 불만을 샀다. 특히 왕권 강화의 정점에 있던 태종과 세조는 경연을 싫어했다. 경연이란 중국 한나라 때 유학자들이 황제에게 오경을 강의한 데서 비롯된 것으로, 왕과 신하가 학문과 정치 문제를 대화하고 토론하는 장이었다. 그러다 보니 경연은 신하들이 왕권을 견제하는 중요한 수단으로 작용했다. 특히 세조는 학문이 뛰어났기 때문에 굳이 경연을 하지 않아도 나라를 통치하는 데 부족함을 느끼지 못했다. 그래서 사육신 사건을 계기로 경연을 없앴으며 경연의 기능을 대신하는 방안으로 문신들이 서로 문답을 나누고 군왕이 참여하는 형식의 토론회를 만들었다가, 나중에는 자신이 직접 나서서 신하들에게 강의를 하기도 했다.

이렇게 왕권 중심의 세조의 정책은 자연스럽게 신하들의 반발을 불러왔다. 특히 세조는 실사구시(實事求是)의 입장을 취했고 천문과 풍수, 의학 등 실용적인 학문을 장려했다. 그런데 김종직은 유학자들에게 잡학을 시켜서는 안 된다고 하면서 세조의 정책에 도전했다. 세조는 이 일로 김종직을 파직했다. 사실 세조의 이러한 생각은 그의 아버지 세종에게 받은 것이었다. 세종이야말로 실사구시의 모범이 아니었던가.

 김종직은 이 일로 세조를 비난하는 내용의 「조의제문」을 써 두었다. 이것은 중국 진나라 때 항우가 초의 의제를 폐한 것을 언급하면서 세조가 단종을 폐한 것을 은근히 비유하고 단종을 조위한 글이다. 조의제문은 시간이 흘러 연산군 때에 사건이 터졌다. 김종직의 문하생인 김일손이 『성종실록』의 1차 자료가 되는 사초를 만들면서 이것을 삽입했고, 이것이 무오사화(戊午士禍)의 계기가 되었다. 이 과정에서 김종직이 부관참시(剖棺斬屍)를 당했고, 영남의 사림들은 세

조를 극단적으로 배격하게 되었다. 이 사건으로 유림은 세조를 폭군으로 보기 시작했다.

왕에게 신권을 주장한 신하들은 위험한 존재들이었고, 신하들의 입장에서 왕권을 강화한 왕들은 좋은 평가를 받기 힘들었다. 결국 두 세력이 적절히 조화를 이룰 때는 태평성대의 시대가 열리지만, 극단적 대립으로 치닫게 되면 아주 끔찍한 일이 벌어지곤 했던 것이다. 당연히 역사에는 두 세력이 조화를 이루었던 때는 많지 않았고 극단적 대립으로 치달은 경우가 많았다. 그런 면에서 세종은 왕권을 강화하면서도 신권을 존중하여 왕권과 신권을 모두 강화하면서 조화롭게 국정을 운영했다. 그에게는 뛰어난 신하들이 많았으며 자신도 강력한 추진력이 있었다. 다시 한 번 왜 그가 대왕인지 알 수 있는 대목이다. 그러나 조선사에서 세종 외에는 왕권과 신권이 적절히 조화를 이룬 경우는 찾아보기 어렵다.

조선 초기에는 태종과 세조가 신권을 누르고 왕권을 강화했으며 그 후에는 대체적으로 신권이 우위에 있었다. 결국 백성과 소통하기 쉬운 쪽은 왕이 아니라 신하들이었기에, 세조에 대한 대중의 평가는 성군보다는 폭군에 가까울 수밖에 없다. 그리고 사건에 대한 기록을 남기는 쪽도 신하들이었기 때문에 사료에서도 세조를 폭군에 묘사한 경우가 많다. 대표적인 경우가 『연려실기술(燃藜室記述)』이다. 이 책은 조선 후기의 야사집인데, 세조에 대한 내용은 생육신의 한 사람인 남효온의 문집 『추강집』을 그대로 옮겨 놓은 것이라고 한다. 생육신은 비록 사육신처럼 죽음으로 세조의 왕위 찬탈을 비판하지는 않았으나 세조가 즉위하자 벼슬을 그만두고 여생을 보낸 사람들이다. 이맹전, 조여, 원호, 김시습, 성담수, 남효온이 바로 그들인데

이 중 남효온은 1454년생으로 세조 즉위 당시 한 살밖에 안 된 어린 아이였다. 결국 남효온은 자라면서 세조에 대한 이야기를 주변 어른들에게 들었을 것이고 그들의 생각과 관점을 그대로 받아들여서 세조를 비판하는 글을 썼을 것이다.

감정이입의 영향력

그러나 이보다 더 결정적인 이유가 있으니, 바로 이광수의 역사소설 『단종애사(端宗哀史)』 때문이다. 1929년 6월에 발표된 이 소설은 단종을 조선으로, 수양대군을 일본으로 비유해 놓았다고 한다. 어린 조카 단종의 왕위를 노리는 숙부 수양대군과 수양대군의 야욕에 불을 지르는 간신배들, 그리고 백 번 죽어도 변하지 않을 충신들 사이의 갈등 끝에 결국 어린 왕은 산골짜기에서 삶을 마치고 만다. 성삼문을 중심으로 한 사육신의 이야기가 민족정기의 표본으로 인식되었던 것이다.

특히 일본은 1920년대 말부터 경제공황으로 심하게 타격을 입었고 그 탈출구를 만주침략에서 찾았다. 결국 만주침략은 이후 중일전쟁과 태평양전쟁으로 이어졌고, 이것은 조선에서 더 많은 약탈이 자행된다는 것을 의미했다. 이처럼 이광수의 소설은 조선에 대한 일제의 핍박이 극에 달하기 시작할 때 등장했다. 시대 상황과 잘 맞아떨어진 이 소설은 금세 전국으로 퍼져 나갔고 사람들은 그 소설에 몰입했다. 그 결과 사람들은 세조를 어린 조카와 충신을 잔인하게 짓밟고 왕이 된 피도 눈물도 없는 사람으로 인식하게 된 것이다.

이 소설이 얼마나 유명했는지, 1956년 한국전쟁이 끝나고 얼마 되지 않아 당시 최대 영화사였던 삼일영화사에서 이것을 영화로 만들었다. 이른바 민족적 대작이라고 하면서 무려 4천만 환을 투자하고 극작가 유치진이 각색을 맡았다고 한다. 지금이야 TV나 라디오, 인터넷 등 수많은 매체가 다양하게 발달하여 한 권의 소설이나 한 편의 영화가 갖는 영향력은 상대적으로 미미하지만, 1930년대 소설이나 1950년대 영화의 영향력과 파급력은 실로 어마어마한 것이었다. 이 소설의 내용을 모르는 사람이 없을 정도로, 그리고 이 영화를 보지 않은 사람이 없을 정도로 '왕위를 빼앗긴 연약한 단종과 왕위를 찬탈한 세조의 이야기'는 유명해졌다.

소설과 영화를 통해 역사에 대한 사람들의 인식이 이렇게 바뀔 수가 있을까? 물론 가능하다. 바로 감정이입의 영향력 때문이다. 사람들은 영화나 드라마를 볼 때 슬픈 장면에서 때로 눈물을 흘린다. 영화나 드라마의 내용이 슬프기 때문일 수 있지만, 많은 경우에 영화나 드라마의 내용이 자신의 현재 힘들고 괴로운 상황을 드러내기 때문이다. 이것을 심리학적으로는 자신의 감정을 극중 인물에 투사(projection)한다고 표현한다.

투사란 원래 '던진다'는 뜻인데, 자신의 생각이나 감정 등 심리 상태를 외부의 대상으로 던지는 심리적 과정이다. 원래는 프로이트의 정신분석 이론 중 '방어기제'에 나오는 용어지만, 이제는 상당히 대중화되어서 어느 학파나 이론에 국한하지 않고 쓰인다. 영화나 드라마를 보면서 감정이입이 일어나는 것은 바로 극중 인물에게 자신의 감정을 투사하기 때문이다. 이때 투사되는 감정은 보통 두 가지다. 누군가 자신을 힘들게 한다면, 극중 인물 중에서 힘들어하는 사람에게는 연민의 감정을 투사하고 괴롭히는 사람에게는 미움의 감정을 투사한다. 이렇게 투사가 일어나면 재미나 슬픔의 정도, 악당이 죽었을 때 느끼는 통쾌함의 정도가 상식의 수준을 뛰어 넘고 이때의 기억 또한 강렬하게 남는다. 또한 인상과 기억이 이렇게 강렬하게 남으면 바뀌기가 정말 어렵다.

일제에 고통 받던 조선 백성은 이광수의 『단종애사』를 읽으면서 당연히 자신의 감정을 투사했을 것이다. 그래서 단종이 자신들처럼 측은하게 여겨졌을 것이고, 수양대군은 일제처럼 악독하고 잔인하게 여겨졌을 것이다. 또 단종을 위해 절개를 지킨 사육신이 있었기에 단종은 결코 혼자가 아니었다는 이야기를 읽으면서, 자신들이 지금 매우 힘들고 어렵지만 결코 혼자가 아니기에 희망이 없지는 않다고 위로했을 것이다. 또한 한국전쟁 후에 영화화된 『단종애사』는 어른들에게 다시 한 번 일제 강점기의 고통스러운 시간과 이 소설에서 받은 위로를 떠올리게 했을 것이다. 그리고 젊은 사람들에게는 북한의 일방적인 침략으로 시작된 전쟁의 후유증으로 인한 고통과 자신에 대한 연민을 단종에게 투사하고, 러시아와 중국을 등에 업고 전쟁을 일으킨 북한에 대한 미움과 원망을 수양대군이나 신숙주로 투사했을 것이다. 이렇게 한번 박힌 수양대군과 신숙주에 대한 부정적 인식은 쉽게 사라지지 않고 현재까지 영향을 미친다. 실제 사료상 증거가 어떻든 말이다.

해석의 차이

권력을 잡은 사람들이 하는 일 중에 하나는 과거를 해석하는 것이다. 과거를 새롭게 해석하여 자신들의 권력에 대한 정당성을 확립하고자 한다. 반란을 일으켜 성공한 사람들은 자신들의 반란을 혁명이라고 칭한다. 그리고 과거 기득권 세력이 얼마나 부패하고 무능했는지를 강조하면서 혁명의 당위성과 필요성을 역설한다. 반란을 진압하고 기득권 유지에 성공한 사람들은 그 반란을 폭동이라고 칭한다. 그리고 폭도가 폭동을 일으킨 이유는 사욕을 탐했기 때문이고, 그들이 나라를 얼마나 혼란스럽게 했고 얼마나 많은 사람이 희생되었는지를 강조한다. 결국 역사의 기록은 승자의 몫으로 남는다.

이것은 동서양을 막론하고 어느 시대에나 마찬가지다. 『누다심의 심리학 블로그』에서도 언급했던 것처럼 프랑스의 시민혁명도 상당히 미화되었다. 우리는 바스티유 감옥의 함락을 프랑스 시민혁명의 상징적 사건으로 알고 있다. 바스티유 감옥을 전제정치를 반대하거나 전제정치 타도를 목적으로 삼았던 사람들이 약 1만 명 이상 수용된 앙시앵 레짐(ancien régime)의 상징으로 알고 있기 때문이다. 그러나 바스티유 감옥 안에 있던 죄수 7명 중에 4명은 사기꾼이었고 2명은 정신질환으로 수감된 사람이었다. 그리고 시민혁명군은 처음부터 바스티유 감옥을 함락하려는 의도는 전혀 없었다. 단지 탄약을 좀 구할 수 있을까 하여 몰려간 것인데, 예기치 못한 사건이 터졌고 결국 의도하지 않게 감옥을 함락한 것이다. 혁명군으로서는 이 사건의 진실을 그대로 드러낼 수 없었을 것이고, 미화하고 재해석했던 것이다.

조선도 그랬다. 고려를 무너뜨리고 역성혁명을 이루어 낸 사람들은 자신들을 정당화해야 했고, 새로운 시대에 대한 비전을 제시해야 했다. 그래서 『고려사』를 썼다. 태조 1년(1392년)부터 문종 원년(1451년)까지 59년 동안 만들고 수정한 이 책은 32명의 왕이 다스린 475년 동안의 각종 사건과 인물들에 대한 내용을 담았는데, 단순한 기록이라기보다는 후세에 지침이 될 만한 정치적 근거를 제시한 것이다. 다시 말해 『고려사』는 새로운 조선의 통치에 적극적으로 이용하려는 목적에서 쓴 책으로, 조선을 건국한 주도 세력인 사대부들의 역사관을 담고 있다.

이렇게 과거의 사건을 현재의 입장에서 재해석하고 기록하는 것은 『조선왕조실록』에서도 나타난다. 실록 편찬 작업은 항상 후대에서 한다. 따라서 역사학자들은 이 기록을 전적으로 신뢰하지 않는다. 후대의 왕들이 자신들에게 불리한 기록은 첨삭했을 것이라고 생각하기 때문이다. 그래서 실록 이외에 당시의 객관적인 정황을 이해할 때 도움이 될 만한 다른 사료들을 참고한다. 그중 하나가 바로 『연려실기술』 같은 책이다. 세조를 바라보는 학자들의 시각이 바로 이에 해당한다. 『조선왕조실록』 중 단종에 대한 부분을 다룬 〈단종실록〉에서는 세조의 왕위 계승을 찬탈로 보지 않는다. 세조 때 기록했으니 당연한 얘기다. 결국 역사학자들도 과거 역사를 이해할 때 서로 상충되는 사료들 중 무엇을 선택하느냐에 따라 다른 주장을 하는 것이다.

동일한 사건을 두고 다르게 해석하는 것은 우리 일상생활에서도 일어난다. 서로 치고받으며 싸우는 두 아이의 이야기를 들어보라. 한 아이는 상대방 아이가 자신을 먼저 때렸다고 할 것이고, 또 다른 아이는 그 아이가 자신을 심하게 놀렸다고 할 것이다. 상대방이 자신을 먼저 공격했기 때문에 방어했을 뿐이라는 것이다. 많은 사람들

>
> **현상학적 입장**
> 객관적인 세계보다 주관적인 세계를 더 중요시하는 현상학적 입장은 상담심리학에서 자주 언급된다. 내담자를 판단하기보다는 이해해야 할 대상으로 보고 그 내담자의 입장에 공감하는 것은 상담심리학자들의 주된 과제기도 하다.

은 두 명 중 한 명이 거짓말을 하는 것이라고 생각할지 모르나, 심리학자들은 거짓말이 아니라 각자의 입장에서는 진심으로 그렇게 받아들인다고 인정한다. 다시 말해 객관적 현실은 엄연히 하나겠지만 그것을 바라보는 주관적 현실은 다를 수 있음을 인정하는 것이다.

이처럼 현실을 객관적 현실과 주관적 현실로 구분하고, 객관적 현실보다는 주관적 현실이 개인을 이해하는 데 더 중요하다고 보는 입장을 가리켜 '현상학적 입장'이라고 한다. 현상학적 입장은 철학에서 시작되었으나 많은 심리학자들이 수용하는 관점이다. 객관적 현실이 존재하는 것을 부인하는 것은 아니지만 개인의 마음과 행동을 이해하는 데는 객관적 현실이 크게 중요하지 않다는 것이다. 실제로 어떠한 일이 일어났느냐보다 그 사람이 그 일을 어떻게 받아들였느냐가 더 중요하다는 맥락에서다.

이러한 현상학적 입장에서 보면 세조는 왕권이 약해지는 것을 막기 위해 직접 나설 수밖에 없는 상황이었고, 단종과 사육신, 그리고 안평대군과 그의 무리들 입장에서는 세조가 왕위를 찬탈하고 무단강권 정치를 행사한 것이라고 볼 수 있다. 객관적 현실이 어떻든 말이다. 이것을 다르게 표현하면 세조는 왕위를 빼앗기 위해 조카 단종을 협박한 적도 없는데 단종이 기꺼이 왕위를 선양한 것이고, 단종은 삼촌 세조가 암묵적으로 협박하여 왕위를 넘길 수밖에 없었다고 말할 수 있다.

누가 가해자이고 누가 피해자인가

객관적 현실을 좀 뒤로 하고 주관적 현실에 초점을 맞추면 우리가 일상에서 쉽게 마주칠 수 있는 사건들이 전혀 다르게 보이기도 한다. 많은 사람들이 심리적, 현실적 문제를 해결하고자 심리학자에게 도움을 요청한다. 심리학자는 이들이 문제를 해결할 수 있도록 돕는 조력자 역할을 하는데, 이것을 상담이라고 한다. 그런데 상담을 하다 보면 누가 가해자고 누가 피해자인지 쉽게 구분하기 힘든 경우가 있다.

예를 들어 남편의 의처증과 이로 인한 폭력 때문에 힘들어하는 아내가 상담자를 찾아왔다고 하자. 아내는 상담자에게 자신이 얼마나 힘들고 억울한지 토로할 것이다. 이때 심리학자는 내담자가 현실적으로 심각한 위험에 처해 있다면 법적인 조치를 비롯하여 실제적인 도움을 얻을 수 있도록 여러 가지 정보를 줄 수 있다. 그러나 이렇게 현실적인 해결책을 제시하는 것만이 심리학자의 주된 업무는 아니다. 심리학자는 이보다는 장기적 안목으로 갈등을 해결하도록 돕는다. 다시 말해 부부 사이에 내재된 심리적 갈등을 살펴보고, 겉으로 드러난 문제 이면에 있는 심리적 원인과 기제를 살펴보는 것이다.

남편에게 일방적으로 시달리는 듯한 아내를 보면 당연히 아내가 피해자고 남편이 공격자라고 생각하기 쉽다. 그래서 아내의 사정을 아는 주변의 사람들은 아내를 위로해 주고, 더 나아가 아내에게 남편과의 이혼을 조심스럽게 권하기도 한다. 그러나 아내는 정색을 하면서 그럴 수는 없다고 하는 경우가 있다. 자식들을 생각해서 그렇게는 못한다고 할 수도 있고, 자신은 경제적 능력이 없기 때문에 안 된다고 할 수도 있고, 남편을 버리면 남편은 어떻게 살겠느냐고 하기도 한다. 물론 다 맞는 말이다. 그러나 이 모든 것을 고려하더라도 남편에 대한 아내의 태도가 이해 안 될 때가 있다. 못살겠다고 하면서도 이혼은 못 하겠다는 것이다. 남편과의 갈등이 있을 때마다 주변 사람들을 찾아와서 못살겠다고 하소연하면서도, 정작 살지 말라고 하면 그렇게는 못하겠다고 한다.

이런 경우 심리학자들은 내담자를 따뜻하게 위로하면서도, 또 한편 냉철한 판단력으로 내담자의 정황을 살핀다. 그러다 보면 사람들이 생각하는 것처럼 아내가 일방적인 피해자가 아닐 수도 있다는 것을 알게 된다. 다시 말해 겉으로 보았을 때에는 아내가 신체적으로는 피해자일지 몰라도, 심리적으로는 전혀 반대일 수도 있다는 것이다.

아내는 남편과 갈등이 생기면 주변 사람들에게 달려가서 자신의 힘든 상황을 이야기한다. 그러면 주변 사람들은 남편을 욕하고 아내를 위로한다. 그리고 해결책을 제시하면 아내는 거부하고 다시 남편에게 돌아간다. 그리고 다시 갈등을 겪고, 다시 사람들에게 위로를 받고, 해결책은 거부하고, 다시 남편에게 간다. 도대체 아내는 문제를 해결할 마음이 있는 것일까? 왜 아내는 끊임없이 다른 사람에게 힘든 처지를 호소할까?

아내가 비록 신체적으로는 약자고 패자일지 몰라도, 주변 사람들을 자신의 편으로 만들고 남편을 깎아내림으로서 심리적으로는 강자와 승자가 되는 것일지도 모른다. 생각해 보라. 아내를 때리는 남편을 주변에서 누가 곱게 보겠는가? 이러면 남편은 심리적으로 피해자가 되고 아내가 가해자가 되는 것이다.

물론 모든 매 맞는 아내가 그렇다는 것은 아니다. 끊임없이 반복되는 문제에 빠져 있으면서, 주변에서 해결책을 제시하더라도 거부하는 경우 이러한 가능성도 있다는 것이다. 지금은 가정폭력법도 강화되어서 자신만 원하면 얼마든지 법적인 조치가 가능하다. 주변 사람들의 위로만이 최선책이 아니라는 것이다. 반복되는 갈등과 폭력 속에서, 때리는 남편은 처음에는 주저했지만 나중에는 예사로 폭력을 휘두르며 인간 이하의 심리상태로 전락해 버리는 경우가 종종 있다. 물론 이에 대한 일차적인 책임은 때리는 사람에게 있지만, 맞기만 하고 아무런 조치를 취하지 않는 사람에게도 책임이 있는 것이다. 가해자와 피해자는 얼마든지 바뀔 수 있으며, 정확하게 가해자와 피해자를 구분하는 일은 쉽지 않다.

가정폭력이라는 심각한 예가 아니더라도 우리 주변에서 적용해 볼 수 있는 예는 얼마든지 있다. 아이의 불성실함에 참지 못하고 끊임없이 잔소리를 하고, 어머니의 잔소리를 견디다 못해 대들고 반항하다가 집을 나간 아이가 있다고 하자. 누가 가해자이고 피해자인가? 어머니의 주변 사람들은 자녀를 욕할 것이고, 아이의 친구들은 어머니를 욕할 것이다. 형에게 바락바락 대들면서 공격하는 동생이 있다. 처음에는 형이 참으려고 했으나, 동생이 자신의 열등감을 건드리는 순간 화를 참지 못하고 동생을 때렸다. 누가 가해자이고 피해자인가?

단종과 세조의 대상관계

프로이트가 발전시킨 정신분석 이론은 프로이트 사후에 다양하게 발전했다. 그중에 대상관계이론(object relation theory)이 있는데, 이

이론에서는 우리의 마음에 '자기 표상(self representation)'과 '대상 표상(object representation)', 그리고 '자기와 대상이 맺고 있는 관계 (relation)'의 세 가지로 이루어진 대상관계가 존재한다고 한다. 자기 표상은 자기 자신이 어떤 사람인지에 대한 근본적인 이미지를 말하며, 대상 표상은 타인이나 세상에 대한 근본적인 이미지를 가리킨다. 두 표상은 서로 관계를 맺고 있는데, 바로 이것이 대상관계다. 정신 분석가들은 우리가 살면서 사람들과 맺는 모든 인간관계가 우리의 무의식 속에 자리 잡은 대상관계의 발현일 뿐이라고 한다. 다시 말해 우리는 끊임없이 대상관계를 반복하면서 산다는 것이다.

대상관계가 반복된다는 것을 쉽게 확인할 수 있는 방법이 있다. 한 사람이 맺는 인간관계에는 어떤 패턴이 있다. 만나서 친해지는 과정이나 갈등에 빠지는 과정, 갈등을 해결하거나 아니면 멀어지는 모습들을 보면 거의 비슷한 패턴으로 인간관계를 맺는다는 것을 알 수 있다. 특히 대상관계는 친한 사람일수록, 애인이나 부부 관계일수록 잘 드러난다. 연애를 많이 해 본 사람들은 거의 비슷한 패턴으로 만나고 헤어짐을 알 것이다. 이것이 바로 우리가 현실에서 맺는 인간관계가 대상관계의 표현이라는 증거다.

그렇다면 어떻게 대상관계를 반복하는가? 두 가지 과정이 있다. 첫 번째는 사람을 사귀고 관계를 맺을 때, 대상관계를 쉽게 반복할 수 있는 사람을 찾는다. 두 번째는 이 사람과의 관계에서 대상관계를 반복하는 심리적 기제인 투사적 동일시(projective identification)를 경험한다. 투사적 동일시는 대상관계를 그 사람에게 던져보는

투사적 동일시
원하든 원하지 않든 많은 사람들은 과거의 대인관계를 반복하곤 한다. 그 이유는 대인관계의 원형이라고 할 수 있는 대상관계가 상대방에게 던져지는 투사와 상대방에게 가져오는 동일시의 과정을 거치기 때문이다.

투사의 과정과 대상이 투사된 대상관계에 반응하는 과정, 그리고 대상의 반응을 확인하여 동일시하는 과정으로 이루어진다.

어떤 사람의 마음속에 '잘난 자기'와 '못난 대상', 그리고 '자기는 대상을 무시하고 핍박한다'는 대상관계가 있다고 하자. 이런 사람은 주변 사람들 중에서 자기보다 능력 있고 잘난 사람들보다는 약간 어수룩하고 실수가 많은 사람을 친근하게 느끼며 금방 친해진다. 이렇게 자신의 대상관계를 쉽게 반복할 수 있는 사람을 찾은 다음에는 그에게 대상관계를 투사한다. 현실적으로 그 사람을 무시하는 말이나 행동을 하는 것이다. 만약 상대방이 예상대로 무시와 핍박을 받아들이면 이 사람은 상대방과 지속적으로 이런 관계를 유지한다. 대상관계가 대인관계에서 그대로 드러나는 것이다. 만약 이 대상관계를 가진 사람이 직장에서 어느 정도 위치가 있는 사람이라면, 이 사람은 아마도 직장에서 일도 못하고 어수룩하게 보이는 사람을 너무 심하다 싶을 정도로 무시할 것이다. 그러나 똑같이 일을 못하는 사람일지라도 자존심이 강한 사람에게는 그렇게 못 하는 모습도 보일 것이다.

물론 반대의 경우도 가능하다. '못난 자기'와 '잘난 대상', 그리고 '자기를 무시하고 공격하는 대상'이라는 대상관계를 가진 사람은 자신을 무시하고 공격해 줄 대상을 찾고, 찾은 다음에는 그 사람 앞에서 잦은 실수와 잘못을 범한다. 이때 상대방이 대상관계를 반복하는 투사적 동일시에 반응해 준다면, 자신을 무시하고 공격하고 화를 낼 것이다.

물론 이러한 과정은 모두 무의식에서 일어나기 때문에, "난 절대 그렇지 않아!"라고 말할 사람도 있을 것이다. 그러나 생각해 보라.

무시당하는 것이 겉으로는 싫다고 하면서, 왠지 모르게 자신을 무시하는 사람 주변을 떠나지 못하는 사람이 있다. 그리고 특별히 화를 내야겠다고 생각한 적이 없는데, 왠지 모르게 화를 내도록 만드는 사람이 있지 않은가? 이것은 바로 우리의 무의식에 있으면서 대인관계의 근본을 이루는 대상관계 때문이다.

단종과 세조의 관계를 이렇게 설명해 보자. 단종은 '초라한 자기'와 '대단한 대상', 그리고 '대상에게 의존해야 하는 자기'라는 대상관계가 있었고, 세조는 '강한 자기'와 '연약한 대상', 그리고 '대상을 보호해야 하는 자기'라는 대상관계가 있었다. 대상관계 이론에서는 우리의 대상관계가 어린 시절 양육자나 환경에서 만들어진다고 하는데, 단종의 경우 태어나자마자 어머니를 잃었다. 아버지도 병약하여 단종을 잘 보살펴 주지 못했다. 가장 가까운 사람들이 든든한 버팀목이 되어 주지 못한 것이다. 그런데 할아버지 세종은 너무 대단한 사람이었고 신하들도 뛰어난 사람들이었다. 그뿐만 아니라 수양대군과 안평대군을 비롯한 숙부들도 위대해 보였다. 결국 이러한 환경은 단종에게 근본적인 상실감을 가져다주었고, 스스로 하기보다는 자신보다 뛰어난 사람에게 의존해야만 한다는 사실이 마음속 깊숙이 자리 잡았을 것이다. 결국 단종의 대상관계를 그대로 받아 줄 사람은 바로 세조였다. 세조도 단종의 대상관계가 맞물려 돌아갈 수 있는 대상관계를 가지고 있었기 때문에 모든 일은 일사천리로 진행된 것이다.

'자기를 공격하는 대상'이라는 대상관계를 가진 사람으로 인해서 시작된 싸움과 갈등이라면 피해자와 가해자는 겉으로 드러난 것과 정반대일 수도 있다. 마치 앞에서 언급한 때리는 남편과 매맞는 아내의 경우처럼 말이다. 어쩌면 겉으로 보기에는 세조가 단종의 왕위를 빼앗은 것처럼 보이지만, 사실 그 이면에는 단종이 세조로 하여금 왕위를 빼앗도록 만든 것일 수도 있다. 그 결과 단종은 주변 사람들의 동정과 마음도 얻고, 왕이 맡아야 할 임무와 책임에 대한 부담도 덜게 되었으며, 세조는 온갖 비난을 받으면서도 왕의 임무와 책임이라는 막중한 부담을 얻게 되었다.

아쉽기는 하지만 욕할 정도는 아닌

그렇다면 왜 사람들은 대상관계를 끊임없이 반복하는 것일까? 특히 바람직하지 못한 대상관계를 반복하는 이유는 무엇일까? '대상으로부터 공격받는 자기'라는 대상관계를 가진 사람이 주변 사람들에게 끊임없이 공격받고 무시당하면서 또다시 힘들어하고 괴로워하는 이유는 무엇일까?

그 이유는 바로 과거의 실패 경험을 반복하고 싶지 않고 다른 방향으로 경험하고 싶기 때문이라고 한다. 실패자가 되지 않기 위해서는 두 가지 방법이 있다. 첫째는 실패할 상황을 회피하는 것이고, 둘째는 다시 도전해서 성공하는 것이다. 그러나 전자의 경우는 과거의 실패를 극복한 것이 아니라 회피한 것이고, 결국 과거의 실패는 미해결 과제(unfinished business)로 마음속에 남아 불편함을 만들어 낸다. 그래서 사람들은 후자의 방법을 택하는 것이라 한다. 실패자라는 인식이 싫기 때문에 다시 도전하여 극복하려는 것이다. 실패하지 않기 위해 다시 실패 상황을 재현해야 하는 딜레마에 빠지는 것

> **미해결 과제**
> 어떤 일을 끝내지 못하면 그 일이 오랫동안 마음에 남는다. 그리고 그 일을 끝내야 한다는 생각 때문에 끊임없이 도전하기도 한다. 그러나 성급한 도전은 또 다시 새로운 미해결 과제만을 만들어놓곤 한다.

이다.

실패를 극복하기 위해 다시 도전한다. 아쉬움이 클수록 다시 도전한다. 성공하고 싶을수록 다시 도전한다. 그 경험을 반복한다. 물론 결과는 성공보다 실패가 많다. 그런데 실패할수록 더욱 극복하고 싶기 때문에 다시 도전하는 것이다. 결국 자신을 힘들게 하는 인간관계를 반복하는 이유는, 그 관계에서 더는 힘들고 싶지 않기 때문이다.

심리치료에서는 심리학자들이 바로 내담자의 대상관계를 받아주는 역할을 하는데, 이때 심리학자들은 내담자의 대상관계가 그대로 재현되지 않도록 한다. 새로운 대상의 역할을 해 줌으로써 내담자가 변화하고 극복할 수 있도록 돕는 것이다. 다시 말해 '자기를 공격하는 대상'이라는 대상관계를 가진 내담자는 끊임없이 상담자로 하여금 화가 나도록 할 것이다. 상담자의 질문에 대답을 잘 안 한다든지, 치료시간에 늦는다든지, 아니면 일방적으로 화를 낸다든지 하면서 말이다. 이것은 물론 내담자의 무의식에 있는 대상관계 때문에 일어나는 일이므로, 상담자는 내담자가 의도적으로 자신을 힘들게 한다고 생각해서는 안 된다. 상담자는 내담자를 자신의 대상관계로 끌고 가는 것이다. 그래서 자신을 공격하라고 하는 것이다. 그런데 상담자가 이것을 깨닫지 못하고 내담자에게 화를 내면 내담자의 대상관계를 그대로 반복하는 결과를 초래하고, 결국 내담자는 다시 한 번 '버림받은 자기'라는 대상관계를 확인하는 꼴밖에 안 된다. 그래서 상담자는 내담자의 대상관계와 전혀 다른 방식으로 반응해야 한다. 내담자에게 화내지 않고 수용하여 이 세상에는 '자기를 위로해 주는 대상'이 있음을 알려 주는 것이다.

이런 면에서 보면 단종이 숙부 수양대군에게 왕위를 양보했을 때 수양대군이 냉큼 왕위를 받은 것은 단종의 대상관계를 단순히 재확인한 것에 지나지 않는다. 그 후 단종은 자신의 대상관계를 계속 반복하는 과정에서 결국 죽음에 이른다. 만약 이때 수양대군이 단종의 왕위를 사양하고 숙부로서 단종을 더욱 충실히 보필했다면 어땠을까? 그랬다면 단종은 할아버지 못지않은 훌륭한 왕으로 성장했을지도 모르는 일이다. 그러나 그렇게 하기에는 수양대군의 왕위에 대한 욕심이 적지 않았다. 단종의 대상관계와 맞물리는 대상관계가 수양대군에게 존재했던 것이다. '대상에 의존하는 자기'라는 대상관계가 단종에게 있었다면, '대상을 지배하는 자기'라는 대상관계가 수양대군에게 있었다는 것이다. 이런 부분이 수양대군에게 아쉬움으로 남는 부분이다.

그러나 수양대군이 단종의 상담자가 아닌 바에야 우리의 기대가 너무 큰 것인지도 모른다. 왕위를 주겠다고 하는데 거절할 사람이 얼마나 될까? 그런 면에서 수양대군의 왕위 계승은 아쉽기는 하지만 욕할 정도는 아닌 것이다. 단종의 입장에서는 수양대군이 암묵적으로 왕위를 넘기라고 압박하는 분위기를 감지했을 것이겠지만, 수양대군의 입장에서는 단종이 왕위를 너무 힘들어했고 종묘와 사직을 위해 자신에게 넘긴 것이라고 할 테니 말이다.

이제는 세조에 대한 평가를 조금 더 객관적이고 사실적으로 해야 할 때가 아닌가 싶다. 일반적으로 평가하듯이 세조가 그렇게 악랄한 왕이 아니며, 어쩌면 자주 비교되는 태종보다도 더 심성이 좋고 사람을 배려할 줄 아는 사람인 듯하다. 왜냐하면 왕이 된 이후 태종과 전혀 다른 모습을 보여 주기 때문이다.

  태종은 왕이 되었을 때 그동안 자신을 힘껏 응원하고 현실적으로 많은 도움을 주었던 원경왕후 민씨도 왕권 강화에 방해가 될까 봐 내치고 수많은 후궁을 들였다. 그러나 세조는 그렇게 하지 않았다. 정희왕후 윤씨를 끝까지 사랑했고, 왕이 되기 전에는 첩을 두었으나 왕이 된 후에는 후궁을 두지 않았다. 이것은 아내에 대한 배려이며 그의 심성을 보여 주는 단적인 예다. 물론 일부 학자들은 나이가 많은 상태에서 왕이 되었기 때문에 후궁을 두지 않은 것이라고 하지만, 다른 왕들이 조강지처를 버리고 늘그막에 후궁을 둔 경우는 수두룩하다. 이것은 세조가 사람을 배려하고 사랑할 줄 아는 사람이라는 것을 보여 주는 단적인 예다. 대상관계가 가장 잘 드러나는 것이 바로 부부 관계이기 때문이다.

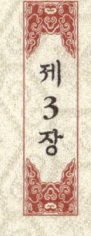

제3장

고부갈등이 희대의 폭군을 낳다

- 예종, 성종, 연산군

사람은 혼자 살 수 없다. 오랫동안 가족들과 함께 살고, 시간이 지나면 가족을 떠나 배우자와 새로운 가족을 이룬다. 이때 배우자가 일찍 세상을 떠나면 자녀에게 의지하게 된다. 남편을 일찍 여의고 아들을 키운 어머니가 일반적인 예가 되겠다. 이때 어머니가 뒷바라지를 훌륭히 하여 아들이 성공하면 덩달아 어머니의 위상도 높아진다. 그동안 모든 고생이 보상받는 듯한 느낌일 것이다.

그런데 그 아들이 결혼한 뒤에는 이야기가 꼭 해피엔딩으로 끝나지 않는다. 아들의 결혼은 어머니에게 엄청난 상실감을 가져다주기 때문이다. 물론 아들도 언젠가는 결혼할 것이고, 결혼을 하면 더는 자신만의 아들이 아니라는 사실을 예상하지 못한 것은 아니다. 그러나 이것이 현실화되면 심리적 충격은 자못 크고, 정도에 따라 차이는 있겠으나 고부갈등은 필연적이라고 할 수 있다. 이때 어머니와 며느리가 조금씩 양보하고 물러서면 고부갈등은 쉽게 극복할 수 있으나 이미 서로 상처를 주고받았다면 거의 불가능하다.

이때 아들(남편)의 역할이 중요하다. 어머니와 아내 사이에서 어정쩡한 태도를 취하면 고부갈등은 더 커지게 마련이다. 그렇다면 어떻게 해야 할까? 부부 상담을 하는 많은 심리학자들은 남편이 확실하게 아내의 편이 되어 주어야 한다고 말한다. 이것은 당장 어머니에게 큰 상처를 남기겠지만 가장 현명한 선택이라고 한다.

그러나 이러한 고부갈등이 현대사회가 아니라 조선시대에 일어났다면, 즉 부부의 예보다 부모에 대한 예가 더 우선하는 사회에서 일어났다면 남편은 어머니 편을 들 수밖에 없다. 또한 고부갈등이 일반인 사이에서 일어난다면 그저 개인의 마음에 상처를 남기고 말겠지만, 왕실에서 일어난다면 역사에 씻을 수 없는 상처를 남긴다. 이것이 바로 희대의 폭군 연산군을 만들어 낸 인수대비와 폐비 윤씨의 이야기다.

조카 대신 왕위에 오른 세조의 아들들은 오래 살지 못했다. 이를 두고 사람들은 세조가 죗값을 받는다고 했다. 그러나 자신에게 돌아오지 않을 왕위를 찬탈한 사람이 비단 세조뿐이었나? 태종도 세조 못지않게 죄를 지었다고 할 수 있지만 태종의 아들들은 건강하게 오래 살았다. 그러나 이유야 어떻든 사람들은 세조의 큰아들인 의경세자가 20세의 젊은 나이에 요절한 것을 두고 아버지의 죄 때문이라고 했다. 특히 그가 죽기 전에 단종의 어머니인 현덕왕후의 혼령에 시달렸고, 세조는 아들이 죽은 후에 현덕왕후의 무덤을 파헤쳐 관을 파냈다는 이야기들이 야사로 전해진다.

의경세자가 죽고 세자에 책봉된 사람은 둘째 아들 예종(해양대군)이었다. 세조 3년(1457년) 예종이 세자에 책봉되었을 때 나이는 8살이었다. 그리고 11년 후 19세가 된 예종은 세조에게 왕위를 이어받았다. 즉위 당시 예종은 건강이 좋지 않았고 아직 성인이 되지 않았기 때문에 직접 통치할 수 없었다. 그래서 어머니 정희왕후가 수렴청정을 했는데, 이것이 조선왕조 최초의 수렴청정이었다.

정희왕후는 세조가 왕위에 오르는 데 중요한 공헌을 했고 세조의 애정이 두터웠기 때문에 수렴청정에는 적격이었다. 또한 세조가 죽기 전에 한명회, 신숙주 등에게 예종을 보필하도록 부탁했기 때문에 예종은 큰 어려움 없이 조정을 이끌 수 있었다. 10년 넘게 세자로 지내면서 나랏일을 조금씩 익힌 것도 좋은 경험이 되었다. 세조 때에 이룩한 안정된 왕권을 바탕으로 조선을 한 단계 업그레이드할 수 있는 좋은 기회가 온 것이다. 그러나 문제는 예종이 병약했다는 것이다. 아니나 다를까, 예종은 14개월의 짧은 치세를 끝으로 20세에 요절하고 만다.

첫째 아들과 둘째 아들을 모두 20세에 잃은 정희왕후의 슬픔은 이만저만이 아니었다. 남편을 잃은 지 1년이 조금 넘어 예종까지 잃었으니 슬픔이 얼마나 컸을까? 그러나 슬퍼할 수만은 없었다. 남편 세조가 어렵게 얻은 왕위와 간신히 이룩해 놓은 왕권 중심의 조선을 지키려면 조치를 취해야 했다. 예종의 큰아들 제안군은 4세밖에 되지 않았기 때문에 왕위를 계승한다는 것은 거의 불가능했다. 그렇다면 누가 왕이 될 것인가? 분명히 성인이 된 왕족들이 왕위를 노릴 것이고, 그러면 다시 한 번 왕위를 놓고 피비린내 나는 전쟁이 일어날 수 있는 상황이었다. 조선은 개국 과정에서 세조에 이르기까지 왕위를 놓고 너무 많은 피를 흘렸다. 특히 세종의 넷째인 임영대군의 아들 구성군은 28세의 나이로 영의정을 지내고 있었기 때문에 가장 경계해야 할 대상이었다. 이를 잘 아는 정희왕후는 빨리 다음 왕을 결정해야 했다.

파워게임의 승자

예종이 승하한 바로 다음날 온 조정과 나라가 슬픔에 잠겨 있을 때, 정희왕후는 일찍이 잃었던 큰아들 의경세자의 둘째 아들인 자을산군을 왕위에 앉혔다. 그가 바로 성종이다. 예종의 아들인 제안군이 4세밖에 되지 않았기 때문에 왕이 되지 못한 것은 이해할 수 있는 일이지만, 왜 의경세자의 첫째가 아닌 둘째 아들을 택했을까? 분명히 큰아들 월산군도 멀쩡히 살아 있었는데 말이다.

월산군은 세조의 장손이므로 제안군이 나이가 어려서 왕이 될 수 없다면 그 다음은 당연히 월산군이었다. 이에 대하여 정의왕후는 월산군은 건강이 좋지 못한 반면, 자을산군은 건강할 뿐더러 왕의 자질이 있고 무엇보다 세조가 총애했기 때문이라고 했다. 이 말을 곧이곧대로 믿는 사람은 없었다. 왜냐하면 자을산군은 바로 한명회의 사위였기 때문이다.

한명회는 당대 최고의 실세였다. 세조와 함께 동고동락했고 세조가 죽은 이후에도 예종을 도왔다. 당연히 정희왕후와도 친분이 두터웠다. 세조(정희왕후)와 한명회가 겹사돈까지 맺은 것을 보면 어느 정도로 친분이 두터웠는지 알 만하다. 한명회는 큰딸을 세자 시절의 예종과 혼인시켜 세자빈으로 만들었고 둘째 딸은 자을산군이 왕위에 오르기 2년 전에 혼인을 시켰다. 비록 첫째 딸은 예종이 왕이 되기 전에 요절했지만 장순왕후에 추존되었으며 둘째 딸은 성종이 왕이 됨으로써 공혜왕후에 추존되었다. 조선 역사상 두 왕의 장인이 된 사람은 한명회가 유일하다.

세조를 도와 왕위에 오르게 했던 한명회는 세조를 보필했고, 세조가 죽은 뒤에는 다시 예종을 보필했다. 그러던 중 예종이 갑작스럽게 승하했다. 한명회는 상황을 재빠르게 파악했다. 어렸을 적부터 잔병 치레가 많았던 예종의 요절을 예상하고 있었는지도 모른다. 당시 영의정이었던 구성군은 강력한 왕위 계승 후보였기 때문에 조금만 지체했다가는 그동안 쌓은 모든 것이 수포로 돌아갈 수도 있었다.

한명회는 정희왕후를 찾아갔다. 정희왕후도 한명회와 같은 생각이었다. 자신들의 입지를 흔들리지 않게 할 새로운 왕이 필요했던 두 사람은 자을산군으로 결정했다. 자을산군이 왕이 되면 한명회는 왕의 장인이 되어 얼마 남지 않은 노년을 보장받을 수 있었고, 정희왕후도 13세의 자을산군이 성년이 될 때까지 수렴청정을 계속할 수 있었기에 둘의 의견은 어렵지 않게 일치했다.

그러나 상식을 거스르는 왕위 계승을 하면 종실이 분명 반발할 것이기에 정희왕후와 한명회는 아무도 손을 쓸 수 없게 예종이 죽은 바로 다음날 자을산군을 왕위에 앉혀 버린 것이다. 그 다음 할 일은 위협적인 구성군을 유배 보내는 것이었다. 한명회와 정희왕후의 의중을 파악한 대신들은 구성군을 집요하게 탄핵했고, 그는 유배를 떠나 유배지에서 생을 마쳤다.

예종이 죽고 성종이 왕이 되는 과정에서 일어난 파워게임은 여러 사람의 운명을 완전히 뒤바꾸어 놓았다. 어떤 이들은 양지에서 음지로 들어가고, 또 어떤 이들은 음지에서 양지로 나왔다. 우선 영의정까지 올랐던 구성군은 유배지에서 죽음을 맞았고, 갑자기 아버지를 잃은 예종의 아들 제안군과 세조의 장손 월산군은 왕이 될 기회를 바로 코앞에서 놓치고 말았다. 반면 정희왕후와 한명회는 자신들의 기득권을 계속 유지하면서 안심하고 노후를 편안하게 보내게 되었다. 그리고 성종은 증조부 세종과 조부 세조가 이루어 놓은 탄탄한 기반 위에 왕이 되는 행운을 누렸다. 그러나 이 파워게임에서 최고 승자는 정희왕후도 한명회도 성종도 아니었다. 바로 의경세자의 아내이자 성종의 어머니, 그리고 연산군의 할머니인 소혜왕후(인수대비) 한씨였다.

소혜왕후의 기구한 운명

연산군은 조선의 왕들 중 가장 악한 왕으로 알려져 있다. 이러한 이유로 연산군의 이야기는 사극에 자주 등장하는 소재다. 영화나 연극으로 연산군을 만나는 것도 어렵지 않다. 이렇게 다양한 매체를 통해 연산군은 조선의 가장 끔찍했던 사화인 갑자사화(甲子士禍)를 일으킨 왕으로, 그리고 할머니 인수대비를 머리로 받아 죽이고 큰아버지인 월산대군의 부인을 겁탈한 패륜아로 그려진다. 매일 연회를 베풀면서 흥청망청했으며 나랏일을 돌보기보다는 사냥과 주색, 여색에 빠져 지낸 왕으로 남았다.

그러나 이에 대하여 어떤 학자들은 연산군에 대한 평가가 지나치게 가혹하다고도 한다. 연산군도 초기에는 성종 못지않은 태평성대를 이끌었던 성군이며 연회와 사냥, 그리고 여자를 밝히긴 했지만 성종도 크게 다르지 않다고 한다. 그럼에도 그가 가혹한 평가를 받는 이유는 신권과 왕권이 대립한 결과라고 본다. 왕권 강화에 지나치게 열을 올려 신권을 심하게 탄압했기 때문에 그에 대한 평가가 가혹하다는 것이다.

분명히 일리는 있다. 연산군은 두 번의 사화를 통해 왕권에 도전하는 사림세력들을 제거했다. 당연히 사림의 입장에서 연산군은 최악의 왕이었을 것이고, 이것이 우리의 역사인식 가운데 남아 있을 수 있다. 그럼에도 불구하고 연산군의 행동을 단지 왕권과 신권의 대립만으로 보기에는 좀 어렵다. 그가 패륜적인 행동을 저질렀고, 잔혹할 정도로 많은 생명을 희생시킨 것은 사실이다. 그에 대한 역사의 평가가 무조건 가혹하다고는 할 수 없다.

그러나 연산군의 이러한 행동을 그의 본성이 나쁘기 때문이라고

할 수 있을까? 심리학자들은 어떤 사람을 이해할 때 행동의 결과만을 보고 평가하지 않는다. 오히려 그 사람이 왜 그렇게 행동할 수밖에 없었는지 배경과 맥락을 이해하려고 한다. 그러면 그 사람의 행동을 더욱 쉽게 이해할 수 있기 때문이다. 이제 연산군을 이해하기 위해 연산군의 주변 사람들을 살펴보자. 먼저 연산군의 할머니인 소혜왕후(인수대비) 한씨다.

한씨는 첫 아이 월산군을 낳은 지 7개월 만에 세자빈이 되었다. 시아버지였던 세조가 단종에게 왕위를 받아서 왕이 되었기 때문이다. 그녀의 앞길은 탄탄대로처럼 보였다. 시아버지는 왕이고 남편은 세자였다. 남편은 앞으로 왕이 되고 아들도 장차 왕이 될 터이니, 자신은 왕비가 되고 대비가 될 것이다. 조선 시대 여성으로서 최고의 자리가 예약된 셈이다. 그러나 세자빈이 된 그녀의 인생은 예상대로 흘러가지 않았다.

명나라에서 세조를 왕으로 인정하는 고명이 오자 세조는 고명에 대한 사은사로 한씨의 아버지인 한확을 선발했다. 세조 2년(1456년) 4월, 한씨는 남편과 함께 아버지를 찾아가 잘 다녀오시라고 인사를 드렸는데 그것이 마지막이었다. 한확은 명나라에서 돌아오던 중에 병사하고 말았다. 한씨의 어머니는 이미 6년 전에 저세상 사람이 되었던 터라 이로써 그녀는 부모님을 모두 여의고 말았다.

한씨는 대략 이즈음 성종을 임신했다. 아버지를 여읜 슬픔이 커서 임신에 대한 기쁨도 못 누렸겠지만, 10개월이라는 시간이 흐르면서 슬픔은 조금씩 가시고 기쁨이 조금씩 커졌다. 그녀는 남편을 잘 보필하고 자식을 잘 키워 훌륭한 왕으로 만드는 것을 부모님에 대한 효도라고 생각했을 것이다. 왜냐하면 그의 아버지 한확은 명나라와 조선의 중간 역할을 할 정도로 중요한 인물이었고 삶의 마지막도 나라를 위해 일하다가 맞이했기 때문이었다.

세조 3년(1457년) 7월 한씨의 출산이 임박한 어느 날, 남편인 의경세자가 갑자기 병석에 누웠다. 모두들 건강했던 20세의 세자가 금방 일어나리라 생각했다. 그러나 한씨가 성종을 낳고 삼칠일이 지난 지 얼마 되지 않아 의경세자는 세상을 떠났다. 이 소식을 들은 소혜왕후의 충격은 어떠했을까? 아버지를 잃고 1년도 되지 않아 남편을 잃었다. 게다가 남편은 이제 왕이 될 나이인 20세가 되자마자 세상을 떠난 것이다.

한씨에게 닥친 현실은 냉정했다. 그녀는 더는 세자빈이 아니었다. 의경세자가 세조의 유일한 아들이었다면 4세였던 자신의 큰아들인 월산군이 왕이 될 가능성이 있겠지만, 세조에게는 둘째 아들인 해양대군(예종)이 있었다. 당시 8세로서 나이가 어리긴 했으나 4세인 월산군보다는 유리한 위치에 있었다.

남편의 장례를 치르고 난 직후에 해양대군이 세자로 결정되었다. 이것은 한씨가 자식들과 함께 궐 밖으로 나가야 한다는 것을 의미했다. 이때 한씨의 나이는 21세였고 큰아들은 4세, 딸은 2세, 막내아들은 생후 5개월밖에 되지 않았다. 왕비와 대비가 될 뻔했던 그녀는 이제 아이가 셋이나 달린 21세의 젊은 청상과부였다. 돌아갈 친정이라도 있으면 좋으련만 부모님은 모두 돌아가셨다. 그녀의 심정은 어떠했을까? 모든 것을 포기해 버리고 싶지는 않았을까? 그러나 그녀에게는 아이 셋이 있었다. 어떻게든 살아야 한다는 생각밖에 들지 않았을 것이다.

사람에게는 누구든지 인생의 목표가 있어야 하고 의지해야 할 대상이 필요하다. 누구라도 한씨 같은 상황이라면 당연히 자식이 인생의 목표가 되고 자식을 의지하게 될 수밖에 없을 것이다. 이제 왕비와 대비가 되는 꿈은 물 건너갔지만 왕의 며느리라는 주변 사람들의 시선을 의식하지 않을 수 없었다. 그리고 부모와 남편을 생각해서라도 한씨는 더욱 이를 악물고 자녀들의 교육과 지도에 최선을 다해야 했다. 힘든 상황이 닥치면 사람들은 크게 두 방향으로 변한다. 힘든 상황에 쉽게 무너지든지, 아니면 더 강해지든지. 한씨는 분명히 후자였다. 무너질 성격도 아니었지만, 무너질 수 있는 상황도 아니었다. 보통 과부가 아니라 왕의 며느리가 아닌가. 그녀는 더욱더 강해졌다. 자신에게도 그랬고 자녀들에게도 그랬다.

겉과 속이 다를 수밖에 없는……

한양에는 궐 밖으로 나와 자녀들과 지내는 소혜왕후 한씨를 모르는 사람이 없었다. 그녀의 기구한 인생을 놓고 모두들 마음이 아파했을 것이다. 위로의 말이라도 하고 싶었을 것이다. 그러나 그녀는 전혀 위로가 필요하지 않은 사람처럼 보였다. 몸가짐이나 행동거지, 얼굴 표정이나 말투 모두 평안해 보였고 오히려 힘 있어 보였다. 특히 자녀들에게 더 엄격하게 대했다. 실수를 용납하지 않았고 공부를 많이 시켰다. 얼마나 엄격하게 했는지 세조와 정희왕후는 그녀를 폭빈(暴嬪)이라고 했을 정도다. 많은 사람들은 그녀의 이런 겉모습만 보고서 강한 사람이라고 했을지 모른다. 대단한 사람이라고 했을지 모른다. 그러나 정말 그랬을까?

사람들은 보통 겉으로 보이는 모습만으로 그 사람을 평가하고 판단한다. 그러나 심리학자들은 겉으로 보이는 모습과 내면은 다른 경우가 많다는 사실을 일찍이 알았다. 겉으로 강해 보이는 사람은 실제로는 약한 사람이고, 겉으로 약해 보이는 사람이 실제로는 강한 사람일 수 있다. 사실 따지고 보면 세상에 강하기만 한 사람, 약하기만 한 사람은 없다. 강한 면도 있고 약한 면도 있는 것이다. 그러나 일반적으로 누구든지 힘들어할 수밖에 없는 상황, 그래서 약해질 수밖에 없는 상황에서조차 강한 모습을 보이는 사람들이 있다. 이들은 사실 강한 척하는 것일 수 있다. 마음은 너무 힘들고 괴롭지만 겉으로 드러낼 수 없어서 반대로 드러내는 것이다. 이것을 가리켜 반동형성(reaction formation)이라고 한다.

반동형성은 마음을 그대로 드러내지 못하고 정반대로 드러내는

것을 말하는데, 이것이 일어나는 이유는 자신의
마음을 그대로 드러낼 경우 본인이 그것을 감당
할 수 없기 때문이다. 소혜왕후가 자신의 힘들고
괴로운 마음을 드러낸다면 어떻게 될까? 아버지
가 죽고 남편이 죽었다. 아이들 셋을 데리고 있
는 스물한 살의 과부, 그것도 왕비가 될 뻔한 과
부다. 한씨의 성품이 분명 곧고 강했던 면이 없

반동형성
자신의 마음을 있는 그대로 드러내기 어렵거나 심리적으로 힘든 경우에는 정반대로 표현하고 행동한다. 좋아하는 마음을 싫어하는 것으로 표현하거나, 미운 자식에게 떡 하나 더 주는 것이 바로 이런 예다.

는 것은 아니나, 한꺼번에 불어닥친 엄청난 사건들을 감당하기 힘들
었을 것이다. 그러나 힘든 감정에 빠지기 시작하면 한도 끝도 없이
무너질지 모른다는 두려움 때문에 감정을 절제했다. 무너지지 않으
려고 애썼다. 우선은 아이들 때문이었고 자신을 효부라며 사랑한 세
조와 정희왕후를 봐서라도 그래야만 했다. 강해질 수밖에 없었다.
아니, 강한 척을 할 수밖에 없었다. 시부모님을 잘 섬기고 몸가짐을
단정히 하면서 남편을 잘 섬기고 자녀를 잘 돌본다는 전형적인 조선
여인의 모습이 떠오르는 것은 우연이 아니다. 그녀는 자을산군이 왕
이 된 후에 부녀자의 훈육을 위해 『내훈』을 편찬한 주인공이다.

물론 그녀는 즐겁거나 행복하지는 않았다. 아무에게도 말할 수
없는 슬픔과 괴로움이 있었다. 이는 특히 둘째 아들 자을산군을 볼
때마다 더했을 것이다. 자을산군을 임신할 즈음 아버지가, 출산할
즈음에는 남편이 세상을 떠났기 때문이다. 임신 기간 내내 아버지에
대한 그리움 때문에 태교를 제대로 하지 못했을 것이고, 출산 후 몸
조리가 끝나자마자 남편의 죽음과 함께 찾아온 몰락 때문에 갓난아
기에게 사랑을 듬뿍 주지 못했을 것이다. 자을산군을 볼 때마다 미
안함과 괴로움이 마음을 짓눌렀지만, 그러면 그럴수록 엄격하고 바

르게 교육을 시켰다. 하루 종일 아이들을 엄하게 가르치고 사람들을 만나면서 강한 척을 했을지는 몰라도, 밤마다 숨죽여 눈물을 흘렸을 것이다. 다른 사람, 특히 자녀들에게 연약한 마음을 들킬까 봐 하루하루가 긴장의 연속이었을 것이다.

한씨가 궐 밖으로 나와 산 지 거의 10년이 다 되었을 때쯤 세조와 정희왕후는 손자, 손녀에 대한 혼사를 서둘렀다. 세조 12년인 1466년 8월 첫째 아들인 월산군이 결혼했고, 얼마 지나지 않아 딸을 시집보냈으며 5개월 후에는 자을산군까지 한명회의 딸과 혼례를 치렀다. 거의 한 해 동안에 세 자녀를 모두 혼인시킨 것이다.

10년 동안의 자식농사를 끝내고 한씨는 크게 앓았다. 삶을 지탱해 주던 긴장이 풀린 탓이리라. 10년 동안의 삶이 얼마나 고단했고 긴장의 연속이었는지를 보여 주는 듯 그녀는 병세는 심상치 않았다. 영영 일어나지 못하는 것이 아닌가 싶을 정도였다. 세조와 정희왕후가 문병을 왔을 정도라고 하니 과연 소혜왕후의 강인함은 그 이면의 연약함에 대한 반동형성이었던 것이다.

원래 몸의 병보다 무서운 것이 마음의 병이다. 몸의 피곤함과 병약함은 어느 정도 지나면 금세 회복되지만 마음의 고단함과 유약함은 잘 회복되지 않는다. 한씨는 마음의 병치레를 했던 것이다. 잘 회복되지는 않지만 시간이 지나면 반드시 회복되는 것이 마음의 병이다. 소혜왕후 한씨도 시간이 걸리기는 했지만 자리를 털고 일어났다. 그리고 1년 후 세조가 승하했고 한씨의 시동생인 해양대군(예종)이 왕위에 올랐다.

불행의 씨앗이 싹트다

시동생이 왕위에 올랐을 때 한씨의 마음은 어떠했을까? 겉으로 내색은 하지 않았겠지만 온갖 감정이 치밀어 올랐을 것이다. 그러나 이 감정은 오래가지 않았다. 왜냐하면 예종도 의경세자처럼 20세에 죽고 만 것이다. 그리고 예종이 승하한 바로 다음날, 정희왕후는 한씨의 둘째 아들인 자을산군을 왕으로 선포한다. 이런 것을 두고 반전이라고 하는가. 소혜왕후 한씨의 생애는 그야말로 드라마 중의 드라마다.

1469년 11월, 자을산군은 경복궁에서 왕위에 올랐다. 12년 전 세 아이들을 데리고 궁궐을 떠나야 했던 세자빈 한씨는 이제 왕의 어머니로서 궁궐로 돌아왔다. 이로써 한씨는 궁궐에서 시어머니인 정희왕후와 동서 격인 예종의 아내 안순왕후와 함께 지내게 되었고 '인수왕비'라는 칭호를 얻었다. 이들은 서열에 따라서 대왕대비, 왕대비, 대비로 불렸다. 인수왕비, 즉 인수대비는 궁중 서열 2위가 되었다. 자을산군이 왕위에 올랐을 때 나이가 13세여서, 정희왕후가 수렴청정을 하기로 했다. 그러나 정희왕후는 평소 며느리의 학식과 인격을 알았고 많은 부분을 인수대비에게 위임했다. 그녀는 실질적으로 조선의 통치자가 된 것이다.

인수대비는 시어머니를 모시고 성종을 도우면서 지냈다. 그러나 이 외에도 그녀에게 중요한 임무가 있었다. 바로 성종의 아내인 공혜왕후를 훌륭한 왕비로 교육하는 것이었다. 한명회의 딸이기도 한 공혜왕후는 인수대비가 무척이나 어려웠을 것이다. 일찍이 세조에게 폭빈이라는 별명까지 얻었던 인수대비였다. 혹시 애비 없는 자식이라는 소리를 들을까 봐 자녀들을 엄격하게 교육했던 그녀는 며느리 공혜왕후도 엄하게 대했다. 그리고 자신에게는 물론이거니와 시어머니 정희왕후와 동서인 안순왕후에게도 예를 갖추어 잘 섬기고, 성종의 사랑을 듬뿍 받아 아들까지 낳아 주기를 바랬을 것이다. 마치 자신이 시집을 왔을 때 했던 것처럼 며느리도 당연히 그렇게 해야 한다고 생각했고 그렇게 가르쳤다.

그러나 공혜왕후는 그 기대를 채우지 못했다. 한 명도 아닌 세 명이나 되는 대비의 비위를 잘 맞추기란 거의 불가능했다. 또한 성종에게 사랑도 많이 받지 못했으며 아들도 낳지 못했다. 인수대비는 마음이 조급했을 것이고 성에 차지 않는 며느리가 탐탁하지 못했을 것이다. 무엇보다 인수대비의 걱정은 며느리가 성종과 합궁을 한 지 몇 년이 지나도 아무런 소식이 없다는 것이었다. 남편인 의경세자와 예종이 20세에 요절했기 때문에 인수대비는 만약을 대비하여 하루빨리 손자가 필요했다. 그렇지 않으면 예전의 악몽이 되풀이될지도 모르기 때문이다.

원래 자신과 타인에게 엄격한 인수대비가 조급해지기까지 하니 며느리를 편하게 대할 리 없었고, 그럴수록 공혜왕후의 임신은 어려워졌고 건강은 악화되었다. 급기야 인수대비는 후궁을 들이도록 했다. 성종 4년(1473년) 3월에는 윤기견의 딸을, 6월에는 윤호의 딸을 숙의로 임명하여 입궁시켰다. 공혜왕후는 세 명의 시어머니와 두 명의 후궁에게 받은 스트레스가 원인이 되어 이듬해 19세의 나이로 요절하고 말았다.

공혜왕후가 세상을 떠났지만 인수대비는 크게 걱정하지 않았다. 성종이 공혜왕후를 별로 좋아하지 않았으나 윤기견의 딸을 좋아했기 때문에 손자를 기대할 수 있었다. 게다가 윤씨는 세 대비들에게도 겸손하고 예의바르게 대하여 점수를 후하게 땄다. 공혜왕후가 내성적이고 어른을 대하기 힘들어하는 성격이었다면 윤씨의 성격은 정반대였다.

성종 7년(1476년) 8월, 공혜왕후의 3년상이 끝나기가 무섭게 윤씨는 중전이 되었다. 무엇보다 인수대비가 기뻐한 것은 윤씨가 임신을 했다는 사실이었다. 인수대비는 윤씨를 보면서 안도의 한숨을 내쉬었을 것이고, 그동안 힘들었던 인생을 보상받는 느낌이었을 것이다. 어른들을 공경하고 남편을 잘 섬기며 자녀를 현명하게 가르치는 며느리를 바랐는데, 바로 윤씨가 그런 사람처럼 보였을 것이다. 세상을 떠난 공혜왕후가 전혀 아쉽지 않을 정도로 좋은 며느리라고 생각했을 것이다. 그러나 윤씨의 임신은 불행의 씨앗이 싹트고 있다는 신호였다.

같은 해 11월, 드디어 윤씨는 아들을 낳았다. 바로 연산군이었다. 아들을 얻은 성종도 기뻐했을 것이고 아들을 낳아 미래의 대비 자리를 예약한 윤씨도 기뻐했을 것이지만, 이들보다 더 기뻐한 사람은 바로 인수대비였을 것이다. 인수대비는 그동안의 모든 고생을 한 번에 보상받는 듯한 기분이었을 것이다.

아이를 낳은 윤씨는 행복한 시간을 보내야 했지만 실상은 그렇지 못했다. 윤씨가 임신한 후부터 성종이 소용 정씨를 총애했기 때문이다. 왕실에서는 임신 중 부부관계를 금했기 때문에 성종은 후궁 중에서 마음에 드는 정 소용을 자주 찾았다. 윤씨는 무척 괴로웠지만 중전이 되면서 불안한 마음을 떨쳐 버릴 수 있었다. 그러나 출산 직후 정 소용이 임신을 했다는 소식으로 분노가 폭발했고 결국 투서 사건을 꾸몄다.

성종 8년(1477년) 3월 권 숙의의 집에 언문 하나가 투서되었는데, 그 내용은 숙의 엄씨와 소용 정씨가 중전과 원자를 해치려고 한다는 것이었다. 성종은 엄씨와 정씨를 모함하기 위해 중전 윤씨가 꾸며 낸 것이라 생각했고, 어느 날 갑작스럽게 중궁전을 찾았다가 성종의 갑작스러운 방문에 놀란 윤씨 옆에서 보자기와 상자를 발견했다. 보자기에는 비상(독약)이 싸여 있었고 상자에는 엄씨와 정씨를 저주하는 내용의 글이 있었다.

결국 투서 사건은 윤씨가 꾸민 일로 밝혀졌다. 이 일을 들은 대왕대비와 인수대비는 윤씨를 폐위하라고 성종을 압박했다. 그러나 신하들은 중전이 아들까지 낳은 마당에 폐비는 안 될 일이라며 반대했다. 성종은 고민 끝에 신하들의 의견을 따르기로 하고 윤씨에게 한 번 더 기회를 주기로 했다. 그러나 그해 11월에 인수대비는 피접(아픈 사람이 다른 곳으로 자리를 옮겨서 요양함)을 명목으로 원자를 궐 밖으로 보내어 윤씨에게서 떼어 놓았다.

2년 후인 성종 10년(1479년) 윤씨는 자신의 생일에 돌이킬 수 없는 사건을 저지르고 만다. 성종의 얼굴에 손톱자국을 냈던 것이다. 인정받던 후궁이 중전이 되어 아들까지 낳았으나 투서 사건을 계기로 세 대비는 물론 성종과 여러 신하들로부터도 싸늘한 시선을 감내해야 했다. 그리고 아들까지 빼앗긴 상태에서 맞이하는 생일. 윤씨의 심정은 충분히 이해가 가고도 남는다. 그러나 당시에는 윤씨의 행동에 대하여 재고할 여지가 전혀 없었다. 윤씨는 다음날 폐위가 결정되었고 친정으로 쫓겨 갔다. 태어난 때를 정확히 알 수 없지만 윤씨는 폐위될 때 갓난아기인 둘째 아들이 있었다. 그런데 폐위되고 열흘 만에 죽었다고 한다. 물론 갑자기 병이 걸려서 죽은 것일 수도 있지만 아무런 기록도 없는 것으로 보아 인수대비가 개입했을 가능성도 없지 않다.

성종 13년(1482년) 조정에서는 연산군을 세자에 책봉해야 한다는 논의가 있었고 이에 따라 폐비 윤씨에 대한 동정론이 확산되었다. 어찌 되었든 윤씨는 세자의 어머니가 될 사람인데 그냥 둘 수는 없다는 것이다. 성종도 이를 잘 알고 있는지라 사람을 시켜 동정을 살펴 오라고 했다. 그러나 인수대비는 이 사실을 알고 사람들에게 시켜서 성종에게 거짓 보고를 하라고 했다. 이들은 인수대비의 지시대로 윤씨가 전혀 반성의 빛을 보이지 않는다고 보고했고, 성종은 이 말을 듣고 격분하여 사약을 내렸다. 이렇게 연산군의 어머니는 사약을 먹고 피를 토하면서 죽어 갔다.

며느리의 입장

훗날 연산군이 갑자사화를 일으킨 계기가 된 윤씨 폐출 사건을 자세히 들여다보면 쉽게 이해되지 않는 부분이 있다. 왜 윤씨가 그렇게 어리석은 행동을 했을까 하는 것이다. 사실 투서 사건은 윤씨가 해산한 지 얼마 되지 않아 벌어졌다. 초산으로 몸이 매우 힘든 상황이었을 텐데도 투서 사건을 계획하고 지시했다. 이것은 윤씨의 심리상태가 극도로 불안했음을 보여 주는 것이다. 특히 정 소용이 임신을 했다는 소식에 윤씨는 현실 판단력이 무너졌다. 중전으로서의 체통이나 일의 결과가 어떠할지 판단할 수 없는 지경에 이른 것이

>
> **경계선 성격**
>
> 모든 부분에 있어서 불안정성이 특징인 경계선 성격은 보통 어느 것 하나 시작과 끝이 순탄하지 않다. 물론 자신과 타인을 힘들게도 하지만, 또 다른 측면에서 보자면 파란만장한 삶을 가져다주는 매력도 있다. 그래서 영화나 소설 등에 자주 등장한다.

다. 성종이 자신을 버릴지도 모른다는 생각 때문에 윤씨는 하루하루가 괴롭고 힘들었고 결국엔 투서 사건을 꾸민 것이다. 그뿐만 아니라 2년 후에도 화를 참지 못하고 돌이킬 수 없는 실수를 저지른다. 이러한 윤씨의 행동은 경계선 성격으로 설명할 수 있다.

경계선 성격의 특징은 불안정성이다. 기분도, 대인관계도, 자아상도 불안정하다. 기분이 좋았다 금방 나빠진다. 상대방에게 잘할 때에는 너무 잘하다가도 마음에 안 드는 것이 있으면 죽일 듯이 미워한다. 그리고 자신의 행동을 합리화하여 결백을 주장하다가도 구차해지는 자신의 모습 때문에 자책과 자기비난을 하다가 마지막에는 자해나 자살 시도를 하기도 한다. 이 불안정성은 때로 현실 판단력을 흐린다. 망상이나 환청을 경험할 정도로 현실 판단력이 심하게 훼손되기도 한다. 이 성격 특성의 이름이 '경계선'인 이유도 현실판단력의 있음과 없음 사이에 있다고 하여 붙여진 것이다.

왜 이렇게 불안정할까? 심리학자들은 경계선 성격이 불안정한 이유가 바로 유기(遺棄)에 대한 두려움 때문이라고 한다. 상대방에게 버림받는 것을 죽기보다 더 싫어한다는 것이다. 우선 자신을 사랑해주는 사람이 있으면 목숨도 내놓을 것처럼 헌신적으로 잘한다. 여기에는 '자신을 떠나지 않는다면'이라는 조건이 있다. 따라서 그 사람이 자신을 떠날 것 같은 조짐만 보여도 심하게 배신감을 느끼고, 결국 그 사람을 저주하며 괴롭힌다. 이 괴롭힘은 미워서라기보다는 떠나지 말아 달라는 몸부림인 것이다. 그러다가도 어느 순간 태도를 바꿔서 자신을 버리지 말아 달라고 울면서 애원하고 매달린다. 짧은 시간에도 감정의 기복이 심하고 말과 태도가 일관되지 못한 것처럼 보인다.

경계선 성격인 사람들은 이렇게 불안정하기 때문에 주변 사람들이 매우 힘들어한다. 언제 어떻게 변할지 모르는 사람을 좋아하는 사람은 없다. 아이러니하게도 경계선 성격을 지닌 사람은 사랑하는 사람이 자신을 떠나는 것을 극도로 두려워하지만, 이러한 두려움이 가져오는 불안정성 때문에 오히려 상대방을 힘들게 하고 결국 자신을 떠나게 만든다.

윤씨의 행동은 경계선 성격으로 볼 때 충분히 이해가 간다. 성종의 후궁으로 들어왔을 때에는 대비들과 성종의 마음을 사기 위해 온갖 노력을 다했을 것이다. 그러한 노력으로 결국 성종의 아이를 갖는 데 성공했다. 이로써 성종에게 버림받지는 않을 것이라는 안도의 한숨을 쉬었지만, 임신의 결과는 오히려 반대였다. 임신 후 성종은 윤씨 대신 소용 정씨를 자주 찾았고, 이것은 윤씨로 하여금 다시 유기에 대한 불안을 갖도록 했다. 그러던 중 중전이 되었다.

중전이라는 위치가 성종에 대한 자신의 입지를 확고히 해 줄 것이라 생각했지만 성종은 여전히 소용 정씨에게 마음을 두었다. 윤씨는 불안감을 떨쳐 버릴 수가 없었다. 소용 정씨가 자신을 쫓아내고 중전이 될지도 모른다는 생각이 거의 망상 수준으로 발전했다. 그러다가 해산을 했고 정 소용의 임신 소식을 들었다. 자신의 불안이 하나씩 현실로 드러나는 것 같아 윤씨의 분노는 통제 불가능 상태에 이르고 말았다. 결국 정 소용을 없애야겠다는 생각으로 가득 찼다. 그래서 어떻게 하면 될지 궁리하던 중에 투서도 만들고 비상과 저주문도 구한 것이다. 어떻게 보면 망상에 빠진 것이 아닌가 싶을 정도로 소름이 끼치는데, 이렇게 현실판단력이 무너지는 것이 경계선 성격의 특징이다.

이 사건으로 윤씨가 당장 폐위되지는 않았으나 그것보다 더 끔찍한 일을 겪었다. 바로 인수대비가 원자를 떼어 놓은 것이다. 사랑하는 남편을 잃은 것만도 분한데 자식까지 잃었으니 그 마음이 오죽했을까. 연산군이 윤씨를 떠나 궐 밖으로 나갔을 때에는 돌 즈음이었다. 인수대비는 연산군이 가장 예쁘고 귀여울 때 윤씨에게 아이를 빼앗았다. 제아무리 여장부라도 자식을 빼앗기면 정상적인 심리상태를 유지하기 힘들다. 윤씨의 성격이 경계선적 특성이 있음을 고려해 볼 때 더욱 그렇다. 윤씨는 하루도 편히 잠들 수 없었으며, 성종과 세 명의 대비들을 용서할 수가 없었을 것이다. 그러나 어떻게 하겠는가? 달리 다른 방도가 없으니 그 미움과 분노는 마음속에서만 커졌다. 그러다가도 이 모든 것이 자신의 어리석음 때문이라고 자책하기도 했을 것이다. 그러나 아무리 생각해도 자신은 억울하다고 생각했을 것이다. 이렇게 불안정한 중전을 성종도 대비들도 못마땅하게 여겼다. 이렇게 2년이 지났다. 윤씨는 결국 이성을 잃고 분노를 참지 못하여 성종의 얼굴에 상처를 내고 말았다. 무엇보다 연산군을 빼앗아 간 것에 대한 분노가 아니었을까?

시어머니의 입장

투서 사건과 손톱 사건 후에도 성종은 윤씨를 폐위하려고 하지 않았다고 한다. 그러나 인수대비의 뜻은 확고했다. 투서 사건이 터지자마자 폐위를 주장했을 뿐만 아니라 폐위가 자신의 뜻대로 되지 않자 윤씨에게서 연산군을 떼어 놓았고, 손톱 사건으로 결국 폐위를 시켰다. 윤씨의 둘째 아들의 죽음에도 직간접적으로 관여한 것처럼 보이고 결국 윤씨도 죽음으로 몰아넣었다. 이상으로 보아 인수대비의 마음은 투서 사건 때 완전히 윤씨에게서 떠난 것으로 보인다. 떠난 정도가 아니라 며느리에 대한 미움과 증오가 무시무시할 정도로 느껴진다. 윤씨가 출산할 때까지만 해도 인수대비는 윤씨를 총애하고 아꼈다고 하는데, 불과 4개월 만에 단지 투서 사건으로 이렇게까지 미워할 수 있을까?

분명히 윤씨의 행동은 이해하기 힘들다. 그녀는 단지 한 남자의 아내가 아니라 국모가 아니던가. 더군다나 시어머니 인수대비는 유교에서 바라는 전형적인 여성상을 원했기 때문에 윤씨를 미워하고 폐위한 것도 한편으로 이해는 간다. 그러나 꼭 윤씨에게서 아들을 떼어 놓고 그녀의 둘째 아들과 그녀를 꼭 죽여야만 했을까?

앞서 언급했지만 인수대비의 삶은 반전에 반전을 거듭한 한 편의 드라마였다. 한때는 미래가 촉망받는 세자비였다가 남편의 갑작스러운 죽음으로 궐 밖으로 나가서 살아야 했다. 친정 부모도 없고 남편도 없는 상황에서 그녀에게 남은 것은 세 명의 자녀였다. 그녀가 살아야 할 이유는 오직 자녀들뿐이었다. 이 말은 자녀들의 성공을 자신의 삶의 목표로 삼는다는 의미도 되지만, 또 한편으로는 의지해야 할 대상이 자녀들밖에 없다는 말이기도 하다. 실제로 우리 주변에 이런 경우는 많다. 사람은 혼자 살 수 없는 존재다. 다른 사람에게 의지해야 한다. 때로 의지할 대상이 없을 때, 자녀가 그 대상이 되곤 한다. 이런 경우 자녀의 인생은 곧 자신의 인생이 되기도 한다.

인수대비에게는 아들 둘과 딸 하나가 있었다. 그중 둘째 아들인 성종은 인수대비에게 아주 특별한 아들이었다. 그를 임신할 때 즈음에 아버지를 잃었고 그가 태어난 지 얼마 되지 않아 남편을 잃었다. 임신 직후에 태교도 제대로 하지 못했을 것이고 출산 직후에도 슬픔 때문에 잘 돌보아 주지 못했을 것이다. 그래서 성종에게는 늘 미안한 마음이 있었다. 그뿐만 아니라 성종을 볼 때마다 당연히 아버지와 남편이 생각날 수밖에 없고, 또 한편으로는 아버지와 남편 대신 아들이 주어진 것이라고 생각했을 수 있다. 더군다나 성종이 왕이 되어 인수대비는 대비로서 다시 궁으로 돌아올 수 있었으니 성종은

인수대비에게 아주 특별한 존재였다. 아들이기는 하지만 아들 이상의 존재였다. 삶의 이유였고 목적이었다. 자신의 모든 것이었다.

따라서 인수대비에게 폐비 윤씨의 투서 사건은 단지 후궁들 사이에 질투로 인한 음모가 아니었다. 이것은 윤씨가 성종을 독차지하려는 음모였던 것이다. 즉, 성종을 독차지하려 한다는 것은 인수대비의 인생을 송두리째 도둑질하겠다는 것이나 마찬가지였다. 궐을 나와 눈물로 지새우면서 금이야 옥이야 키운 아들을 훔쳐 가겠다니 당연히 폐비 윤씨를 죽이고 싶었을 것이다.

게다가 인수대비 입장에서는 많은 손자들이 필요했다. 성종의 왕권이 안정되려면, 다시 말해 인수대비의 인생이 보장되려면 성종의 자녀들이 많아야만 했다. 그래서 계속 후궁을 들였던 것인데 윤씨가 다른 후궁을 질투하는 것은 인수대비의 뜻에 정면으로 도전하는 것이다. 그동안 너무나 힘들게 살았던 인생, 이제는 보장받을 수 있게 된 자신의 인생을 완전히 망치겠다는 것과 다름없는 것이다.

아들을 사이에 두고 어머니와 며느리가 경쟁하는 것처럼 보이지만 심리적인 상태로 보자면 한 남자를 두고 두 여인이 경쟁하는 것이나 마찬가지다. 인수대비에게 성종은 아들 이상의 존재이기 때문이다. 그녀에게 아들은 아버지였고 남편이었다. 그래서 며느리가 다른 여인들을 질투하는 것 이상으로 어머니는 며느리를 질투하는 것이다. 며느리의 질투는 기껏해야 음모와 투서, 남편의 얼굴에 상처를 내는 것으로 끝났지만, 어머니의 질투는 며느리에게서 자식을 빼앗고 궐 밖으로 쫓아내고 결국 죽음에 이르게 한다. 어머니의 질투는 며느리의 질투와 비교되지 않을 만큼 크고 무섭고 소름 끼친다.

받은 대로 갚아 준다

고부갈등은 피할 수 없는 것처럼 보인다. 굳이 인수대비처럼 아들에게 인생의 모든 것을 건 어머니가 아니라도, 모든 어머니는 아들을 사랑한다. 아들도 어머니를 사랑한다. 어머니를 바라보고 웃고 어머니에게 매달린다. 어린 시절에는 어머니가 인생의 모든 것이기 때문이다. 어머니도 아들을 바라보고 웃는다. 행복을 느낀다. 이 행복은 경험해 보지 않고서는 모른다고 한다.

그런데 아들이 자신을 떠나서 다른 여자, 그것도 젊고 예쁜 여자에게 목을 맨다면 어머니들의 기분은 어떨까? 이제는 그 여자를 바라보고 웃고 매달린다. 그 여자를 위해 살아야겠다고 하고, 그 여자가 인생의 모든 것인 양 행동한다. 어머니는 이때 큰 상실감을 느낀다. 이 상실감도 경험해 보지 않으면 모른다고 한다. 이러한 이유로 며느리가 시어머니에게 아무리 잘해도 시어머니의 마음은 쉽게 풀어지지 않는다. 아들을 빼앗아 간 며느리가 좋게 보일 리 없는 것이다. 결국 고부갈등은 필연적인 것 같다.

이때 아들이 그 사이에서 현명하게 대처해야 한다. 현명하게 대처하는 방법은 여러 가지가 있다. 사람마다 환경마다 다를 것이다. 어떤 사람들은 남편이 어머니와 아내 사이에서 갈등하지 말고, 확실하게 아내 편을 들어야 한다고 한다. 처음에는 어머니의 상실감이 크겠지만, 만약 이렇게 하지 않으면 자신만 바라보고 시집 온 아내의 상실감은 더 크다는 것이다. 또 어떤 사람들은 중립을 지키라고 한다. 아내 편을 들면 불효자가 될 수밖에 없고 어머니 편을 들면 이혼당할 수 있다는 것이다. 또 어떤 사람들은 어머니 앞에서는 어머니가 옳다고 하고 아내 앞에서는 아내 편을 들라고 한다. 그리고 조선처럼 효(孝)가 중심사상인 사람들은 어머니 편을 드는 것이 맞다고 한다. 어떤 것이 옳은 방법인지는 쉽게 정하기 어렵다. 그러나 절대로 해서는 안 될 일이 있다. 바로 어머니 앞에서는 아내 편을 들고 아내 앞에서는 어머니 편을 드는 것이다. 이럴 경우 고부갈등은 오히려 사라지지 않고 더 커진다.

그렇다면 성종은 어머니와 아내의 갈등 구도에서 어떤 방법을 취했나? 성종은 마지막 방법, 즉 절대로 해서는 안 될 태도를 취했다. 투서 사건으로 윤씨를 폐위하라는 어머니의 요구를 어정쩡하게 무시했다. 확실하게 윤씨의 편을 든 것도 아니고 어머니의 의견에 따른 것도 아니다. 이렇게 할 경우 어머니와 아내는 둘 다 상처를 심하게 받고 고부갈등은 더욱 증폭된다.

인수대비는 늘 순종적이었던 성종이 윤씨를 폐위하지 않기로 결정하자 윤씨에게 성종을 빼앗겼다는 상실감이 엄청났을 것이다. 그래서일까? 인수대비는 윤씨에게서 아들을 빼앗는다. 아들을 빼앗긴 것이 얼마나 고통스러운지, 며느리에게도 느끼게 하려는 것처럼 보인다. 사람의 마음속에는 자신이 받은 것을 그대로 갚아 주려는 속성이 있다. 물론 의도적인 경우도 있지만 많은 경우 의도적이거나 의식적이지 않다. 인수대비도 그랬을 것이다. 의도적으로 아들을 빼앗긴 고통을 느껴 보라고 연산군을 떼어 낸 것은 아닐 것이다. 그러나 결과적으로는 그랬다. 인수대비의 분노는 여기서 그치지 않고 윤씨에게서 둘째 아들까지 떼어 놓았다. 인수대비는 이렇게 윤씨에게서 두 아들을 모두 빼앗아 버린 것이다.

자신이 받은 것을 그대로 갚아 주려는 속성은 연산군에게서 더욱 잘 나타난다. 윤씨는 연산군을 임신했을 때 마냥 행복하지는 않았다. 물론 임신을 함으로써 중전의 위치를 굳혔으나 성종이 정 소용에게 가도록 하는 계기가 되었기 때문이다. 따라서 마음 편하게 태교를 할 수 없었다. 태교를 한다고 아이의 성격이 달라지는 것은 아니지만, 분명한 것은 산모의 마음이 불편하면 태아가 그것을 직접 느끼기 때문에 적지 않은 영향이 있다. 또한 연산군이 태어나자마자 윤씨는 정소용이 임신했다는 사실을 알았기 때문에, 아이를 마음 편하게 돌볼 수가 없었다. 그리고 투서 사건 이후로 윤씨의 상태는 더욱 심각해졌다. 연산군의 첫 환경은 이렇게 불안하고 두려웠다.

태어난 지 1년 정도 되었을 때 연산군은 어머니와 생이별을 한다. 물론 나이가 너무 어려서 연산군은 기억을 못 했을 것이다. 그러나 연산군 주변에 있는 사람들은 윤씨 이야기를 너무나 잘 알았다. 윤씨가 낳은 아들이라는 것 때문에 연산군은 할머니 인수대비를 비롯하여 대부분의 사람들에게서 따뜻한 대접을 받지 못했다. 연산군을 바라보는 시선은 곱지 않았다. 특히 윤씨가 죽은 이후에는 더했을 것이다. 윤씨가 폐위된 뒤 윤호의 딸이 정현왕후가 되어 중전이 되었는데, 연산군은 정현왕후가 어머니인 줄 알고 자랐다. 그러나 정현왕후는 폐비 윤씨와 비슷한 시기에 후궁으로 들어왔고, 당연히 인수대비의 눈치를 보아야 하는 입장이었으므로 연산군에게 어머니 역할을 제대로 하기 힘들었을 것이다. 그리고 설사 어머니 역할을 제대로 했다고 한들 친어머니만큼 해 줄 수는 없었을 것이다.

안타까운 사실이지만 사람은 자신이 받아 보지 못한 것은 알기 어렵고, 그것을 다른 사람에게 해 주기도 어렵다. 따뜻한 배려를 받아 보지 못한 사람이 다른 사람을 따뜻하게 배려하는 것은 쉽지 않다. 반대로 자신이 받아 본 것은 주기도 쉽다. 따뜻한 배려를 받아 본 사람은 다른 사람을 따뜻하게 배려할 줄 안다. 물론 그 반대도 마찬가지다. 미움을 받은 사람은 다른 사람을 미워하기 쉽고 멸시의 눈초리를 받은 사람은 다른 사람을 멸시의 눈초리로 쳐다보기 쉽다.

그런 면에서 연산군의 삶은 자신이 받은 것을 그대로 되돌려주는 과정이라고 볼 수 있다. 다른 사람을 배려하지 않고 차갑고 냉정하게 대하며, 자기 멋대로 하고 쉽게 미워하고 죽이는 것은 어머니 뱃속에서 오장육부가 생길 때부터 그런 대접을 받았기 때문이다. 자신의 의견이 존중받지 못하는 환경에서 성장했고 윤씨의 아들이라는 멸시의 눈초리를 받았다. 그리고 왕이 되었을 때에는 사림파에게서 폐비의 아들이라는 시선을 받았다.

따뜻한 품을 찾다

성종은 세종과 더불어 명군으로 칭송받는다. 성종의 치세기간에 제도와 문물이 완비되었고, 경제여건도 좋아 어느 면으로 보나 태평성대였다. 신하들과의 사이도 좋았다. 왕권 강화를 위해 신권과 필요 없는 경쟁을 하지 않았다. 무엇보다 신하들의 마음에 들었던 것은 왕이 학문을 좋아한다는 것이었다. 여러 모로 세종과 비슷한 면이 있다. 그의 묘호(廟號)가 성종(成宗)인 것은 그가 모든 기초를 완성했음을 의미하는 것이다. 성종은 조선 개국 이래 가장 평화로운 시대를 열었다.

그러나 성종은 세종과 다른 점도 있다. 세종이 근면한 왕이고 학문에 매진하는 왕이었다면, 성종은 학문 못지않게 시와 사냥, 주색과 여색을 탐했다. 물론 세종도 많은 여인들이 있었지만 세종은 시와 사냥, 주색과는 거리가 있었다. 이는 세종이 결혼을 왕권 안정의 방법으로 생각한 것임을 보여 주는 것이다. 그러나 성종은 달랐다. 그야말로 풍류를 즐겼고 여자를 좋아했다. 심지어 밤에는 궁을 빠져나가 규방을 출입했다고 하는데, 야사에는 성종이 어우동과 함께 유흥을 즐겼다는 이야기가 전해진다.

성종의 이러한 모습을 연산군이 꼭 빼닮았다. 치세 초기에는 오히려 성종 말기에 나타난 퇴폐와 부패를 일소할 정도였다. 그러나 사림파 관료들과 여러 번 언쟁을 하던 중 연산군 4년(1498년)에 무오사화가 발생했다. 무오사화를 통해 사림을 축출하면서 조정을 장악하자 연산군은 날마다 잔치를 열고 기생을 궁으로 들였다. 성균관을 폐비하여 유흥장으로 만들었으며, 심지어 여염집 아낙을 겁탈하거나 큰어머니뻘 되는 월산대군의 부인을 겁탈하기도 했다.

성종과 연산군, 아버지와 아들의 공통점은 끊임없이 여인의 품을 떠나지 못하여 여색에 빠졌다는 것이다. 이들은 왜 여인의 품을 끊임없이 그리워한 것일까? 원인은 이들의 어린 시절에 있다고 할 수 있다. 사람은 어린 시절에 부모에게 충분한 사랑을 받아야 한다. 어린 아이들의 얼굴이나 신체 구조가 유난히 귀여운 이유도 바로 부모에게 사랑을 끌어내기 위해서라고 한다. 특히 아이들에게 필요한 것은 따뜻한 신체 접촉이다. 아이들과 살을 비벼 본 사람은 아이들이 얼마나 행복해하고 즐거워하는지 안다. 아이들은 부모에게 안기기를 원한다. 따뜻한 엄마의 가슴과 아빠의 품은 아이들에게 심리적 평안함을 가져다준다.

성종과 연산군은 모두 이 부분에서 문제가 있었다. 성종은 태어나자마자 아버지를 잃었다. 그리고 한없이 엄격하기만한 어머니 밑에서 자랐다. 당연히 따뜻한 위로와 격려보다는 엄격한 분위기에서 자랐다. 신체적 접촉보다는 따끔한 훈계가 더 많았다. 연산군도 다르지 않다. 태어난 지 얼마 안 되어 투서 사건이 일어났고, 윤씨는 극도로 스트레스를 받았다. 당연히 아이에게 집중하기 어려웠다. 연산군이 태어난 지 1년 정도 되자, 인수대비는 연산군을 어머니에게서 떼어 놓는다. 궐 밖에서 자라는 원자를 누가 마음껏 안아 주면서 따뜻한 품을 느끼게 할 수 있을까?

남자들은 여자 품에 안기면 어린 시절에 따뜻한 엄마 품에 안긴 듯한 착각을 하곤 한다. 실제로 많은 심리학자들은 부부 관계에서 어린 시절 부모와의 관계를 찾아낸다. 어린 시절 부모에게 받은 것을 배우자에게 바라기도 하지만, 반대로 부모에게 못 받은 것을 배우자에게 바라기도 하는 것이다. 전자보다는 후자가 더 강렬하다. 부모에게 따뜻한 사랑과 위로, 칭찬과 격려를 받지 못한 사람은 배우자를 제2의 부모로 삼고 이러한 것들을 요구한다.

그러나 부모에게 받지 못한 것을 배우자에게 받으려는 노력은 대부분 실패하고 만다. 왜냐하면 부모는 전적인 사랑과 헌신으로 자녀를 사랑하지만, 배우자는 그렇지 않기 때문이다. 배우자는 배우자일 뿐이지 부모가 아니라서, 무조건적이고 전적인 사랑을 해 주지는 못한다. 결국 배우자에게 부모의 품을 기대했다가 그것이 채워지지 않으면 끊임없이 다른 사람을 찾는다. 끊임없이 여자 문제를 일으키는 남성의 어린 시절과 심리상태는 모두 비슷하다.

그런데 성종의 여성 편력은 도를 넘지 않았지만 연산군은 도를 넘은 이유가 있다. 성종에게는 엄격하고 차갑고 냉정하지만 어찌 되었든 어머니가 옆에 있었지만, 연산군은 그런 어머니마저도 없었기 때문이다. 아무리 불안정하고 양가적이어서 자녀를 잘 키울 자격이 안 되는 어머니더라도 아이에게는 유일하고 절대적 존재다.

많은 사람들이 연산군에게 손가락질을 한다. 무조건 폭군이며 패륜아라고 한다. 그러나 연산군이 왜 그런 행동을 했는지 이면을 들여다보면 이해가 되기도 한다. 어머니를 잃고 주변에서 차가운 시선을 받으면서 자란 연산군이 성품이 훌륭한 왕이 되기를 바라는 것은 지나친 기대가 아닐까? 정말 비난받아야 할 사람은 연산군이 아니라 인수대비일지도 모른다. 그녀는 아들을 위해 며느리와 손자를 내쳤기 때문이다. 아들 때문에 며느리의 아들을 버린 셈이다.

인수대비의 바람대로 성종은 성군으로 기억된다. 비록 연산군과 여러 모로 비슷한 점이 있었지만 어머니 덕분에 그렇게 된 것이다. 어떻게 그럴 수 있느냐고 따져 묻고 싶지만 앞서 살펴본 인수대비의 삶을 들여다보면 그도 연약한 피해자다. 자신의 약함을 감추기 위해 끊임없이 강해져야만 했던 연약한 여인이다. 누가 연산군이나 인수대비에게 돌을 던지겠는가?

제 4 장

강한 어머니와 약한 아들이 초래한 비극

— 중종, 인종, 명종

세상의 낮은 남자가 지배하고, 세상의 밤은 여자가 지배한다는 말이 있다. 전면에 나서서 일을 하는 사람은 남자지만, 그 남자를 움직이는 사람은 그의 아내라는 것이다. 그러나 꼭 아내일 필요는 없다. 어머니여도 가능한 일이다.

성공한 사람들의 자서전을 살펴보면 공통적으로 빠지지 않는 이야기가 바로 어머니에 대한 칭송이다. 어머니가 자신을 어떻게 키웠으며, 어떻게 영향을 주었는지 기록하면서 자신의 성공은 순전히 어머니 덕분이었다고 한다. 간혹 아버지에 대한 이야기도 나오지만 어디까지나 구색 맞추기일 뿐 대세는 분명히 어머니다.

아이에게 어머니는 절대자다. 다른 사람들이 보기에 그 어머니가 아무리 못나고 가난하고 모두가 싫어하는 사람이라도 아이에게는 생명과 같은 존재다. 오죽하면 유대인 격언에 "하나님은 세상 모든 곳에 직접 계실 수 없어서 어머니를 보내셨다"고 했을까? 아이들은 어머니가 가르쳐 주는 대로 배운다. 어머니가 가르쳐 주는 것을 조금도 의심하지 않고 받아들인다. 물론 시간이 지나면서 어머니도 틀릴 수 있다는 사실을 알게 되는데, 이것은 아이에게 기존의 세계관이 무너지는 것과 맞먹는 엄청난 충격으로 다가온다.

많은 어머니들이 자녀를 사랑하는 마음으로 자녀가 자신의 품을 떠나 더 큰 세계로 나아갈 수 있도록 도와주지만, 어떤 어머니들은 아이를 평생 자신만의 아이로 두려고 한다. 그래서 아이가 독립하지 못하도록 하면서 절대자의 위치를 끝까지 고수하여 아이를 조종하려고 한다. 특히 살아온 세월에 대한 보상을 받고자 할 경우는 더욱 그러하다.

이러한 어머니를 둔 자녀들도 어머니를 배반할 수 없어서 순종적이 되기 쉬운데, 효(孝)가 강조되었던 조선에서는 이런 일이 비일비재했다. 자녀를 조종하여 자신의 유익을 추구한 악독한 어머니가 바로 중종의 중궁이자 명종의 친모였던 문정왕후다.

무오년과 갑자년에 일어난 두 번의 사화를 통해 자신에게 고언을 할 수 있는 모든 사람을 물리친 연산군은 본격적으로 제멋대로인 왕이 되어 갔다. 연산군은 태종과 세조가 그랬던 것처럼 경연을 폐지했다. 그러나 태종과 세조가 왕권에 대한 신권의 도전을 물리치기 위해, 궁극적으로는 나라의 발전을 위해 경연을 폐지했다면, 연산군은 신하들에게서 자존심을 지키기 위해 경연을 폐지했다. 그뿐만 아니다. 조선시대의 언론 역할을 담당하던 사간원을 없앴고 성균관도 폐지했다. 궁중에서는 명분도 없는 연회가 흥청망청 끊일 줄을 몰랐기에 재정이 점차 바닥을 드러내는 것은 당연한 수순이었다. 또한 사냥에 방해가 된다고 민가를 철거하기도 하는 등 연산군의 행동은 점차 이해하기 힘든 수준으로 발전했다. 온 백성은 사냥과 주색, 여색에 빠진 연산군을 원망하기 시작했다.

그러나 핑계 없는 무덤이 있을까? 어릴 적부터 어떤 이에게도 따뜻한 보살핌을 받지 못한 연산군이 신하나 백성을 따뜻하게 보살피고 지도력 있게 이끄는 것은 어려운 일이었을 것이다. 게다가 어머니의 죽음에 얽힌 충격적인 사실을 안 연산군은 내면에 깊은 상처를 얻었을 것이다. 사실 어머니가 사사(賜死, 죽일 죄인을 대우하여 임금이

제4장 111

독약을 내려 스스로 죽게 함)를 당한 것은 자신의 세자 책봉 때문이었다. 어쩌면 연산군은 자신의 왕위 때문에 어머니를 사지로 내몰았다고 생각하여 죄책감을 가졌는지도 모르는 일이다.

그러나 백성이 왕의 심리상태까지 이해하기를 바라는 것은 무리다. 왕의 폭정으로 백성은 하루하루가 고역이었기에, 천지가 개벽을 해서라도 세상이 좋아지기를 바랐다. 실제로 여러 사람들이 왕을 몰아내자는 생각을 했고, 그 생각을 가장 먼저 구현한 사람은 성희안과 박원종이었다.

성희안은 성종 때부터 총애를 받던 인물로 연산군이 축출되기 2년 전에는 이조참판직을 맡았다. 그러나 연산군의 방탕한 생활을 비판하는 글을 썼다가 종9품으로 좌천되었다. 거사를 치르려면 병력이 필요했지만 성희안은 병력과는 아무런 연줄도 없었다.

그래서 찾아간 사람이 박원종이다. 박원종은 원래 무인 출신으로 한때 연산군의 신임을 얻어 국가의 재정 문제를 담당했다. 왕의 지나친 사치 행각으로 재정이 바닥을 드러내자 왕에게 고언을 했다가 미움을 받아서 좌천되기도 했다. 그뿐만 아니라 박원종은 누이 때문에 연산군에게 좋지 않은 감정을 가지고 있었다. 박원종의 누이는 월산대군의 부인, 즉 연산군의 큰어머니뻘 되는 사람이었다. 연산군은 박씨 부인을 자주 궁으로 불렀기 때문에 세간에는 불륜이라는 소문이 돌았다. 박원종이 성희안의 제안을 거절할 리 없었고 이들은 사람들을 모아 거사를 결행한다. 먼저 연산군의 최측근인 임사홍과 신수근을 제거한 다음 성종의 계비인 정현왕후 윤씨의 허락을 받아 연산군을 폐위하고 진성대군을 왕으로 등극시켰다. 이가 바로 중종이며, 이 사건을 중종반정(中宗反正)이라고 한다.

준비되지 못한 왕, 중종

"자고 일어나니 스타가 되어 있더라"는 말처럼, 진성대군은 자고 일어나니 왕이 되어 있었다. 자기 손에 피 한 방울 묻히지 않고 왕위에 올랐다. 반정 이전에는 반정세력과 진성대군 사이에 어떤 교감도 없었다. 사실 반정세력은 진성대군이 성군감이어서 반정을 일으킨 것이 아니라, 연산군을 끌어내리기 위해 반정을 결행한 것이다. 연산군만 아니라면 그 누가 왕위에 올라도 문제 될 것이 없는 상황이었다. 결국 진성대군은 반정세력과 연산군의 싸움에서 어부지리로 왕위에 오른 것이다. 어부지리라면 마냥 좋을 것 같지만 사실은 그렇지 않았다.

반정이 성공을 거두자 반정에 참여한 사람들은 모두 훈신(勳臣)이 되어 조정의 요직을 꿰차고 앉았다. 세자가 아니었던 진성대군은 왕이 되기 위한 준비도 하지 못한 채 왕위에 앉게 되었다. 이때 19세였으므로 딱히 수렴청정이 필요한 상황도 아니었다. 갑작스럽게 일국의 왕이 되었으니 어떻게 나라를 통치하고 백성을 다스려야 할지 생각만 해도 눈앞이 캄캄했을 것이다. 결국 조정의 주도권은 반정세력의 공신인 훈신들의 몫으로 돌아갔다.

중종이 왕위에 오르자마자 가장 먼저 한 일은 바로 자신이 끔찍이 사랑하는 아내를 폐위시킨 것이었다. 중종의 아내 단경왕후 신씨는 반정 때 죽임을 당한 신수근의 딸이다. 신수근은 연산군의 처남이기도 했다. 야사에 의하면 반정세력은 반정 이전에 신수근을 찾아가 누이가 중요한지 딸이 중요한지 물었다고 한다. 사실 신수근의 입장에서 보면 매부가 임금이든 사위가 임금이든 크게 다를 것이 없었음에도 반정에 찬성하지 않았다고 한다. 결국 반정세력은 신수근을 제거할 수밖에 없었던 것이다.

아버지는 역적으로 몰아서 죽이고 그 딸은 왕비로 섬긴다는 것은 불가능한 일이었다. 공신들은 중종의 아내 신씨를 폐위해야 한다고 주장했다. 실제 이유야 어떠했든 연산군의 폭정은 명목상으로 어머니를 죽인 원수를 갚는다는 것이었기 때문에 단경왕후를 볼 때마다 반정공신들은 불안을 떨치지 못했을 것이 분명하다. 공신들은 중종과 대비 정현왕후 윤씨에게 왕비를 폐비해야 한다고 강력하게 요청했다. 사실 중종과 대비는 아무런 선택의 여지가 없었다. 그리고 왕비가 된 지 7일 만에 단경왕후 신씨는 폐출되어 본가로 돌아갔다. 반정으로 인해 아버지와 남편을 모두 잃은 것이다.

중종은 사랑하는 아내를 잃은 슬픔을 채 느낄 겨를이 없었다. 연산군의 폭정으로 흉흉해진 민심을 되돌리고 문란해진 나라의 기강을 바로잡아야 했기 때문이다. 나라를 바로 세우려는 노력은 초반에는 훈신과 척신들의 세력에 눌려서 성공하지 못했다. 그러나 중종 5년(1510년) 박원종의 죽음을 계기로 공신 세력이 많이 위축되면서 중종의 개혁은 탄력을 받았다. 나라를 개혁하려는 중종의 생각은 조광조를 만나면서 본격적인 실행 단계로 접어들었다.

조광조는 당시 사림의 대표적 인물로, 무오사화로 유배 중이던 김굉필의 문하생이다. 박원종이 죽던 해에 소과인 생원시에 장원으로 합격했고 중종 10년(1515년)에는 알성시 별시에 급제한 후 성균관에 들어갔다. 중종의 두터운 신임으로 결국 중종 13년(1518년)에는 홍문관의 수장이라고 할 수 있는 부제학의 자리를 거쳐 종2품의 대사헌에 올랐다. 조광조는 성리학적 이상사회를 구현하기 위한 급진적 개혁작업을 본격적으로 추진했다.

조광조가 실시한 대표적인 개혁작업은 향약(鄕約)과 현량과(賢良科)였다. 향약은 유교사상을 기반으로 한 일종의 민간 자치규율로, 백성에게 유교적 도덕규범을 가르치고 실천하도록 하는 제도다. 현량과는 시험을 통해 사람을 뽑는 과거제로는 좋은 인재를 발굴하는 데 한계가 있으므로 학식과 인품을 겸비한 사람을 추천하여 등용하는 제도였다. 결국 조광조의 추천으로 28명의 사림파 인재들이 대거 등용되었다. 이들은 당연히 조광조를 따르는 무리들로, 조광조는 이들과 함께 구태와 부패를 찾아 혁파하는 작업을 벌였다.

그러나 지나친 개혁은 반발을 불러오는 법이다. 조광조와 그를 따르는 무리를 곱게 볼 리 없던 훈구세력은 반정공신 위훈 삭제사건을 계기로 그를 탄핵하기 시작했고, 조광조의 너무 앞서가는 개혁의 지에 조금씩 지치기 시작한 중종은 훈구세력의 의견을 받아들여 조광조를 비롯한 신진 사림세력을 숙청했는데, 이를 기묘사화(己卯士禍)라고 한다. 중종이 자신이 등용한 조광조를 자신의 손으로 내침으로써 4년에 걸친 개혁은 허무하게 끝나고 말았다.

조광조의 개혁작업이 허무하게 끝난 뒤 조정은 극심한 정치적 혼돈에 빠졌다. 훈신과 척신들 사이의 권력 쟁탈전이 심화되었고, 중종은 그 사이에서 갈피를 잡지 못했다. 그 결과 중종의 남은 치세기간 동안에는 정치적 혼란이 가중되었고 설상가상으로 그동안 잠잠하던 왜구와 북방의 야인들이 끊임없이 노략질을 일삼았다. 38년 2개월간 왕으로 산 중종은 이렇다 할 업적을 남기지 못한 채 1544년 11월 세자에게 왕위를 넘겨 주고 바로 다음날 세상을 떠났다.

중종은 이렇다 할 업적을 남기지는 못했지만, 이렇다 할 인물은 두 명을 남겼다. 바로 그의 왕위를 이어받은 인종과 그의 세 번째 정비 문정왕후 윤씨였다.

9개월의 왕, 인종

인종은 중종 10년(1515년) 장경왕후 윤씨의 아들로 태어났다. 중종 15년(1520년)에 세자로 책봉되어 무려 25년간이나 세자로 있다가 1544년 중종이 죽자 왕위에 올랐다. 그의 나이 서른 살이었다. 세자로 무려 25년간이나 있었다는 것은 왕이 될 준비를 오랫동안 했다는 것이고, 오랫동안 준비한 만큼 좋은 왕이 될 가능성도 충분히 있다는 것이다. 실제로 인종은 훌륭한 왕이었다. 비록 그의 재위 기간은 9개월로 역대 왕들 중 치세기간이 가장 짧았음에도 사람들은 그를 성군이라고 했다. 그는 백성을 사랑했고 성품도 훌륭했다. 세 살 때부터 글을 읽을 정도로 총명했던 그는 학문을 좋아하는 선비형의 왕이었다. 형제간에 우애가 돈독했음은 물론이거니와, 특히 대효(大孝)라고 할 만큼 효자였다. 그러나 야사에 따르면 그의 지극한 효성이 생명을 단축하는 결과를 초래한 듯하다.

의학이 발달하지 못했던 조선시대에는 사람이 갑자기 죽는 경우가 왕왕 있었다. 그리고 갑자기 죽더라도 부검을 할 수가 없었기 때문에 정확한 사인을 밝히기도 어려웠다. 인종도 왕위에 오른 지 얼마 되지 않아 갑자기 세상을 떠났다. 실록에서는 인종의 사인을 선왕의 장례 때 지나치게 슬퍼하여 몸이 상했기 때문이라고 하지만 전후 맥락으로 보아서 많은 사람들은 실록보다는 야사를 더 믿는다. 다시 말해 그의 계모인 문정왕후 윤씨가 독살했다는 것이다.

문정왕후 윤씨는 중종의 세 번째 정비(正妃)다. 첫 번째 아내는 중종이 왕위에 오른 지 7일 만에 폐비가 된 단경왕후 신씨였고, 두 번째는 인종의 어머니였던 장경왕후 윤씨였다. 장경왕후 윤씨는 단경왕후 신씨가 폐비된 뒤 중종의 후궁이 되었다가 다음 해에 왕비에 책봉되었다. 그리고 효혜공주와 인종을 낳았는데, 인종을 낳고 산후조리를 하던 중에 죽었다. 이때가 중종 10년(1515년)이다. 이렇게 장경왕후 윤씨가 세상을 떠나자 중종 12년 윤지임의 딸이 계비로 간택되었는데, 이가 바로 문정왕후 윤씨였다. 이때 중종의 나이 30살이었고, 윤씨는 17살이었다.

많은 사람들은 문정왕후 윤씨가 왕비가 되었을 때에 걱정 아닌 걱정을 했다. 만약 문정왕후가 아들을 낳는다면 훗날 인종이 되는 세자와 왕권을 두고 경쟁이 일어날 수도 있기 때문이었다. 이러한 주변의 우려 때문이었을까? 문정왕후 윤씨는 아들을 낳지 못했다. 그러던 어느 날 왕비로 책봉된 지 17년 만인 중종 29년(1534년)에 아들을 낳았다. 그녀의 나이는 35세로서 당시 조선사회에서는 고령 출산에 속하는 경우였다.

중종은 늦은 나이에 본 이 아들을 경원군에 봉했다. 사실 많은 사람들이 걱정했던 일, 즉 문정왕후의 아들 출산이 현실화되었지만 이미 세자의 나이는 20세였다. 경원군과 세자가 왕권을 사이에 두고 경쟁하기에는 둘의 나이 차이가 너무 많이 났다. 그리고 세자는 10세에 인성왕후 박씨와 결혼을 한 터라, 언제든지 아들을 낳을 수 있는 상황이었다. 그가 아들을 낳으면 원자로 책봉될 것이고, 그는 인조가 왕이 되면 세자가 되었다가 인종의 뒤를 이어 왕이 될 것이 분명했다.

그러나 상황은 최악으로 치달았다. 인종은 인성왕후 박씨와 숙빈 윤씨, 귀인 정씨 등 세 명의 부인이 있었지만 아무 소생도 얻지 못했다. 게다가 문정왕후 윤씨는 경원군을 왕으로 만들기 위해 자신을 따르는 무리들을 세력화하고 있었다. 조정에서 문정왕후 윤씨를 따르던 무리들을 소윤(小尹)이라고 하며 대표격으로는 그녀의 동생 윤원형이 있다. 이들을 소윤이라고 하는 이유는 대윤(大尹)이 있었기 때문인데, 대윤이란 세자를 낳고 얼마 후에 죽은 장경왕후 윤씨를 따르는 무리들을 가리킨다. 장경왕후 윤씨는 죽고 없기 때문에 그녀의 오빠 윤임을 중심으로 하여 세자를 지지하는 사람들을 가리키는 말이었다. 결국 조정은 세자의 편에 선 대윤과, 경원대군과 문정왕후의 편에 선 소윤의 당쟁에 휘말렸다. 대윤과 소윤의 당쟁은 결국 문정왕후가 세자를 밀어내고 자신의 아들인 경원대군을 왕위에 앉히려고 했기 때문에 시작되었다.

인종이 세자로 있을 때 그가 머무르던 동궁에서는 원인 불명의 불이 몇 번 났다고 한다. 사람들은 이 불이 문정왕후가 세자를 죽이려고 쥐의 꼬리에 불을 붙여서 동궁으로 들여보냈기 때문이라고 믿고 있다. 야사에 따른 이야기이므로 역사적 사실성이 의심받을 수는 있겠지만, 그래도 문정왕후는 인종의 죽음에서 자유롭지 못하다. 그 이유는 인종이 문정왕후를 찾아간 뒤 보름 만에 세상을 떠났기 때문이다.

사건의 발단은 이렇다. 평소 인종을 못마땅하게 여기던 문정왕후는 인종이 문안을 올 때마다 거들떠보지도 않았다. 이것은 인종이 왕이 된 후에도 달라지지 않았는데, 어느 날은 문정왕후가 인종에게 홀로 된 첩과 약한 아들을 어찌 보전하겠느냐고 했다. 이것은 바로 자신과 자신의 아들인 경원대군을 가리키는 것이다. 인종은 이 말을 듣고 미안함을 이기지 못하여 아침부터 뜨거운 햇볕이 쪼이는 땅바닥에 오랫동안 엎드려 석고대죄를 했지만 문정왕후는 거들떠보지도 않았다.

중종의 장례를 치르면서 약해진 몸은 이 일로 더욱 약해졌고 더위 먹은 증세가 나타났다. 실록에 따르면 재위 한 달 전인 6월 4일 어의들의 방문을 받는다. 그러다가 6월 17일 주다례(晝茶禮)의 기록이 나온다. 주다례란 차를 올리는 간단한 제사를 의미한다. 인종은 주다례를 지낸 뒤에 대비에게 문안하겠다고 했고, 신하들이 더운 날씨와 좋지 않은 건강을 이유로 만류했지만 효심이 지극한 인종은 차마 그럴 수 없었다.

인종은 다음날인 18일 예정대로 주다례를 지내고 대비에게 문안했다. 그런데 한 번도 인종에게 좋은 눈길을 주지 않던 문정왕후가 그날은 인종과 어가를 따르는 시종과 제장을 환대하는 것이 아닌가! 인종은 문정왕후의 반가운 접대에 대비전 내전에서 다과를 나누었다. 그로부터 사흘 후 인종은 심하게 설사를 했다. 주다례 직후부터 시작된 설사는 결국 어의를 부를 정도로 심해졌다. 결국 6월 28일 어의는 소생의 가능성이 희박하다고 했고, 7월 1일 인종은 승하한다. 이로써 인종은 조선 역사상 가장 짧은 기간 동안 재위한 왕이 되었다.

인종은 왜 죽었는가?

분명 실록에서는 인종이 대비전을 방문한 직후부터 아프기 시작하여 결국 죽음에 이르렀다고 전한다. 인종이 갑자기 죽은 이유는 중종의 장례 때문에 몸이 허약해졌기 때문이라는 것이다. 왕의 장례가 사람을 지치게 하는 것은 당연하지만 역대 왕들 중 이러한 이유로 죽은 왕이 있는가? 왕의 장례가 사람을 죽음으로 내몰 정도로 힘든 일은 아니다. 그렇다면 인종은 왜 죽었는가? 사람들은 문정왕후가 인종에게 대접한 다과에 독이 들어 있었기 때문이라고 한다. 물론 야사에 전해 내려오는 내용이지만 전혀 불가능한 일은 아닌 듯하다.

야사에서는 인종이 세자였을 때 예기치 못한 화재로 몇 번이나 죽을 뻔한 일도 문정왕후의 계략이라고 전한다. 하루는 세자가 동궁에서 세자빈과 함께 잠들었을 때 불이 났다. 이때 그는 세자빈을 깨워서 먼저 나가라고 하면서 자신은 불에 타 죽겠다고 했다. 불을 누가 냈는지 알았고, 비록 친어머니는 아닐지라도 어머니인 문정왕후가 원하는 것이 자신의 죽음이라면 기꺼이 죽는 것이 효도라고 생각했다는 것이다. 그런데 동궁에 불이 났다는 소식을 들은 중종이 동궁으로 달려와 세자를 불렀다. 아버지의 애타는 목소리를 들은 세자는 아버지가 부르는데 나가지 않는 것도 불효라는 생각에 불길을 헤쳐 나왔다고 한다.

인종은 항상 자신을 못마땅하게 여기는 계모 문정왕후를 미워하기는커녕 문정왕후가 자신을 괴롭힐 때마다 효성이 부족하기 때문이라면서 자책했다고 전한다. 게다가 문정왕후의 소원을 들어주기 위해, 즉 자신이 죽은 뒤 경원대군에게 왕위를 물려주기 위해 자식을 두지 않았다고 야사는 전한다. 이것이 모두 사실이라면 인종은 주다례를 마치고 대비전에서 들었던 다과에 독이 든 줄 알고 먹었다고도 할 수 있다. 항상 핍박하고, 심지어 죽일 틈만 노리던 대비가 갑자기 지나칠 정도로 환대하면서 다과를 대접했다면 당연히 의심할 만했다. 결국 인종은 문정왕후가 쳐 놓은 덫에 알면서도 기꺼이 걸렸다는 것인데, 문정왕후에 대한 인종의 태도는 쉽게 이해가 가지 않는다.

야사에서는 문정왕후와 인종의 관계를 사악한 계모와 효심 지극한 아들이라는 대립 구도로 풀어낸다. 이것은 사림들이 자신들의 편이었던 인종을 높이고, 또 한 번 사화를 일으킨 문정왕후를 깎아내리려는 의도가 명백히 보인다. 의도가 명백하기 때문에 얼마든지 사실의 왜곡이 일어날 수도 있지만, 혹시 이러한 일이 가능하지는 않을까? 심리학적으로 보면 얼마든지 가능하다.

인종의 이해할 수 없는 태도를 설명하는 것은 바로 자기충족적 예언(self-fulfilling prophecy)이다. 자기충족적 예언이란 자신을 향한 주변의 기대(예언)에 따라 행동한다는 것이다. 스스로 실천하는 예언이라고 하여 붙여진 이름이다. 자기충족적 예언은 본인이 원하건 원하지 않건, 의식하건 의식하지 않건 상관없이 일어날 수 있다.

자기충족적 예언

타인이 자신에게 하는 기대나 예상대로 행동하는 현상을 말한다. 보통 점술에서 이러한 현상이 자주 나타나는데, 이런 경우에 사람들은 점술이 훌륭하다고 생각한다. 그러나 사실은 자신이 그러한 예언을 스스로 성취시켜 준 것뿐이다.

다른 사람들의 기대를 스스로 실천한다는 자기충족적 예언이 쉽게 이해되지 않을 수 있다. 그러나 자기충족적 예언의 예는 우리 주변에서 얼마든지 찾아볼 수 있다. '그 아버지에 그 아들'이라는 말은 아들이 아버지를 닮는다는 것으로, 아버지를 아는 주변 사람들이 그와 비슷한 아들을 보면서 하는 말이다. 예를 들어 바람을 피운 아버지를 가진 아들이 있다고 하자. 주변 사람들은 나중에 아들도 아버지처럼 바람을 피우지는 않을까 걱정한다. 이 걱정을 다르게 보자면 아버지가 바람을 피웠으니 아들도 바람을 피울 것이라는 예언이라고 할 수 있다. 어떻게 생각하면 주변 사람들의 이러한 걱정(예언)이 아들로 하여금 바람을 피울 기회가 와도 피우지 못하게 하는 것 같다. 그러나 오히려 그 반대인 경우가 더 많다. 아들이 주변 사람들의 기대와 걱정을 잘 안다면 분명히 "나는 커서 아버지처럼 바람을 피우지는 않을 거야!"라고 굳게 결심할 것이다. 그러나 이러한 결심은 주변 사람들의 부정적인 기대(예언)에 의해 너무나 쉽게 무너지고 만다.

이러한 마음의 현상 때문에 심리학자들은 부모들에게 자녀가 성공하고 행복하기를 원한다면 자녀를 믿고 기다리라고 조언한다. 다시 말하면 자녀가 스스로 삶을 개척하고 결국엔 성공하고 행복한 사람이 될 것이라는 믿음을 가지라는 것이다. 그러면 자녀가 실제로 그렇게 될 것이라고 한다. 이와는 반대로 부모가 자녀에게 "너 같은 것이 뭘 제대로 하겠어!", "넌 내 도움 없이는 아무것도 못하는 부족한 사람이야." 등의 부정적인 기대를 하면 자녀는 자신의 존재에 대해 결핍된 느낌을 가진 사람으로 성장한다.

인종의 죽음은 좀 극단적이지만 역시 자기충족적 예언의 결과라고 할 수 있다. 상상해 보라. 만약 당신과 함께 사는 사람이 당신이 계속 죽기를 바란다면 어떻겠는가? 처음에는 어떻게든 살아 보려고 발버둥을 치겠지만 결국 당신도 인종이 한 선택과 크게 다르지 않은 선택을 할 수 있다. 의식적이든 무의식적이든 누군가의 기대를 실현시켜 주는 것이 그 기대에 반발하는 것보다 더 쉽기 때문이다.

그렇다면 자기충족적 예언이라는 현상이 일어나는 이유는 무엇일까? "아버지처럼 너도 바람을 피우게 될 거야.", "너 따위가 무엇 하나 제대로 하겠어?", "넌 좀 죽어야겠어."라는 끔찍한 기대를 왜 실현시켜 주는 것일까? 그 이유는 바로 상대방의 부정적 기대를 더 받지 않는 유일한 방법이기 때문이다. 인종은 죽음을 선택함으로써 더는 계모에게 저주의 눈초리를 받지 않게 되었다.

여왕 문정왕후 윤씨

문정왕후의 소원대로 인종은 세상을 떠났다. 그녀는 인종이 죽기 직전 궐 밖으로 나가 딸 의혜공주의 집에 머무르면서 인종의 병세를 살펴보겠다고 소동을 피웠다. 왕비는 죽을 때까지 궐 밖에 나갈 수가 없었다. 이 사실을 너무나 잘 아는 그녀가 이렇게 소란을 피운 것은 분명히 계산된 행동이었다. 평소 인종을 계속 미워하고 핍박했으며 죽기를 바라던 그녀가 인종의 병문안을 간다는 것은 상식적으로 이해가 안 되는 일이다. 만약 그녀가 궐 밖에 못 나간다고 하더라도 인종의 갑작스러운 죽음에 대해 도리를 다한 것처럼 보일 것이다. 그리고 만약 궐 밖에 나갈 수 있게 된다면, 모든 백성에게 인종이 병환 중임을 널리 알릴 수 있을 것이기 때문이다. 결국 문정왕후는 인종의 갑작스러운 죽음으로 생길 만한 모든 오해의 소지를 없애려고 이런 소동을 피운 것이다.

인종이 죽자 12세인 경원대군이 왕위에 올랐다. 미성년인 왕이 나라를 다스릴 수 없으므로 성종 때의 고사에 따라 수렴청정을 해야 했고, 자연히 문정왕후가 하게 되었다. 문정왕후가 그렇게 원하던 시대가 비로소 열린 것이다. 이제 경원대군이 성인이 될 때까지 문정왕후가 조선을 통치하게 될 것이고, 그 후에는 자신의 아들이 왕이 될 것이 분명했다. 원하던 것을 이렇게 확실하게 이루었으면 성격이 좀 너그러워질 법도 한데 전혀 그렇지 않았다.

인종의 장례 절차에 대해 소윤 중 한 사람인 이기가 인종이 1년을 넘기지 못했으니 대왕의 예를 쓰는 것이 옳지 않다고 주장했다. 문정왕후는 이기의 주장을 받아들여 약식 장례로 치르기로 했다. 결국 인종의 장례일은 승하한 지 다섯 달이 못 되는 10월 27일로 정해졌는데, 문정왕후는 이것을 다시 20여 일 앞당겨 10월 15일로 정했다. 사헌부를 비롯하여 여러 신하들은 부당하다고 상소를 올렸으나 문정왕후는 묵살했고, 결국 인종의 장례는 그렇게 서둘러서 간략하게 치뤄지고 말았다.

학문을 즐겼던 인종은 선왕 때 조광조를 비롯하여 여러 사림 세력들이 무고하게 죽임을 당했다고 생각하고 이들을 신원(伸寃)하려고 했다. 그리고 현량과도 복구하여 자신이 그동안 익힌 도학사상을 현실 정치에 응용하려고 했다. 이언적, 유관 등 사림의 대학자들을 조정으로 불러들였다. 이것은 시작에 불과했다. 더 많은 사림들을 등용하여 나라와 백성을 위하는 훌륭한 왕이 되고 싶었겠지만 인종에게 시작은 곧 끝이었다.

인종이 즉위하자마자 조정에 들어온 사림들은 당연히 인종의 편이라고 할 수 있는 대윤과 함께했다. 그러나 인종이 승하하고 문정왕후가 권력을 잡자 소윤은 대윤의 대표인 윤임이 반역을 꾀했다고 상소를 올렸다. 이 일로 윤임을 비롯하여 윤임의 무고함을 주장하던 사람들은 모두 사사를 받거나 유배를 갔다. 소윤과 대윤의 갈등 탓에 많은 사람들이 화를 입었는데, 이것이 바로 명종 즉위년인 1545년에 일어난 을사사화(乙巳士禍)다.

을사사화를 통해 조정을 장악한 윤원형과 문정왕후는 여기서 그치지 않았다. 양재역 벽서사건을 통해 남은 정적을 모두 제거했다. 양재역은 한양에 들어가는 사람들이 한강을 건너기 전에 마지막으로 휴식을 취했던 곳으로 늘 사람들이 많았다. 따라서 이곳에는 자주 벽서(대자보)가 붙었는데, 명종 2년(1547년)에 문정왕후를 비방하는 내용이 붙은 것이다. 내용인즉, 위로는 여왕(문정왕후), 아래는 병조판서 이기가 권세를 휘둘러 나라가 망하려 하니 보고만 있을 수 없다는 것이었다. 이 일로 윤원형을 탄핵한 적이 있는 송인수와, 윤임의 집안과 혼인 관계에 있던 이약수 등이 사사를 당했고 이언적

등이 유배되었다.

이뿐만이 아니다. 양재역 벽서사건이 일어난 다음 해인 명종 3년(1548년), 사관 안명세의 사초가 문제가 되었다. 안명세는 "중종의 소상(小祥, 죽은 지 1년 만에 지내는 제사)도 지나지 않았고 인종의 발인(發靷)도 하지 않았는데 임금이 빈전(殯殿) 옆에서 대신들을 죽였다."는 사초를 남겼다. 이것은 을사사화를 두고 하는 말이었다. 윤원형 일파는 이 사초를 발견하자마자 안명세를 혹독하게 고문한 끝에 죽였다.

명종 4년에는 양재역 벽서사건으로 사사를 당한 이약빙의 아들이자 윤임의 사위였던 이홍윤이 한 말 때문에 많은 사람들이 죽었다. 이홍윤은 연산군이 사람을 많이 죽여서 중종반정을 당했으니 명종도 머지않아 쫓겨날 것이라고 말했다. 이 말이 조정에 들어갔고, 이 사건으로 이홍윤뿐만 아니라 충주 지역에 사는 이약빙을 따르던 사람들 300명 이상이 사형당했다. 이렇게 많은 사람을 죽이고서도 분이 풀리지 않았는지 문정왕후는 충청도의 명칭을 청홍도로 바꾸었다. 충청도란 큰 도시 충주와 청주의 첫 음을 따서 만든 명칭인데, 반란의 도시인 충주를 빼고 홍주(홍성)를 넣은 것이다.

문정왕후는 자신이나 아들 명종이 연산군과 비교되는 것에 극도로 분노했지만, 사실 연산군처럼 수많은 사람을 죽였고 충청도의 명칭을 바꾼 것도 꼭 빼닮았다. 연산군은 내시 김처선의 고언을 참지 못하여 그를 죽이고, 그래도 분이 풀리지 않자 그의 양아들인 이공신을 연좌시켜서 처형했다. 그리고 김처선의 본향인 충청도 공주의 전의현을 폐했으며, 양자 이공신의 고향인 청주목을 폐하여 이웃 고을에 예속시켰다. 그래서 충청도의 명칭에서 청주를 의미하는 청을 빼고, 공(公)을 넣어서 충공도라고 칭했다. 충청도라는 명칭은 중종 반정 후 복구되었는데, 문정왕후가 다시 청홍도라고 바꾼 것이다.

아무도 믿을 수 없는

문정왕후를 보노라면 마치 연산군이 여자로 부활한 듯하다. 인종을 물리치고 경원대군을 왕위에 앉히기 위해 인종에게 한 일련의 행동들과 인종을 죽음에 이르게 한 과정들은 너무 치밀하여 고도의 지능범이 꾸민 살인극 같다. 이뿐인가? 명종이 왕위에 오르자마자 을사사화를 일으켜 대윤과 사림에게 화를 입히고, 을사사화에서 살아남은 잔당을 양재역 벽서사건을 계기로 몰아냈으며, 이홍윤의 말을 빌미로 닥치는 대로 살인을 저질렀다. 제정신으로는 하기 힘든 행동들이다. 사람을 죽이지 못해 안달 난 사람처럼 보이기까지 한다. 그녀의 이러한 행동을 어떻게 설명할 수 있을까?

정신장애를 다루는 이상심리학의 측면에서 보자면, 문정왕후의 일련의 행동들은 편집성 성격이라고 할 수 있다. 편집성 성격의 특징은 의심과 불신이다. 주변 사람들이 자신을 공격하거나 해를 입힐 것이라는 의심에 가득 차 있다. 그렇기 때문에 타인이 자신에게 베푸는 호의마저도 그 이면에 숨겨진 의도가 있을 것이라고 해석한다.

인종은 계비였던 문정왕후를 깍듯이 모셨다. 문정왕후가 자신을 못마땅하게 여긴다는 사실을 알면서도, 인종은 자신의 효가 부족하다며 지극정성으로 모셨다. 그러나 이러한 인종의 행동은 문정왕후에게 더욱더 의심을 가져다주었을 것이다. 인종이 자신에게 효도하는 척하면서, 조정과 백성의 민심을 자신의 편으로 끌어들인 다음 자신과 아들 경원군을 죽일지도 모른다고 의심했을 것이다. 사람이란 자기 처지에서 상대방의 행동을 해석하는 속성이 있기 때문에, 문정왕후의 입장에서는 인종이 자신에게 효도를 할 아무 이유가 없다고 생각했다. 자신은 계모인데다가, 자신의 아들이 왕이 될 수도

 편집성 성격
끊임없이 주변 사람들을 의심하는 성격인 편집성 성격은 주변 사람들과의 불화가 끊이지 않는 것이 보통이다. 기본적으로 사람을 믿지 못하기 때문이다. 따라서 혼자 있기를 좋아하며, 다른 사람을 무시하는 독불장군이 되기도 한다.

있으므로 인종에게는 눈에 거슬리는 존재일 거라고 생각했기 때문이었다. 결국 문정왕후는 인종의 행동에 숨겨진 의도가 있다고 여겼을 것이다.

편집성 성격의 또 다른 특징은 자신의 명성이 공격당했다고 느끼면 즉시 화를 내고, 원한을 오랫동안 풀지 않는다는 것이다. 인종은 정말 순수한 마음으로 문정왕후를 모셨지만 문정왕후는 인종을 죽음으로 내몰았다. 자신과 아들을 없애려는 인종의 숨겨진 의도를 염려하여 먼저 손을 쓴 것이다. 그러나 문정왕후는 인종의 죽음 이후에 더 큰 충격을 받았다. 왜냐하면 조정과 백성의 민심이 새로운 왕 명종에게 있지 아니하고, 바로 인종에게 있음을 알았기 때문이다. 문정왕후는 인종이 죽기 직전 인종에게 문병을 가겠다고 소동을 벌일 정도로 명성을 지키려고 안간힘을 썼다. 그런데 결과는 오히려 반대였다. 인종이 죽자 인종의 명성은 날로 높아져만 갔고 자신과 아들의 명성은 크게 위협받았다. 이때부터 문정왕후의 피비린내 나는 반격이 시작된다. 인종의 장례 절차부터 청홍도까지.

그렇다면 그녀는 왜 이러한 편집성 성격을 가지게 되었을까? 문정왕후의 성장 배경을 비롯하여 그녀에 대한 정보가 빈약하여 추론

하기는 힘들다. 그러나 한 가지 눈여겨볼 대목이 있다. 바로 그녀가 왕비가 된 시점과 그 이후로 경원군을 낳기까지 걸린 시간들이다. 앞에서도 언급했듯이 문정왕후는 중종의 세 번째 정비다. 그녀가 계비로 간택되었을 때가 중종 12년(1517년)이다. 준비되지 못한 왕이 었던 중종도 이제는 정국을 안정적으로 이끌 수 있는 나이였기에, 주변에서는 윤씨를 부러움의 눈초리로 바라보았을 것이다. 게다가 30살의 왕에게 17살의 왕비는 그야말로 눈에 넣어도 아프지 않을 정도로 사랑스러웠을 것이다. 모든 것이 완벽했던 그녀에게 걸리는 것이 있다면, 바로 인종이었다. 전처의 소생을 좋아하는 계모가 어디에 있을까? 그것도 그냥 여염집의 이야기가 아니라 왕실의 이야기다. 남편을 이어서 왕이 될 사람이 전처의 소생이라는 사실이 윤씨에게는 완벽한 인생을 가로막는 걸림돌이었을 것이다. 그러나 조선시대에는 요절(夭折)이 다반사였기 때문에, 윤씨는 얼른 아들이 생기기만을 바랐다. 그러나 그녀는 17년 동안 아들을 낳지 못하고 딸만 낳았다. 17년의 세월이 문정왕후에게는 어떤 시간이었을지 생각만 해도 눈에 선하다.

사실 장경왕후 윤씨가 죽었을 때에 중종에게는 후궁들이 여럿 있었다. 그중 숙의 박씨는 아들 복성군이 있던 상태였다. 한쪽에서는 숙의 박씨를 중전으로 모시자는 의견도 있었으나, 이럴 경우 갓 태어난 원자(인종)의 위치가 위태로울 수 있기 때문에 무산되었다. 어떤 신하들은 단경왕후 신씨를 복위하자고 주장하기도 했다. 그러나 단경왕후 신씨를 복위하는 것은 중종반정 자체를 인정하지 않는 것이 되기 때문에, 당연히 받아들여지지 않았다. 다시 말하면 원자의 왕위를 위협하지 않을 수 있는 사람으로 문정왕후가 간택된 것이다.

최선이 아닌 차선의 선택이라고 할까.

　문정왕후를 바라보는 신하들의 시선은 어떠했을까? 당연히 곱지 않았을 것이다. 단경왕후를 복위하자는 이야기가 조정에서 나왔다는 것은 신하들의 일부는 마음이 단경왕후에게 있다는 것이고, 원자를 보호해야 한다는 이야기가 조정에서 나왔다는 것은 신하들의 일부는 마음이 장경왕후에게 있다는 것이다. 문정왕후를 진정한 국모로 생각하는 신하는 많지 않았을 것이다. 비단 신하들의 마음뿐일까? 중종은 여러 후궁들이 있었고, 후궁들도 나이 어린 중전을 곱게 보지 않았을 것이다. 그리고 결정적으로 야사에서는 중종이 끝내 단경왕후를 잊지 못했다고 전한다.

　이러한 상황에서 왕비로 간택된 문정왕후의 마음은 편치 않았을 것이다. 편치 않은 정도가 아니라 아무도 자신을 왕비로, 진정한 국모로 모시지 않는다는 생각 때문에 힘들고 괴로웠을 것이다. 내 편은 아무도 없다는 생각에 아무도 믿지 못했을 것이고, 살아남을 길은 오직 아들뿐이라고 생각했을 것이다. 살아남기 위해서 자신의 동생 윤원형을 중심으로 자신을 따르는 신하들을 조정에 심기 시작했고, 살아남기 위해서 아들을 낳아야 했다. 그러나 낳을 때마다 딸이었다. 그렇게 17년이 흘렀고, 결국 아들을 낳은 것이다.

🐍 아들을 괴롭히는 어머니

　어떤 사람들은 문정왕후의 여러 행태를 보고 피해망상을 가진 것이라고 생각할지 모르겠다. 그러나 망상이라고 보기는 어렵다. 망상

현실 검증력

현실 판단력이라고도 하는 현실 검증력은 자신의 생각(의심, 걱정)이 실제로 일어나는 현실인지 아닌지를 검증할 수 있는 능력을 말한다. 현실 검증력의 유무는 심리적 불편함이 가벼운 신경증인지, 심각한 정신병인지를 구분하는 전통적인 방법이기도 하다.

이란 아주 심각한 정신적 문제로서, 현실 검증력(reality testing)이 무너졌을 때 나타난다고 알려져 있다. 현실 검증력이란 다른 말로 현실 판단력이라고 하는데, 자신의 생각이 실재와 같은지 다른지를 판단하는 능력이라고 할 수 있다. 현실 검증력이 있다는 것은 자신의 생각이 실재와 다를 수도 있음을 아는 것이고, 현실 검증력이 무너졌다는 것은 자신의 생각이 곧 현실이라고 믿는 것이다. 망상이란 두려움과 불안 때문에 스스로 만들어 낸 환상이다. 따라서 망상을 지닌 사람은 현실에서 살지 못하고, 결국 정상적으로 생활하지 못하게 된다. 문정왕후가 비록 극단적이고 포악하긴 했지만 8년 동안 명종을 대신해 국정을 담당할 정도로 정신은 온전한 사람이었다. 따라서 문정왕후의 심리상태를 망상 때문이라고 보기는 어렵다.

이에 더하여 망상이라고 보기 어려운 이유가 또 한 가지 있다. 망상이란 명백한 증거와 권위 있는 사람의 설득으로도 변하지 않는 신념을 말한다. 그래서 어떤 사람의 신념이 망상이라고 하기 위해서는 변하지 않는 것이 일반적이다. 피해망상일 경우 자기편과 자신을 괴롭히는 적으로 사람들을 구분하는 경우가 종종 있는데, 이 구분은 좀처럼 바뀌지 않는다.

그러나 문정왕후에게는 이 구분이 모호했다. 문정왕후에게 가장 대표적인 자기편은 아들 명종(경원군)이다. 경원군은 인종이 죽기 전까지 문정왕후에게 절대적인 자기편이었다. 그러나 자신의 섭정이 끝난 뒤 명종의 친정(親政)이 시작되자 명종에 대한 문정왕후의 태도는 돌변한다. 문정왕후는 명종을 자기 마음대로 휘두르려고 했는데, 명종이 말을 듣지 않으면 아주 심하게 괴롭혔다고 한다. 문정왕후가 망상을 가진 사람이라면 끝까지 명종의 편에 서야 하고 운명을 함께해야 했다. 그러나 문정왕후는 명종마저 배반했다. 문정왕후의 성격의 근본에는 의심과 불신이 자리 잡고 있었기 때문에 자기편도 언제든지 적이 될 수 있었던 것이다. 더구나 명종이 성인이 되어 친정을 하게 되었을 때 더는 어머니에게 동조하지 않았다. 그럼에도 그는 뜻대로 국정을 운영하지 못했는데, 어머니 못지않게 어렵게 하는 사람이 있었기 때문이다. 바로 외숙인 윤원형이다.

윤원형은 문정왕후 못지않게 기행을 저질렀던 소윤의 당수였다. 을사사화를 비롯하여 여러 옥사를 거치면서 조정은 문정왕후와 윤원형의 세상이 되었는데, 윤원형은 심지어 자신에게 불만을 토로하던 친형 윤원로를 유배 보내고 결국 사사를 내렸다. 기행은 여기서 그치지 않았다. 노비 출신인 정난정을 애첩으로 삼아 온갖 나쁜 짓을 저질렀다. 정난정은 미색이 뛰어나고 똑똑하여 윤원형의 마음에 들었다. 결국 윤원형은 정실부인 김씨를 독살하고 정난정이 그 자리를 차지하게 했다.

정난정은 문정왕후에게도 사랑과 신임을 돈독히 얻었다. 그래서 문정왕후는 그녀에게 정경부인(貞敬夫人)의 지위까지 주려고 했다. 정경부인이란 정1품이나 종1품의 문무관 부인들에게 내리는 최고의 작호로서, 서얼이나 재가한 사람들에게는 주지 않는 것이 원칙이었다. 그러나 문정왕후는 자신이 곧 법이었기에 명종에게 정난정을 정경부인에 봉하라고 했다. 그러나 명종은 법도에 어긋난다면서 거절의 뜻을 밝혔다. 조금이라도 상식이 있는 사람이라면 당연히 그렇게 했을 것이다. 그러나 문정왕후는 명종이 자신에게 도전한다고 생각하여 명종을 반말로 꾸짖었다. 결국 명종은 정난정을 정경부인에 봉했다. 결국 서얼로서 정경부인의 자리에까지 오른 정난정은 남편 윤원형과 더불어 온갖 악행을 일삼는다.

문정왕후는 독실한 불교 신자로 알려져 있는데, 이것도 정난정이 봉은사의 승려 보우를 문정왕후에게 소개했기 때문이라고 한다. 문정왕후는 보우를 조정에 기용하여 정사에 참여시켰다. 보우는 문정왕후에게 나라가 어려운 것은 유림들이 붕당을 일삼으면서 나라를 돌보지 않기 때문이니, 불교를 더욱 중흥해야 한다고 했다. 문정왕후는 보우의 말대로 도승제를 도입하는 등 불교를 국가적으로 장려하는 정책을 펼쳤다. 당연히 유생들이 좋게 볼 리 없었고, 명종도 이러한 일들이 마음에 들지 않았다. 그러나 명종은 문정왕후의 명령을 거역할 수 없었다.

이 외에도 문정왕후는 자신이 원하는 일을 종이에 적어서 명종에게 보냈으며 명종이 따르지 않으면 불러다가 반말로 욕을 하는 것은 물론, 종아리를 치거나 뺨을 때리기도 했다고 한다. 한 나라의 왕의 체면이 말이 아니었다. 문정왕후가 명종을 함부로 대하는 것은 궐 안의 내시와 시녀들이 모를 리 없었다. 내시와 시녀들이 안다는 것은 조정의 신하들도 안다는 것이고, 신하들이 안다는 것은 결국 일반 백성도 안다는 것이다. 명종은 너무나 강한 어머니 앞에서 한없이 약해지는 자신의 모습 때문에 눈물을 달고 살았고, 그에게는 '눈물의 왕'이라는 별명까지 생겼다.

강한 어머니와 약한 아들

어찌 보면 아들이 너무 나약한 것처럼 보인다. 아무리 어머니가 강하다고 해서 성인이 된 다음에도 그렇게까지 어머니에게 잡혀 살 필요가 있냐고 반문할 수도 있다. 그러나 이렇게 반문하는 사람도 본인이 실제로 명종과 같은 처지라면 별반 다르지 않을 것이다.

상담자들은 부모의 그늘에서 벗어나지 못하는 사람들을 자주 본다. 특히 부모가 권위적이고 억압적일수록 그러하며, 만약 부모가 자신의 주장을 아이에게 관철하기 위해 폭력도 서슴지 않았던 경우라면 더욱 그러하다. 이런 부모 밑에서 자란 아이는 부모가 자신을 때릴 수 없을 정도로 늙더라도 마음속 깊이 두려움을 지니고 있는 경우가 많다.

이렇게 어른이 되어서도 부모에 대한 두려움과 원망을 가진 사람들에게 주변 사람들은 너무나 쉽게 말한다. 이제 부모의 그늘에서 벗어나 너 자신의 인생을 살라고 말이다. 말이야 쉽지만 이들의 입장에서는 너무나 힘들고 어려운 말이다. 얼마나 어렵고 힘든지 본인들도 부모의 그늘에서 벗어나고 싶지만 부모를 보면 원초적인 두려움과 공포가 되살아난다고 한다.

이것이 바로 초기 경험의 중요성이다. 사람에게 첫 경험은 너무나 중요하다. 초등학교 1학년 때 어떤 선생님과 반 친구들을 만나느냐에 따라서 아이들은 학교를 좋아하기도 하고 싫어하기도 한다. 생소한 음식을 처음 먹었을 때 맛이 좋았는지 아닌지에 따라 그 음식은 가장 좋아하는 음식이 되기도 하고, 가장 싫어하는 음식이 되기도 한다. 그러나 초등학교 1학년 때 선생님과 반 친구들 사이에서 힘든 경험을 했더라도 2학년 때 좋은 경험을 할 수도 있다. 생소한 음식을 처음 먹었을 때에는 괴로웠지만 나중에 먹어 보니 괜찮을 수도 있다.

그런데 학교 선생님은 특별한 일이 없다면 1년마다 바뀌는 것이 보통이고, 음식에 대한 입맛 또한 변하기도 한다. 그러나 부모는 다르다. 1년마다 바뀌는 것도 아니고 성격이 변하는 것도 아니다. 이렇다 보니 자녀들이 부모에 대해서 받은 느낌과 인상은 한번 형성되면 지속되게 마련이다. 게다가 부모는 자신이 세상에 존재할 수 있도록 한 근본이 아니던가. 그러니 부모를 경험하는 것은 인생의 초기가 아니라 인생의 근본부터인 것이다.

명종도 그랬다. 문정왕후가 17세에 왕비가 되었을 때에는 어떠했을지 모르겠지만, 명종을 임신할 때 즈음에는 아무도 믿지 못하는 편집적인 성격이었다. 이 말은 표독스럽고 공격적이며 자기중심적이라는 뜻이다. 문정왕후에게 명종은 어떤 존재였을까? 사랑스러운 아들이기도 했겠지만 그보다는 자신을 탐탁하지 않게 여기던 궁궐의 모든 사람들에게 복수할 기회로 보였을 것이다. 단경왕후 신씨에게서 마음을 거두지 못하는 중종, 단경왕후 신씨를 복위하려던 신하들과 장경왕후 윤씨를 따르던 신하들, 그리고 결정적으로 자신의 인생에 큰 걸림돌이 되는 인종에게 그녀는 자신이 그동안 받았던 설움을 갚아 주고 싶었을 것이다.

이러한 마음으로 명종을 키웠으니, 명종을 사랑스럽고 인자하게 대했을 리가 없다. 어린 시절부터 다그쳤을 것이고, 자신의 기준에 조금이라도 어긋나면 용서하지 못했을 것이다. 마음에 들지 않으면 가차 없이 때리는 것은 물론, 욕을 하거나 막말을 하는 것은 보통이었을 것이다. 명종이 성인이 되고 왕이 된 후에도 그랬으니 어렸을 때에는 두말할 나위 없다. 의심을 잘하는 사람들은 눈치가 빠르기 때문에, 명종은 자신의 마음을 항상 어머니에게 들킨다고 생각했을 것이다. 이러한 어머니 밑에서 자란 명종에게는 어머니에 대한 근본적이고 원초적인 두려움이 있었을 것이다. 그러니 왕이 된 뒤에도 이것을 벗어난다는 것은 거의 불가능하다.

우리는 주변에서 성공한 부모와 실패한 자녀를 종종 볼 수 있다. 부모는 사회적으로 유능하고 성공했지만 그 자녀는 정반대로 무능하고 계속 말썽을 일으킨다. 사실 문정왕후의 성격이 이상해서 그렇지 그녀의 정치력과 지도력은 뛰어난 편이었다. 특히 사람 보는 눈이 뛰어나서 자신보다 더 기회주의자인 윤원형과 정난정을 옆에 두었다. 도둑질도 머리가 좋아야 한다고 하지 않던가. 그러나 명종의 지도력은 볼품없었다. 사람을 보는 눈도 없었다.

명종은 친정을 하면서 윤원형의 세력을 견제하고 조정에서 자신의 세력을 구축하기 위해 부인 인순왕후 심씨의 외숙인 이량을 등용했다. 그는 이량이 자신을 도우리라고 믿었던 모양이다. 그러나 이량은 윤원형 못지않은 사람이었다. 왕을 도와 나라를 살리고 윤원형을 견제하기는커녕, 권력을 이용하여 온갖 비리를 저질렀다. 명종의 처지는 설상가상이었고, 엎친 데 덮친 격이었다. 문정왕후는 나름대로 성공한 왕비일지 모르지만, 그 아들은 전혀 그렇지 못한 왕이었다.

성공한 부모 밑에서 실패하는 자녀가 나오는 이유는 간단하다. 부모가 늘 자녀보다 앞서서 움직이기 때문이다. 자녀에게 기회를 주고, 실수를 하더라도 기다려야 한다. 부모가 성공했다는 것만으로도 자녀는 큰 부담을 느낀다. 그런데 성공한 부모가 자녀에게 도전해 볼 기회도 잘 주지 않고, 설사 주더라도 실수를 하는 즉시 야단치거나 꾸중을 하면, 자녀는 근본적인 자기 실패감을 느낀다. 혼자 시도해 본 적이 없기 때문에 무능력한 것은 당연한 이치다. 그리고 더욱 안타까운 것은 이렇게 성장한 자녀는 부모를 원망하면서 부모의 그늘에서 벗어나지 못한다는 것이다. 그리고 부모 없이는 아무것도 못하는 사람이 되고 만다.

명종 20년(1565년) 문정왕후는 65세의 나이로 숨을 거두었다. 그녀는 죽으면서 윤원형과 보우 대사를 보호해 달라는 유언을 남겼다. 명종은 살아오면서 문정왕후의 말을 어긴 적이 없었기에, 어머니의 유언도 어길 수가 없었을 것이다. 그러나 다행히 명종은 나라가 기운다는 사실을 직시했고 처음이자 마지막으로 어머니의 명령을 어겼다. 윤원형과 보우 대사를 유배 보내고 이들이 망쳐 놓은 조선을 다시 일으켜 세우려고 했다.

그러나 어머니의 말씀을 어겼다는 죄책감이 컸던 것일까? 아니면 혼자서는 아무것도 못하게 된 것일까? 명종은 그로부터 불과 2년 만에 뜻을 펼치지도 못하고 세상을 떠났다. 그의 나이 34세. 당시 평균 수명이 아무리 짧았다지만 너무 젊었다. 문정왕후는 끝까지 아들을 놓아주지 않았던 것이다. 그로부터 30년이 지나지 않아 온 나라는 왜구의 침략에 짓밟힌다.

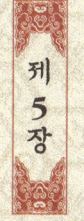

제 5 장

근본적인 열등감의 대물림 그리고 임진왜란
— 선조, 광해군

이 세상은 처음부터 끝까지 누군가와 경쟁해야 한다. 세상에 태어났다는 것 자체가 평균 1~3억 마리나 되는 다른 정자들을 물리쳤다는 것을 의미한다. 어린 시절에는 부모의 사랑을 얻기 위해 형제와 경쟁하고, 학교에서는 선생님의 인정을 받기 위해 급우들과 경쟁한다. 상급학교에 진학할 때, 직장에 입사할 때, 더 좋은 조건으로 자리를 옮길 때도 마찬가지다. 사랑하는 이성을 얻기 위해서도 경쟁하고, 부모가 되어서는 자녀에게 제일 좋은 아빠가 되려고 노력한다. 이러한 경쟁은 심지어 죽은 뒤에도 더 좋은 자리에 묻히기 위해 지속된다.

완벽한 사람은 없다. 따라서 끊임없는 경쟁 속에서는 필연적으로 실패를 경험한다. 그런데 실패의 경험은 우리의 마음에 열등감을 남긴다. 바꿔 말하면 이 세상의 모든 사람들은 나름대로 열등감을 가지고 살고, 이것을 기회로 삼으면 더 좋은 발전의 기회가 오기도 한다. 그런데 어떤 사람들은 열등감 극복에 실패하고 이것이 콤플렉스로 남아 끊임없이 힘들어하기도 한다.

열등감 콤플렉스가 있는 사람들은 무엇을 하든지 이것을 극복하고자 부단히 애쓴다. 그러나 정작 좋은 결과가 있고 주변에서는 칭찬을 해 주더라도, 정작 자신은 인정하지 못한다. 열등감 콤플렉스 때문이다. 자신의 수행에 대한 불만족은 무리한 시도로 이어지게 마련이고, 그러면 성공보다는 실패의 경험을 반복하게 된다. 당연히 열등감 콤플렉스는 더욱 강해지고 자꾸 위축되어 대인관계마저 어려워지기도 한다.

자녀에게만큼은 열등감을 물려주고 싶지 않아서 열성적으로 키우지만, 자녀가 성공하면 아이러니하게도 자녀에게도 열등감을 느껴 경쟁 구도를 이룬다. 당연히 자녀는 이로 인해 아버지에게 열등감을 느끼고 열등감을 대물림한다. 조선 왕 최초로 방계승통 시대를 연 선조와 그의 아들 광해군이 그 주인공이다.

명종은 악랄했던 문정왕후가 죽은 지 2년 만에 세상을 떠났다. 사람들은 문정왕후가 살아 있을 때에도 아들을 괴롭히더니, 죽어서도 아들을 놓아주지 못하고 데려갔다고들 했다. 명종의 죽음이 갑작스러운 것이었다고 추측하는 이유는 명종이 죽은 후에 왕위를 이어받을 후계자가 없었다는 점 때문이다. 사실 명종은 인순왕후 심씨에게서 얻은 아들 순회세자가 있었다. 그러나 그는 13세의 나이로 요절했다. 인순왕후는 다른 자녀는 갖지 못했으며, 명종의 다른 후궁 6명들도 아이를 전혀 갖지 못했다. 왜 그랬을까?

　명종의 재위기간은 22년으로 결코 짧았다고 할 수 없다. 그리고 부인도 7명으로 결코 적었다고 할 수 없다. 부인이 6명이었던 세종도 18남 4녀를 얻었고, 재위기간이 25년으로 명종보다 3년밖에 길지 않았던 성종도 무려 16남 12녀를 얻었다. 시간이 없었던 것도 아니고, 아내가 없었던 것도 아니다. 그렇다면 혹시 생산능력이 없었을까? 인순왕후 심씨에게 한 명의 아들을 얻은 것으로 보아 생산능력이 없었던 것도 아니다. 한 가지 남은 가능성은 명종이 아내들과의 합방에 별 관심이 없었다는 것이다.

　이는 명종과 그의 어머니 문정왕후와의 관계를 생각해 보면 충분히 이해가 된다. 명종은 태어나서부터 죽기 2년 전까지 너무나 강하고 고집 센 어머니 문정왕후의 그늘에서 벗어나지 못했다. 국사는 물론이거니와 모든 결혼도 문정왕후의 손에 달려 있었다. 명종은 사리분별을 하면서부터 어머니 문정왕후와 외숙부 윤원형 일파의 횡포를 보고 분노하지 않을 수 없었다. 왕이기는 하지만 문정왕후의 영향력에서 벗어나지 못했으므로 왕의 권위는 땅에 떨어졌다. 어머니에 대한 미움과 원망이 하늘을 찔렀을 것이고, 어머니가 선택한 아내들이 마음에 들었을 리 없다. 당연히 합방할 마음도 없었을 것이다.

아내들이 마음에 들지 않았던 것뿐만 아니다. 명종은 수렴청정을 끝내고 친정을 시작하면서 하루도 마음 편할 날이 없었다. 문정왕후와 윤원형 일파는 왕권을 위협했고, 권신들의 횡포와 부정축재로 민심은 병들었다. 설상가상으로 흉년이 계속되면서 전국에 도적떼가 난립했는데, 특히 양주에서는 백정 출신인 임꺽정이 나타나 의적 행세를 했다. 이뿐만이 아니다. 명종 10년인 1555년 5월에는 왜구가 전라남도의 남해안 쪽으로 침입한 을묘왜변이 일어났다.

명종은 조정에서는 윤원형 일파의 세력을 견제해야 했고, 국내적으로는 흉흉해진 민심을 바로잡고 도적떼를 소탕해야 했다. 대외적으로는 허술해진 국방을 틈타 침략하는 왜구를 물리쳐야 했다. 이렇게 명종은 끊임없이 국정에 시달려야 했다. 아마 하루도 마음 편히 잠자리에 눕지 못했을 것이다. 명종은 과중한 업무와 함께 받은 스트레스로 심열증(心熱症)을 앓았다. 심열증이란 화를 잘 내고 행동이 산만한 것이 특징으로, 분명 마음의 병이다.

이러한 상황을 고려해 보았을 때 명종의 자녀가 순회세자 한 명뿐이었다는 것은 충분히 이해할 수 있다. 그러나 한 명뿐이었던 아들도 명종 18년인 1563년에 죽었다. 명종은 문정왕후가 죽은 지 2년 만에 선정을 제대로 펼쳐보지도 못하고 세상을 떠나고 말았다. 그리고 그의 뒤를 이어 왕이 될 후사는 아무도 없었다.

후궁의 아들이 왕이 되다

태조 이성계 이후 명종에 이르기까지 조선의 왕들은 모두 왕과 왕후의 아들, 즉 적자(嫡子)였다. 비록 성종은 세조와 정희왕후의 장남인 의경세자의 둘째 아들이었으나 의경세자가 덕종으로 추존되었기 때문에 성종도 적통이라고 할 수 있다. 그동안 후궁 출신의 왕이 없었던 것이다. 그런데 명종의 외아들인 순회세자가 13세에 조졸(早卒)한 이후 명종은 다른 아들을 얻지 못하고 세상을 떠났다. 명종 이전의 인종도 아들이 없었으며, 중종이 세 명의 왕후로부터 얻은 아들도 인종과 명종이 전부였다. 결국 조선왕조의 적통은 끊긴 것이나 다름없었다. 조정은 극도의 긴장감에 휩싸였다. 이전의 조선 역사에서 왕위를 두고 얼마나 많은 피를 흘렸는지 아는 사람이라면 이 사태가 얼마나 심각한지 잘 알았으리라.

그런데 명종은 생전에 이복동생인 덕흥군의 아들들을 좋아하여 자주 궐로 불렀다고 한다. 덕흥군은 중종의 후궁인 창빈 안씨의 소생으로 세 명의 아들을 두었다. 하원군, 하릉군, 하성군이 바로 그들인데, 명종은 이들 중에서도 셋째 아들인 하성군을 좋아했다. 명종은 승하 직전 하성군을 후계자로 지명했고, 인순왕후 심씨는 명종의 유명을 받들어 하성군을 양자로 받아들였다. 이로써 1567년 6월 하성군은 16세에 조선의 왕이 되었으니, 이가 바로 선조다.

선조는 어린 나이에 왕위에 올랐기에 인순왕후 심씨가 수렴청정을 했다. 그러나 인순왕후는 선조의 친정 능력을 인정하여 이듬해에 선조에게 편전을 넘겨주었다. 선조는 성리학의 신봉자로서 학문에 정진하는 왕이었고, 매일 경연에서 정치를 토론하는 왕이었다. 그뿐만 아니라 이황과 이이를 나라의 스승으로 여기고 극진히 대우했다. 조정에서 훈척세력을 몰아내고, 사림을 대거 등용하기에 이른다. 그동안 나라가 혼란스럽고 온갖 부패가 자행되었던 원인을 훈척세력에서 찾았기 때문이다. 성리학적 사상으로 무장한 사림들이 조선의 중심이 된다면, 조정이 더 안정될 것이라고 믿었는지도 모른다.

그러나 결과는 예상 밖이었다. 훈신과 척신이 사라진 조정에서 사림들은 당을 지어 대립하기 시작했다. 최초의 분당은 동인(東人)과 서인(西人)이었는데, 동인은 조식과 이황의 제자들로 이루어진 영남학파의 인물들이 대부분이었고 서인은 이이와 성혼을 추종하는 기호학파・의 인물들이 대부분이었다. 동인과 서인으로 나뉜 사림의 분당은 팽팽한 대립을 계속하다가 선조 24년인 1591년 세자 책봉 문제를 계기로 서인이 실각한다.

선조는 선조 2년인 1569년에 의인왕후 박씨와 가례를 올렸으나 아이를 계속 낳지 못했다. 조선은 세자를 국본(國本)이라고 할 정도로 중요하게 생각했다. 세자가 없다는 것은 나라의 미래가 불투명하고 위태롭다는 것을 의미하는 것이다. 선조는 적자가 없었으나 후궁

● 기호(畿湖)란 원래 경기도와 호서, 해서지방을 의미하며, 기호학파는 경기도와 충청도 지역에서 이이와 성혼을 따르는 무리를 지칭한다.

들에게서 얻은 장성한 자녀들이 많았다. 최선책이 없다면 차선책을 사용하는 것은 당연한 이치다. 조정에서는 후궁의 소실에서라도 세자를 책봉해야 한다는 의견이 대두되었다. 이때 좌의정이자 서인의 거두였던 정철은 영의정이자 동인의 거두인 이산해의 계략에 빠져 광해군을 세자로 책봉해야 한다고 말했다가 선조의 진노를 샀다. 이 일로 서인 세력은 실각한다.

   이 과정에서 동인은 다시 두 파로 나뉘었다. 정철을 사형해야 한다는 과격파가 있었는가 하면, 귀양만 보내면 된다는 온건파가 있었다. 전자를 북인(北人), 후자를 남인(南人)이라고 했다. 처음에는 남인이 조정을 장악했으나 남인이었던 유성룡이 임진왜란 때 화의를 주장했다는 이유로 탄핵되면서 북인이 조정을 장악했다. 그리고 북인은 다시 대북(大北)과 소북(小北)으로 나뉘었다. 대북은 노장들이 이끌었으며 소북은 소장 세력들이 이끌었다. 북인이 대북과 소북으로 나뉘면서 남인과 서인이 공조했으나 선조 말기에는 북인이 실권을 쥐었다. 선조 이후 광해군이 세자로 책봉되자 대북은 소북을 누르고 정권을 차지했다.

   이렇게 복잡한 붕당정치는 보는 시각에 따라 평가가 다양하다. 어떤 이들은 붕당정치의 폐해가 너무 심했던 탓에 결국 조선이 망했다고 주장한다. 그러나 어떤 이들은 이것이 일제가 심어 놓은 식민사관일 뿐이며, 붕당정치는 현대의 민주정치와 크게 다르지 않은 발전적인 정치제도였다고 주장한다. 두 주장이 모두 일리는 있다. 자신의 철학에 맞는 사람들과 함께 모여 당을 지어 다른 당과 대립하면서 견제하는 것 자체는 현대 민주주의의 정당정치와 비슷하다.

   그런데 민주주의의 정당정치는 과연 절대선일까? 그렇지 않을 수도 있다. 각 정당들이 더 좋은 정책을 수립하고 시행하기 위해 서로 견제하거나 갈등한다면 모를까, 단지 자신들의 권력을 위해서 견제하고 갈등을 일으키면 그것을 보는 국민들은 피곤함을 느낀다. 소모적이고 비생산적인 당파싸움은 결국 현실과 민심에 동떨어진 결과를 가져온다. 선조 시대의 당파싸움도 분명히 이러한 면이 없다고 할 수는 없다. 정권을 잡기 위해서 계략을 짜고 정권을 잡은 뒤에는 실각한 사람들을 숙청하는 일이 끊임없이 반복되었다.

조정에서 이렇게 당파싸움에 열을 올릴 때, 일본에서는 도요토미 히데요시가 전국시대를 통일하고 전쟁 준비를 하고 있었다. 전국시대를 통일하기는 했으나 여전히 지역 제후들의 힘이 막강했기 때문에 도요토미는 불안한 국내정세를 해소할 수 있는 방법으로 전쟁이라는 공동의 목표를 제시했다. 전쟁은 중앙정부를 향할 수 있는 각 지역의 군사력을 소진할 수 있는 계기가 되고 이는 당연히 안정된 통일을 유지할 수 있게 해 준다. 그래서 도요토미는 제후들과 함께 대륙 침략을 목표로 전쟁을 준비한 것이다.

일본은 국내적으로는 전쟁 준비를 하는 한편, 조선에 통신사 파견을 요청했다. 겉으로는 화의를 맺어 조선이 안심하면 기습적으로 공격하려는 의도였을 것이다. 일본의 요청에 조정은 결국 통신사를 파견하기로 결정했다. 선조 23년인 1590년 3월에 통신사는 일본으로 떠났다. 통신사의 목적은 일본의 저의가 무엇인지 파악하는 것이었다. 통신정사는 서인인 황윤길이었고 통신부사는 동인인 김성일이었으며 기록을 담당하는 서장관도 동인인 허성이었다.

이듬해인 선조 24년인 1591년 3월에 조선으로 돌아온 이들은 서로 상반된 보고를 했다. 황윤길은 일본이 침략을 준비하고 있음이 틀림없다고 했고, 김성일은 전혀 그럴 만한 조짐이 없다고 보고했다. 이때 허성은 동인이었지만 황윤길과 의견을 같이했다. 결국 2대 1로 일본이 침략할 가능성이 있다는 보고가 우세했지만 조정은 동인과 서인으로 갈려 제 사람 편을 들었다. 서인은 전쟁 준비를 해야 한다고 주장했고 동인은 전쟁의 조짐도 없는데 민심을 혼란스럽게 할 필요가 없다고 주장했다. 그러나 이 문제는 세자 책봉 문제로 정철과 서인세력이 실각하고 동인이 득세하는 때와 맞물렸다. 선조의 마음도 동인에게 기울었고 조정에서의 발언권도 동인이 더 강했다.

결국 동인이었던 김성일의 주장이 받아들여졌다. 전쟁 준비라는 중차대한 사안을 현실적인 판단이 아니라 정치적인 논리에 따라 결정한 것이다. 결국 선조는 전쟁 준비를 하기는커녕 그동안 하고 있던 전쟁에 대한 방비마저 중단했다. 불과 1년 뒤 전쟁이 일어났다. 선조 25년인 1592년 4월 왜국은 20만 대군을 끌고 부산으로 쳐들어오니, 이를 임진왜란(壬辰倭亂)이라고 한다.

방계승통이 지속되다

선조의 뒤를 이어 왕위에 오른 광해군은 공빈 김씨의 둘째아들이다. 선조는 명종이 죽고 나서 명종의 양자가 되는 바람에 3년상이 끝날 때까지는 혼인을 할 수 없었다. 그러나 혈기왕성한 10대 후반의 왕을 막을 사람은 없었다. 선조는 정식 혼인에 앞서 궁중 음식을 만드는 나인을 가까이 했는데, 그가 바로 공빈 김씨다. 공빈 김씨는 임해군을 낳고, 다음해에 광해군을 낳았다. 그러나 얼마 지나지 않아 선조의 마음은 공빈 김씨를 떠나 소용 김씨에게 향했다. 훗날 인빈 김씨가 되는 소용 김씨는 가장 오래 선조의 사랑을 받았던 후궁으로 4남 5녀를 낳았는데, 첫 아들인 의안군을 낳은 때는 바로 공빈 김씨가 세상을 떠난 선조 10년(1577년)이었다. 이로써 선조의 마음은 확실히 인빈 김씨에게 향했다.

선조의 마음속에는 방계승통이라는 말이 늘 따라다니면서 괴롭혔다. 다시 말해 그의 왕위는 최선책이 아닌 차선책이었고, 그는 늘 이러한 근본적인 열등감에 알게 모르게 시달려야 했다. 자신이 왕이 되었을 때, 그가 의지할 수 있는 사람은 아무도 없었다. 이전까지의 왕들은 훈신이 있거나 척신이 있었다. 그러나 선조에게는 그러한 사람들이 없었다. 결국 선조는 스스로 왕권을 지켜야만 했다. 그러나 혼자 국정을 이끌어 간다는 것은 불가능한 일이었다. 그래서 그는 차선책으로 훈척 세력에게 오랜 시간 동안 핍박을 받았던 사림들을 국정 파트너로 선택했고, 아무도 왕의 자질을 의심하지 못하도록 하기 위해 호학군주임을 자처했다. 열등감을 극복하기 위한 피나는 노력이었다.

선조는 사림들을 국정 파트너로 선택했다고 해서 이들이 자신의 왕권을 지켜 줄 것이라고 생각하지는 않았다. 오히려 사림들의 붕당을 이용하여 어부지리식 이익을 얻으려고 했다. 신하들끼리 경쟁을 붙여 신권을 약화하고 왕권을 강화하려는 반사이익을 노린 것이다. 그러나 그는 붕당의 폐해를 너무 가볍게 생각했고 이것이 그의 치명적인 실수였다. 왜냐하면 사림들은 아무리 많은 갈등과 당쟁 가운데서도 신권 우위라는 공통의 목표를 가지고 있었기 때문이다.

여기서 눈여겨볼 점은 선조가 어떻게든 열등감을 극복하고자 애썼다는 사실이다. 당연히 그는 뒤를 이을 세자에게만은 이러한 고통을 주지 않기를 바랐다. 그러나 문제는 의인왕후가 아이를 가질 수 없는 석녀(石女)였다는 것이다. 선조가 의인왕후에게 바랐던 것은 딱 하나였다. 바로 적장자를 낳아 달라는 것이었는데, 이것이 불가능해진 것이다. 의인왕후가 아이를 못 낳은 것과는 대조적으로

열등감
끊임없이 경쟁할 수밖에 없는 시대에 태어난 사람들은 끊임없이 열등감으로 괴로워할 수 있다. 경쟁은 소수의 성공자와 다수의 패배자를 만들어 내며, 다수의 패배자에게는 열등감이라는 또 하나의 숙제를 남겨 놓기 때문이다.

후궁들은 아이를 계속해서 출산했다. 선조는 고민이 깊을 수밖에 없었다. 신하들이 여러 번 세자 문제를 꺼냈지만 선조는 서두르지 않았고 시간을 두고 기다리려고 했다.

그러던 중 선조 24년인 1591년 정철이 이산해의 계략에 빠졌다. 당시 의정부의 구성원은 영의정 이산해, 좌의정 정철, 우의정 유성룡이었다. 이산해와 유성룡은 동인이었고 정철은 서인이었다. 이산해는 정철을 제거하기 위해 선조가 아끼는 후궁인 인빈 김씨의 오빠 김공량을 만나 정철이 광해군을 세자로 세우고 인빈 김씨와 그 아들 신성군을 죽이려고 한다고 말했다. 이는 당연히 모략이었지만 이 말은 선조의 귀에 들어갔다. 이때는 인빈 김씨가 선조에게 가장 사랑받을 때였다. 선조는 인빈 김씨의 말을 듣고 설마 했을 것이다.

유성룡과 이산해는 정철에게 세자 책봉 문제를 더 미룰 수 없다고 했고, 정철도 동의했다. 그래서 정철은 경연 때 선조에게 세자 책봉 문제를 이야기했다. 인빈 김씨의 말을 듣고 설마 했던 선조는 정철의 이야기를 듣고 대노했다. 이 일로 정철을 비롯한 서인은 조정에서 실권했다. 이 사건으로 보아 선조의 마음은 광해군보다는 자신이 사랑하는 인빈 김씨의 아들인 신성군에게 있었음을 알 수 있다.

그러나 신성군은 당시 14세로서 광해군보다 3살이나 어렸다. 나이도 아직 세자로 책봉하기에는 일렀고, 임해군과 광해군도 있는 상황에서 신성군을 세자로 책봉하는 것은 이치에 맞지 않는 일이었다.

선조는 기회를 보아 신성군을 세자로 삼고 싶었을지도 모르나, 다음 해인 선조 25년(1592년) 임진왜란이 발발하자 전란 중에서 광해군을 세자로 책봉한다. 왜군이 부산으로 쳐들어온 지 사흘 만에 한양에 이르는 길목인 충주가 함락되었다. 전투다운 전투는 없었다. 충주가 함락되었다는 소식을 들은 선조는 신하들을 불러 파천하겠다는 의사를 밝힌다. 다시 말해 한양을 버리고 피난을 가겠다는 것이다.

신하들은 극구 만류했다. 상식적으로는 신하들이 파천을 권하고

왕이 거부하는 것이 맞다. 그러나 선조와 신하들은 그 역할을 반대로 했다. 이때 선조의 마음은 어땠을까? 아마도 1년 전 세자 책봉 문제로 정철을 비롯한 서인을 내친 일과 통신사 일행 중 서인이 옹호한 전쟁준비론을 내친 것에 대한 죄책감이 컸을 것이다. 더 나아가 붕당을 통해 열등감을 극복하려고 한 자신에게 크게 실망했을 것이다.

결국 파천은 결정되었다. 그런데 무작정 왕이 파천을 하면 그러지 않아도 두려움에 떠는 백성을 진정시킬 수 없을 뿐더러 사직의 장래도 불투명해질 것이다. 전란 중에 왕이 죽을 수도 있기 때문이다. 그래서 신하들은 세자를 책봉해 달라고 선조를 압박했다. 선조는 여기서 광해군을 지목한다. 광해군의 형 임해군이 있었지만, 일찍이 그의 불성실한 행동 때문에 신하들도 그를 세자로 건의하지 않았고 선조도 마찬가지였다. 그리고 선조가 마음에 둔 신성군은 위기의 나라를 짊어지기에는 나이가 어렸다. 선조는 갑자기 일어난 왜란 탓에 세자 책봉에 최선이 아닌 차선을 선택했고 결국 선조가 그토록 꺼려하던 방계승통이 다시 한 번 재현되었다.

아들에게 열등감을 느끼는 아버지

부산에 도착한 왜군은 거침없이 한양으로 진격했다. 선조는 부리나케 한양을 떠나 개성으로, 다시 평양으로 갔다. 들리는 소식은 왜군의 연전연승이었다. 다만 남해안에서 전라좌수사 이순신이 왜적을 상대로 승리하고 있을 뿐, 육지에서는 연전연패가 이어졌다. 그나마 다행스러운 것은 왜군의 북진 속도가 느려졌다는 것이다. 그러나 선조는 안심할 수 없어서 결국 평양도 포기하고 요동으로 넘어갈 계획을 세웠다. 평양의 백성은 임금을 보내 줄 수 없다면서 폭동을 일으켰다. 선조는 폭동을 피해 몰래 평양을 떠났다. 며칠 후 영변에 이르자 선조는 세자 광해군에게 국사를 맡기는 내선을 명하고는 의주로 향했다. 그리고 의주에 도착해서도 여차하면 요동으로 넘어갈 수 있도록 준비하라고 명령했다. 임금이 백성도 왕위도 버리고 도망가는 모습을 보고 백성과 신하들은 심한 실망감과 함께 배신감을 느꼈다. 선조는 스스로 임금이기를 포기한 것이다.

그러나 세자에 책봉된 광해군은 선조와 정반대의 모습을 보여 주었다. 비록 온 나라가 전쟁에 소용돌이에 있었고 자신도 생명의 위협을 느꼈지만 차분하게 대처했다. 자신이 해야 할 일이 무엇인지 알았다. 그래서 선조가 의주로 향할 때 광해군은 강계로 향했다. 광해군은 함경도와 강원도 일대를 다니면서 민심을 수습했다. 물론 전쟁 중에 광해군이 할 수 있는 일은 별로 없었다. 그러나 백성은 세자의 얼굴을 보는 것만으로도, 세자가 백성을 버리지 않고 자신들과 함께한다는 사실만으로도 힘을 얻을 수 있었다. 적어도 혼자만 살겠다고 도망가지만 않는다면, 백성과 함께 하겠노라고 선언만 한다면, 아니 그저 용안을 보여 주기만 해도 백성은 희망을 얻었다. 가는 곳마다 광해군은 백성을 위로했다. 백성을 버리고 도망가기에 바쁜 선조와 백성의 곁에서 위로해 주는 광해군은 당연히 대조될 수밖에 없었다. 사대부를 비롯하여 백성은 광해군을 칭송했고, 칭송하는 만큼 선조를 비난했다. 백성의 마음은 세자에게 기울었다.

선조는 자신이 하지 못하는 일을 해내는 광해군을 보고 어떤 생각이 들었을까? 우선 선조는 광해군을 절대적으로 신임했다고 할 수 있다. 그래서 선조는 전란 중에도 명나라에 주청사를 보내서 광해군을 왕세자로 책봉해 달라고 했다. 선조 25년인 1592년부터 무려 다섯 번이나 주청사가 북경으로 갔다. 그러나 명나라는 선조의 주청을 계속 거절했다. 그 이유는 광해군이 서자, 그것도 차서자라는 이유였다. 광해군의 형인 임해군이 있는데 왜 광해군을 세자로 삼느냐는 것이다. 명나라는 끝까지 임해군을 세자로 삼으라고 압력을 넣었고, 당연히 광해군을 세자로 책봉하지 않았다.

명나라의 이러한 태도에 당황한 사람은 광해군만이 아니었다. 오히려 광해군보다 선조가 더 충격을 받았다. 왜냐하면 명나라에서는 이러한 주청을 하는 선조를 두고 사람이 지켜야 할 도리를 모르는 사람으로 깎아내렸기 때문이다. 선조의 위신은 말이 아니었다. 임진왜란 때 파천을 계기로 국내에서 신하와 백성에게 신망을 잃었는데, 세자 책봉 때문에 명나라에서도 형편없는 왕으로 취급받은 것이다. 자신의 처지가 이렇게 된 결정적 이유는 왜란 때문이지만, 한편으로는 광해군 때문이 아니던가!

처음에는 아들이 믿음직스럽고 대견했겠지만, 시간이 가면 갈수록 그 감정은 열등감으로 발전했을 것이다. 열등감이란 하나의 목표를 놓고 서로 경쟁하는 상황에서 패자가 승자에게 느끼는 감정으로 자기패배 의식과 같은 것이다.

선조 25년인 1592년 10월 피난 중이던 의주에서 선위 의사를 처음으로 밝힌 선조는 선조 31년인 1598년 2월까지 무려 아홉 번이나 선위 의사를 밝혔다. 자신은 도저히 한 국가의 왕으로서 자격이 없고, 위기관리 능력이 뛰어난 광해군이 더 적격이라고 판단했기 때문일 것이다. 그러나 이것은 합리적이고 이성적인 결단이라기보다는 열등감으로 인한 자기패배 의식에 사로잡혀 있었기 때문이라고 보아야 한다. 명에게는 세자 책봉을 반복적으로 주청하고, 대신들에게는 선위를 반복적으로 주장했으니 선조의 열등감이 얼마나 심했는지 추측할 수 있다.

선조의 선위파동은 태종이나 세조의 그것과 분명히 다르다. 태종이나 세조는 신하들을 통제하기 위한 목적이었지만, 선조는 자괴감과 자기패배감에서 나온 것이었기 때문이다. 서얼 출신의 방계 혈통으로서 기본적인 열등감이 있었던 선조는 어떻게든지 좋은 왕이 되려고 노력했는데, 그것이 수포로 돌아갔으니 선조의 마음은 십분 이해가 가고도 남는다. 시간은 흘러 선조 31년인 1598년 11월 왜군은 완전히 물러갔고, 6년 7개월간의 전쟁이 드디어 끝났다.

그러나 평화는 금세 찾아오지 않았다. 백성은 전쟁이 남긴 처참한 폐허 위에서 삶의 전쟁을 치러야 했다. 온 나라가 황폐화되었다. 백성의 원망은 하늘을 찔렀다. 무능한 임금과 당쟁에 빠져 있는 양반들을 향한 분노는 무서웠다. 선조가 한양을 버렸다는 소식을 들은 백성이 경복궁과 창덕궁, 창경궁에 불을 지르고 약탈을 자행하는 바람에, 선조는 한양으로 돌아온 후에도 거처할 곳이 없을 정도였다. 이것은 선조를 왕으로 인정하지 않겠다는 것이다. 이런 와중에서도 광해군은 백성에게 신망을 받았다. 많은 신하들도 겉으로 내색은 하지 않았으나, 마음속으로는 그랬을지 모른다.

이러한 상황에서 광해군에 대한 선조의 태도는 갑작스럽게 달라진다. 왜란 중에는 광해군에게 당장이라도 선위할 듯 말하던 그가 왜란 후에는 문안을 드리러 온 광해군의 얼굴도 보지 않고 문전박대를 했다. 세자도 아니면서 왜 문안을 하러 오느냐는 것이다. 선조의 태도가 왜 이렇게 달라졌을까? 어떤 이들은 선조 33년인 1600년 6월 의인왕후 박씨가 세상을 떠나자 선조가 새 왕비를 맞이하여 적자를 둘 생각을 했다고 주장한다. 그러나 선조의 나이 48세였다. 당시로서는 중년이라기보다 노년에 가까웠기 때문에 새로 장가를 가서 아이를 낳아 세자로 삼겠다고 생각했다고 보기는 어렵다. 광해군에 대한 태도가 달라진 것은 그보다는 열등감에 대처하는 방법을 전과 달리 했기 때문이라고 보는 것이 더 합당하다.

열등감을 대하는 태도

오스트리아 출신의 정신과 의사이며 개인심리학(Individual Psychology)의 창시자이기도 한 아들러(Alfred Adler)는 열등감에 대한 이론으로도 잘 알려져 있다. 아들러는 태어날 때부터 몸이 약해서 신체활동에서 또래에 뒤처지기 일쑤였으며 이에 대한 열등감을 지울 수가 없었다. 그는 이러한 열등감을 보완하고자 학교 공부에 매진했고 드디어 빈 의과대학에 진학했다. 그리고 이러한 경험을 바탕으로 열등감을 중요한 주제로 삼았다.

아들러는 사람들은 모두 열등감을 느낀다고 말한다. 왜냐하면 다른 사람과의 경쟁에서 늘 승리만 하는 사람은 없기 때문이다. 어떤 사람은 외모에서, 어떤 사람은 능력에서, 어떤 사람은 출생 배경에서 열등감을 느낀다. 이처럼 열등감을 느낀다는 사실은 모든 사람에게 동일하지만, 열등감을 대하는 태도와 방식은 사람마다 다르다.

사람들은 열등감을 느끼면 열등감을 보상하고 극복하기 위해 우월성을 추구(striving for superiority)하는 경향을 보이는데, 우월성을 추구하는 방식은 열등감을 대하는 태도에 따라 다른 형태로 나타날 수 있다는 것이다. 크게 보면 건강한 형태와 그렇지 못한 신경증적 형태로 나타난다. 건강한 형태로 나타날 때에는 조화와 완벽을 추구하는 성격을 지니게 되지만, 신경증적인 형태로 나타날 때에는 권력에 대한 욕구와 타인에 대한 통제로 표현된다. 그리고 이렇게 신경증적인 형태로 나타나는 것을 '열등감 콤플렉스'라고 이름 붙였다. 우리가 보통 콤플렉스라고 하는 것은 바로 열등감 콤플렉스의 준말인 것이다.

선조의 경우 자신이 지닌 열등감을 극복하고 우월성을 추구함에 있어서 처음에는 조화와 완벽을 추구했다. 먼저 치세 초기에는 서얼 출신이라는 열등감을 극복하기 위해 사림을 대거 등용하고 호학군주임을 자처하여 우월성을 추구하려고 했다. 자신의 몸을 낮추고 신하들과의 조화를 추구하는 방식으로 열등감에 대처한 것이다. 그러나 이러한 선조의 방식은 그리 성공적이지 못했다. 사림들은 붕당을 만들어 조정을 혼란에 빠뜨렸고, 이 탓에 조선은 끔찍한 전쟁을 무방비 상태에서 치러야 했다. 특히 왜란이 일어나자 선조는 도망치기에 바빴고, 이것은 광해군과 좋은 대조를 이루었다.

개인심리학

분석심리학의 창시자 융처럼 아들러는 처음에는 프로이트와 함께했지만 곧 프로이트를 떠나 개인심리학을 만들었다. 그는 자신의 경험을 통해 열등감과 출생 순위, 생활양식 등 현대인에게도 익숙하고 중요한 이론들을 제시했다.

백성과 신하들의 마음이 광해군에게 기울어지니 선조는 다시 열등감을 가지게 되었다. 그래서 자신보다 능력 있는 광해군을 세자로 책봉하고 왕위를 넘겨 줌으로써 열등감에 대처하려고 했다. 또다시 조화를 추구하는 방식을 사용한 것이다. 그러나 그의 이러한 시도는 명나라의 불허와 신하들의 반대로 성사되지 못했다. 기존의 방식이 성공을 거두지 못하자 선조는 다른 방식을 사용한다. 즉, 권력에 대한 집착과 타인에 대한 통제로써 열등감에 대처하기 시작한 것이다.

임진왜란이 끝나고 얼마 지나지 않아 의인왕후 박씨가 세상을 떠나면서 광해군의 입지는 상당히 좁아졌다. 의인왕후는 자식을 낳지 못했기 때문에 세자인 광해군을 양자로 삼아 친아들 이상으로 잘 대해 주었다. 그런 의인왕후가 갑작스럽게 세상을 떠난 것이다. 의인왕후가 세상을 떠난 후에, 선조는 예조에서 올라오는 세자 책봉 건에 대한 상소에 대하여 이전과는 전혀 다른 태도를 보인다. 서두를 필요가 없다는 것이다. 세자 책봉보다는 자신의 결혼을 서두르라고 명한다. 2년 후 선조 35년인 1602년에 51세의 선조는 19세의 인목왕후와 가례를 올렸다. 누가 봐도 어울리지 않는 결혼식이었고 상당히 서두르는 듯한 인상을 주는 결혼식이었다.

계모가 생긴 광해군은 좌불안석이었다. 비록 세자가 되긴 했지만 아직 명의 책봉을 받지 못했고 선조는 자신의 얼굴도 보지 않으려 하는데 자신을 아껴 주던 의인왕후는 세상을 떠났다. 그리고 선조가 새장가를 갔으니 혹시 인목왕후가 아들이라도 낳는다면 적통을 잇는 아들인 것이고 서얼 출신인 자신은 앞날을 예측할 수 없기 때문이다.

광해군의 걱정은 기우가 아니었다. 아이를 전혀 낳지 못했던 의인왕후와 달리 인목왕후는 국혼 당해에 임신을 했다. 계모의 임신 사실을 안 광해군의 마음은 어떠했을까? 혹시나 했던 염려가 실재가 되는 것 같아서 불안하기 그지없었을 것이다. 불안한 마음으로 10개월을 보냈고, 이듬해 인목왕후는 건강한 아기를 출산했다. 불행 중 다행으로 딸이었다. 그러나 광해군은 안심할 수 없었다. 인목왕후의 출산 능력을 확인했기 때문이다. 실제로 2년 후 인목왕후는 또 임신을 했다. 광해군에게는 피를 말리는 시간이었음에 틀림없다. 그리고 선조 39년인 1606년 인목왕후는 결국 아들을 낳고 말았다. 바로 영창대군이었다.

선조는 영창대군을 얻음으로써 열등감을 극복할 수 있었다. 서얼 출신이었던 선조가 마침내 왕실의 정통성을 높일 수 있었기 때문이다. 왕위에 오르면서부터 지니고 있던 근본적 열등감을 단숨에 해결하는 것은 물론, 세자 책봉을 두고 명나라에서 받았던 무시와 열등감을 떨치게 되었고, 자신의 무능함을 드러내는 광해군 대신 자신을 하늘처럼 섬기고 받들 영창대군을 얻음으로써 광해군에게 느끼던 열등감을 털어 버리게 되었다. 어디 이뿐이랴. 늦은 나이에 본 손자뻘 되는 아들이 얼마나 예뻤겠는가? 선조의 사랑은 극진할 수밖에 없었다. 그러나 선조의 사랑이 극진할수록 광해군의 열등감은 더욱 커져만 갔다. 세자 책봉을 코앞에 둔 상태에서 모든 것이 수포로 돌아가는 듯한 기분이었을 것이다. 서얼 출신이라는 열등감이 이제는 적자로 태어난 동생에 대한 열등감으로 최고점에 도달하게 되었다.

동생에게 열등감을 느끼는 형

왜란 중에는 광해군에게 기울었던 선조의 마음은 이제 갓 태어난 적자에게로 향했다. 이제 누가 조선의 왕이 될 것인가? 아직 광해군은 명나라로부터 세자로 책봉도 받지 못했다. 조선에서는 세자였지만, 아직 공식적인 세자가 아니라고도 할 수 있는 상황이다. 영창대군이 10년만 일찍 태어났어도 분명히 영창대군이 세자의 지위를 확실하게 얻을 수 있었을 것이다. 그러나 영창대군은 너무 어렸다. 백성은 이미 광해군이 자신들의 왕이라고 생각했기에 이를 두고 당시 조정을 장악한 북인은 대북과 소북으로 나뉘었다. 대북은 노장들이 주축을 이루었는데 광해군을 지지했고, 소북은 소장세력이 주축이 되어 영창대군을 지지했다.

광해군의 심정은 어떠했을까? 자신이 서자라는 이유만으로 적자가 태어나자마자 겪는 현실은 냉혹했다. 전란 중에 목숨을 걸고 나라를 지키기 위해 동분서주했지만 출신을 바꾸지는 못했다. 동생인 영창대군은 아무 한 일이 없어도 단지 적자라는 이유로 아버지의 사랑을 독차지하고, 이제 아버지를 이어 왕이 될지도 모른다고 생각하니 광해군은 영창대군에게 한없는 부러움과 함께 시기와 질투심도 느꼈을 것이다. 무엇보다 열등감을 느꼈을 것이다.

그러나 선조는 재위 41년인 1608년에 57세의 나이로 갑작스럽게 승하했다. 죽음이 갑작스럽기는 했으나 사실 선조의 나이를 생각하면 놀랄 일은 아니다. 영창대군이 태어난 지 불과 2년밖에 지나지 않은 때였다. 그렇다면 누가 선조의 뒤를 이어 왕이 될 것인가? 아무리 영창대군이 적자라고 하더라도 갓난아기에게 선위할 수 없는 노릇이다. 선조는 광해군에게 보위를 물려준다는 뜻을 밝히고 눈을 감았다. 24세의 인목대비는 선조의 명을 받들어 광해군을 즉위시킨다는 언문 의지를 내린다. 선조 25년인 1592년 왜란 중에 세자로 책봉된 지 16년 만에 광해군은 보위에 올랐다. 이 얼마나 감격스러운 일이었을까? 왕위에 오르기 전 상당 기간 동안 광해군은 하루도 마음 편히 잘 수 없었을 것이다. 선조의 돌변한 태도, 의인왕후의 죽음과 인목왕후의 입궐, 그리고 영창대군의 출생까지 광해군이 겪어야 했던 냉대와 수모, 특히 열등감은 엄청난 것이었다.

왕이 되었다고 모든 문제가 해결된 것은 아니었다. 왜냐하면 세자 책봉도 인정하지 않았던 명나라가 광해군의 즉위를 인정할 리는 만무한 것이다. 특히 명나라는 임해군을 문제 삼았다. 형이 버젓이 있는데, 왜 동생이 왕이 되느냐는 것이다. 이에 대하여 광해군은 임해군이 중풍 때문에 왕위를 사양했다는 보고를 했고, 명나라는 조선으로 사문관을 보내서 사실 여부를 조사하게 했다. 세자 책봉 문제로 광해군이 명나라에 대한 감정이 좋지 않은 것은 당연지사였다. 그런데 왕이 된 다음에도 계속 꼬투리를 잡으니, 광해군 입장에서는 불쾌한 일이 아닐 수 없었다.

사실 임해군은 이미 어린 시절부터 여러 신하들과 선조의 눈 밖에 날 정도로 성품이나 학문에서 부족한 사람이었다. 이뿐만 아니라 광해군이 왕이 된 뒤에는 동생이 왕위를 빼앗았다는 터무니없는 이야기를 하고 다녔다. 이에 대하여 조정을 장악한 대북파는 결국 임해군을 유배 보냈다. 그러나 명나라의 사문관은 임해군을 직접 만나야겠다고 강력하게 주장했고, 광해군은 사문관에게 엄청난 뇌물을 주어 일을 겨우 무마했다. 그리고 다음 해에 명으로부터 책봉을 받았다.

사실 광해군의 앞길에 방해가 되는 사람은 임해군이 아니었다. 임해군이 얼마나 못난 사람이고 문제아인지 조선에서 알 만한 사람들은 다 알았다. 명나라에서 굳이 조사하겠다고 사문관만 파견하지 않았다면 임해군은 유배를 가지도 않았을 것이다. 광해군에게 위협적인 존재는 바로 영창대군이었다. 서얼 출신의 왕에게 적자인 동생이 엄연하게 있다는 사실은 광해군을 반대하는 세력들에게 좋은 빌미를 제공했다.

광해군을 지지함으로서 조정을 장악한 대북파는 광해군 5년인 1613년 칠서(七庶)의 옥사 사건을 통해 영창대군을 제거한다. 이 사건은 문경새재에서 은 장수를 살해하고 은 수백 냥을 빼앗은 강도사건이었다. 범인들은 명문가의 서자들로서, 서자들은 관직에 나갈 수 없다는 서얼금고법에 불만을 품고 벌인 사건이었다. 대북파는 범인 중 한 사람이었던 박응서에게 사주하여 인목왕후의 아버지인 김제남과 함께 영창대군을 왕으로 추대하는 역모를 꾸몄다는 보고를 하도록 한다. 이것을 빌미로 삼아 대북파는 김제남과 함께 영창대군 주변의 인물들에게 모두 사사를 내리거나 유배를 보냈다. 그리고 영창대군은 서인으로 강등되어 강화도로 유배를 가서 울타리에 둘러싸인 채 지내는 금고유배형을 살게 된다. 그러나 영창대군은 대북파의 거두였던 이이첨의 사주로 죽게 되는데, 이때 영창대군의 나이는 불과 9세였다.

영창대군을 제거한 대북파는 광해군 15년인 1623년에 능창군도 제거한다. 당시 17세였던 능창군은 선조가 총애했던 인빈 김씨의 셋째 아들인 정원군의 차남으로 능양군(인조)의 동생이기도 하다. 그런데 이후에 신성군의 양자로 입적하게 된다. 평소에 기상이 뛰어나고 비범하여 어릴 적부터 많은 사람들의 주목을 받았기에 대북파는 그를 경계하지 않을 수 없었다. 특히 그가 신성군의 아들이라는 점에서 더욱 그렇다. 왜냐하면 신성군은 선조가 가장 사랑했던 인빈 김씨의 아들로, 광해군보다 어리지만 선조가 세자로까지 생각했던 아들이었기 때문이다. 만약 임진왜란이 일어나지 않았다면 신성군이 세자가 되었을 것이다. 따라서 사람들은 신성군의 아들인 능창군에게 주목했다. 능창군은 어떤 사람들에게 때로는 관심의 대상이기도 했고, 때로는 경계의 대상이기도 했다. 특히 대북파는 능창군을 제거할 기회만 노렸는데, 마침 수안군수 신경희의 모반사건이 발생했다. 대북파는 이들로부터 능창군을 왕으로 추대하려고 했다는 자백을 받아내고 능창군을 처형했다.

대북파는 광해군 10년인 1618년 영창대군의 어머니인 인목왕후를 사사시켜야 한다고 주장했다. 이유는 역모를 꾀한 자의 딸이자 생모, 즉 김제남의 딸이자 영창대군의 어머니라는 것이었다. 대북파는 5년이나 지난 일을 다시 들고 나왔다. 그러나 광해군은 그럴 수 없다고 했다. 5년 전의 일은 대북파에 의해 상당 부분 꾸며진 것임을 알기 때문에 인목왕후에게 사사를 내리는 일은 너무 가혹하다고 생각한 것 같다. 대북파의 주장은 광해군의 반대에 부딪혔고, 그 결과 인목왕후는 폐위당하여 서궁에 유폐되었다. 영창대군을 죽이도록 사주했던 이이첨은 인목대비도 죽이려는 계획을 여러 번 세웠으나 번번이 실패했다.

열등감의 결과

많은 사학자들은 영창대군에게 사사를 내리고 인목왕후를 폐위한 일이 거의 대북파의 뜻이었고, 광해군은 되도록 두 사람을 보호하려 했다고 본다. 그러나 정말 그랬을까? 정말 보호하고자 했다면 왜 대북파의 의견에 반대하지 않았을까? 어떤 이들은 대북파의 영향력이 너무 커서 어쩔 수 없었다고 한다. 그러나 제아무리 신권이 강하다고 하더라도 왕이 왕이지 신하가 왕은 아니다. 분명히 광해군의 의지가 확고했다면 언제든지 영창대군과 인목왕후를 보호할 수도 있었을 것이다. 그런데 왜 그렇게 하지 않았을까? 이것은 분명히 광해군이 가지고 있던 영창대군에 대한 열등감 때문이었을 것이다.

광해군에게 있어서 영창대군은 거의 서른 살 차이가 나는 동생에 불과하지만, 영창대군은 적자였고 광해군은 서자였다. 당시 사회에서 적자와 서자의 차이는 엄청나게 컸다. 광해군이 적자였다면 명나라에서 세자책봉을 하지 않을 이유가 없었다. 그리고 선조도 왜란 이후로 광해군을 거부하지 않았을 것이다. 광해군은 이러한 사건을 겪으면서 자신의 출신은 아무리 노력해도 극복할 수 없는 한계라고 느꼈을 법하다. 그렇지 않아도 열등감을 느낄 수밖에 없었던 광해군이 동생 영창대군이 태어났을 때, 과연 어떤 감정을 느꼈겠는가? 다행히 광해군은 왕위에 올랐지만, 영창대군을 볼 때마다 항상 불안감과 열등감을 느꼈을 것이다. 그래서 대북파가 영창대군을 서인으로 강등하고 인목왕후를 유폐해야 한다고 했을 때 암묵적으로 동의한 것이다.

　광해군과 대북파가 능창군을 제거한 것도 같은 맥락이다. 능창군은 신성군의 아들이다. 비록 능창군도 같은 서얼 출신이었으나 광해군은 어릴 적부터 그에게 열등감을 느꼈을 것이다. 왜냐하면 광해군의 어머니 공빈 김씨는 선조의 첫 번째 아내였으나 선조가 인빈 김씨를 맞으면서 선조에게 외면당했기 때문이다. 공빈 김씨는 광해군을

낳고 출산후유증에 시달리다가 광해군이 세 살 때 세상을 떠났다.

광해군은 한참 어머니 품이 필요했을 때에 어머니를 잃었다. 이때 아버지라도 따뜻하게 품어 주면 좋으련만, 선조의 마음은 공빈 김씨를 떠난 지 오래였다. 인빈 김씨와 즐거운 시간을 보내고 있었기 때문에 공빈 김씨의 두 아들 임해군과 광해군에게 그리 큰 관심을 두지 않았다. 그리고 상대적으로 인빈 김씨의 아들인 신성군을 많이 사랑했다. 광해군은 당연히 어렸을 때부터 아버지에게 많은 사랑을 받는 신성군에게 열등감을 느꼈을 것이다. 그리고 왜란 직전 아버지가 자기 대신 신성군을 세자로 세우려고 한다는 소식을 들었을 때, 큰 좌절감을 맛보았을 것이다. 이러한 경험은 광해군에게 돌아가신 어머니에 대한 그리움을 유발했을 것이고, 인빈 김씨와 신성군에 대한 미운 마음으로 남았을 것이다. 그러나 역사는 광해군을 왕으로 만들었고 대북파가 광해군의 열등감을 앞장서서 갚아 준 셈이 되었다.

이 모든 과정에서 광해군의 직접적인 지시는 눈에 띄지 않는다. 항상 대북파가 중심이 되어서 일을 처리했는데 광해군이 대부분 묵인하고 승인했다. 대북파를 의지하는 정도가 심하다 싶을 정도다. 왜 그럴까? 우선 광해군이 열등감을 해결하는 방식이 그의 아버지인 선조와 다르지 않았기 때문이다. 선조는 자신의 출신에 대한 열등감을 보완하는 방법으로 신하들을 이용했다. 다시 말해 사림세력을 끌어들여서 자신의 미천한 출신을 보상하고 왕으로서 권위를 지키고자 했다. 광해군도 출신의 열등감을 신하들과의 관계에서 해결해 보려고 했다. 대북파와 손을 잡음으로써 왕으로서의 권위를 유지하고자 했던 것이다. 적어도 대북파는 광해군에게 절대 충성을 맹세

했다. 서얼금고법이 버젓이 살아 있는 조선 시대에서 서얼 출신의 왕 광해군에게는 신하들의 절대적인 충성이 반드시 필요했다. 광해군에게 대북파는 단지 신하가 아니라 자신의 열등감을 덮어 주는 곤룡포였던 것이다.

광해군은 열등감을 덮기 위한 또 다른 곤룡포로서 건축사업을 진행했다. 광해군은 궁궐 건축 사업에 집착한다고 보일 정도로 무리하게 일을 진행했다. 조선의 궁궐들은 왜란으로 모두 불타 버렸기 때문에, 선조는 한양으로 돌아와서 성종의 형이었던 월산대군의 사가에서 집무를 보아야 했다. 선조도 재위 말년에 궁궐 건축 사업을 시작했는데, 광해군은 이것을 완성하고자 했다. 그래서 창덕궁과 창경궁을 복원했다.

그런데 문제는 왜란 직후라 재정적으로 보나, 또한 백성의 노동력으로 보나 힘든 시기였다는 것이다. 그럼에도 궁궐이 없을 수 없어서 어렵게 복원했는데, 광해군은 여기서 끝내지 않았다. 경복궁 복원은 뒤로 미뤄두고 새로운 궁궐을 건축하기 시작했다. 우선 경덕궁(경희궁)을 지었고, 지금은 사라진 인경궁, 그리고 월산대군의 저택을 경운궁(덕수궁)으로 지었다. 결국 광해군은 5개의 궁궐을 새로 지은 것이나 다름없다. 당연히 계속되는 부역과 과중되는 세금으로 백성은 힘들어했을 것이다. 광해군에게서 전란 중에 희망을 잃은 백성과 함께했던 인자한 왕세자의 모습은 더는 찾아볼 수 없었다. 광해군이 이렇게 병적으로 궁궐 건축에 매달린 것은 결국 열등감을 건강하지 못한 방식으로 극복하려 한 결과였다.

비운의 왕으로 남다

　조선 역사에서 단 두 명의 왕이 반정으로 밀려났다. 중종반정으로 밀려났던 연산군과 인조반정으로 밀려난 광해군이 바로 그들이다. 광해군 15년인 1623년 3월 인조반정이 일어났는데, 인조반정은 중종반정과 다른 면이 있다. 중종반정은 연산군의 폭정을 견디다 못한 사람들이 연산군을 쫓아내고 중종을 왕으로 추대한 반정이었다. 그러나 인조반정은 광해군과 대북파의 정적 제거 과정에서 불만을 가진 사람들이 일으킨, 상당히 정치적인 반정이었다.

　광해군 이전에도 많은 왕들은 자신을 정적을 제거하는 일에 조금의 틈도 보이지 않았다. 그러나 이전에는 당파싸움이 없는 상태에서 이러한 일이 진행되었기 때문에 조직적인 반발이 없었다. 이러한 면에서 많은 역사학자들은 인조반정은 나라를 위해 일으킨 것이 아니라 개인적인 감정과 이익을 위해 일으킨 명분 없는 쿠데타였다고 말한다. 결국 광해군은 연산군과 달리 반정을 당할 만큼 폭정을 했던 왕도 아니었다는 것이다. 오히려 국내외적으로 많은 업적을 이루어 낸 비교적 성공한 왕이었다고 한다.

　인조반정을 주도한 사람은 광해군의 배다른 동생인 정원군의 장남 능양군이었다. 능양군은 광해군 15년(1623) 대북파의 손에 죽은 능창군의 친형이기도 하다. 능양군은 동생의 원한을 갚기 위해서라도 반정을 일으켜야만 했다. 능양군과 함께 반정을 일으킨 세력은 서인이었다. 이들이 반정의 이유로 든 것은 크게 세 가지다. 먼저 폐모살제(廢母殺弟), 즉 동생 영창대군을 죽이고 어머니 인목왕후를 유폐한 패륜아라는 것이다. 서인은 선조의 유명을 받들어 영창대군을 지지하고 인목왕비를 따랐다. 선조는 죽기 전에 신하들을 불러서 영창대군을 잘 부탁한다고 했다. 이전의 역사를 잘 알았던 선조 입장에서는 영창대군의 앞날이 쉽지 않을 것임을 예측한 듯하다. 무엇보다 인조반정이 설득력을 가질 수 있었던 이유라고 할 수 있다.

그리고 서인은 철저한 대명 사대주의를 고수했기 때문에 대북파와 광해군이 명과 후금(청) 사이에서 중립 노선을 걷는 것에 반대했다. 광해군의 입장에서는 자신의 세자 책봉을 계속 반대하고 자신이 왕위에 올랐을 때에도 곤혹스럽게 하여 열등감을 자극했던 명나라가 달가울 리 없었다. 광해군이 중립 노선을 걸었던 이유가 대륙의 정세가 명에서 후금(청)으로 변하고 있다는 것을 직시했기 때문이라고 보는 사람도 있다. 그러나 만약 광해군이 적자로서 명으로부터 세자 책봉도 바로 받고 왕으로서의 고명도 바로 받았다면 임진왜란 때 원군을 보내 준 명과 전통적으로 오랑캐라고 인식한 후금(청) 사이에서 중립외교를 펼쳤을 것 같지는 않다. 그래서 이것도 열등감으로 설명할 수 있다. 반정의 마지막 이유는 무리한 궁궐 공사로 백성을 고역에 빠뜨렸다는 것이다. 이렇게 보자면 광해군이 반정세력에게 반정의 빌미를 준 것은 모두 그의 열등감과 상당한 관련이 있음을 알 수 있다.

인조반정은 어렵지 않게 성공했다. 광해군과 그의 아내 유씨, 그리고 아들과 며느리는 모두 폐위되어 유배를 갔고 오래지 않아 광해군을 제외한 나머지 세 명은 죽게 된다. 광해군은 무려 18년을 더 살다가 인조 19년인 1641년에 죽었다. 광해군이 유배지에서 그렇게 오래 살 수 있었던 것은 초연한 자세로 지냈기 때문이라고 한다. 서얼 출신이라는 열등감이 더는 그를 괴롭히지 않은 것 같다. 만약 광해군이 열등감에 대해 일찍 초연했다면, 그래서 무리하게 열등감을 극복하려고 하지만 않았다면 분명 훌륭한 왕으로 남았을 것이다.

특히 명과 청 사이에서 펼친 중립외교는 광해군의 가장 큰 업적으로 인정되는데, 만약 인조반정이 없었다면 조선의 역사는 크게 달라졌을지도 모르는 일이다. 광해군을 쫓아내고 왕위에 오른 인조와 서인세력들은 명과의 의리만을 내세우다가 결국 정묘호란과 병자호란을 겪는다. 그리고 남한산성에서의 항복과 삼전도의 굴욕을 감내해야 했다. 비록 그 시작은 열등감이었지만 결국 중립외교라는 실리노선으로 발전시켰던 광해군의 혜안이 두고두고 아쉬운 대목이다.

광해군의 중립외교가 얼마나 성공적이었는지는 인조반정이 일어난 후에 명과 청의 반응으로 알 수 있다. 명에서는 반정을 왕위 찬탈이라고 인식하고 있었다. 그러면서 인조를 퇴위하고 광해군을 복위해야 한다는 이야기가 흘러나왔다. 이 소식을 들은 인조와 서인은 매우 당황했다. 자신들이 생각하던 것과는 전혀 다른 반응이었기 때문이다. 그래서 인조는 광해군의 폐륜과 명을 배반한 사실을 누차 강조하고, 명을 위해서 후금과 전쟁도 불사하겠다고 강조했다. 명도 대륙에서 점차 커지는 후금의 영향력을 견제할 필요가 있었고, 이러한 현실적인 이유 때문에 인조의 왕위 계승을 승인해 주었다. 그러나 인조의 대외정책은 임진왜란이 일어난 지 반세기도 되지 않은 조선을 다시 한 번 큰 전쟁으로 몰아갔다.

제6장

의심이 병자호란을 일으키고
아들을 죽이다
— 인조, 효종

사람들은 의사결정을 할 때 신중을 기하여 후회하지 않을 최고의 결정을 내리길 원한다. 그래서 주변 사람의 의견도 듣고 관련 분야의 전문가에게 조언을 구하기도 한다. 또한 자료와 정보를 되도록 많이 수집하여 참고한다. 개인적인 의사결정은 물론이고 집단 전체에게 영향을 미치는 의사결정은 파급력이 훨씬 크기 때문에 더욱 신중을 기한다.

특히 집단의 경우는 객관적인 자료 수집에 더하여 합리적인 의사결정 방식을 사용한다. 여러 사람의 의견을 고르게 듣고 그 의견을 절충하거나 합의를 끌어내는 식이다. 여기에는 개인보다는 여러 사람이 함께하면 더 좋은 결과를 얻을 수 있을 것이라는 전제가 깔려 있다. 그러나 이렇게 하면 과연 가장 좋은 결정을 할 수 있을까? 심리학자들은 최고의 의사결정을 하려는 집단이 최악의 의사결정을 할 수 있음을 보여 주었다. 특히 각 분야의 최고의 전문가들이 모여서 하는 의사결정은 결국 최악의 의사결정이 될 수 있다는 것이다.

그렇다면 개인의 의사결정은 과연 합리적일까? 개인의 의사결정에 중요한 영향을 미치는 것이 몸의 긴장이다. 몸의 긴장은 우리를 조급하게 만든다. 이러한 상태에서 하는 결정은 극단적이기 쉬우며, 자신과 다른 사람을 모두 위험에 빠뜨리기도 한다.

사람들은 자신들이 객관적으로 정보를 수집한다고 생각할지 몰라도 실상은 전혀 그렇지 않다. 자신이 보고 싶지 않은 것보다는 보고 싶은 것을 보기 쉽고, 자신의 생각이 틀리다는 정보보다는 맞다는 정보를 더 빠르게 받아들인다. 이것은 의도적이고 계획적이라기보다는 자동적이고 무의식적으로 일어나는 일이다. 그래서 동일한 경험을 하더라도 전혀 다른 생각과 입장이 될 수 있다.

인조는 위험한 의사결정으로 모두를 위험으로 몰아넣었고, 특히 아들 소현세자를 죽음으로 몰아넣었다. 그러나 그의 동생 효종은 같은 경험, 다른 생각으로 왕위에 오르게 되었다.

　　　　　　　　신경희 모반 사건을 처리하는 과정에서 광해군과 대북파는 왕의 자질을 가졌다는 소문이 자자했던 능창군도 함께 제거함으로써 잠재적 위험요소를 없앴다고 생각했다. 그러나 능창군이 억울하게 죽임을 당하자 능창군의 형이었던 능양군이 서인과 손을 잡고 인조반정을 일으켰다. 결국 반정은 성공했고 능양군은 인조에 즉위했다. 이후 서인은 광해군 시절 정권을 독점했던 대북파를 숙청하고 인목대비 유폐를 반대하다가 희생당한 서인을 신원하거나 관작을 복구했다. 대외정책으로는 친명배금 정책을 채택했다.

　인조와 서인세력은 정권을 잡은 후에 나라를 빨리 안정시키고자 했다. 임진왜란과 광해군의 무리한 궁궐 건축으로 인한 경제적 파탄과 피폐한 민심을 얼른 회복하여 반정에 대한 백성의 지지를 얻고자 한 것이다. 그러나 반정이 성공한 지 채 1년이 못 되어 이괄의 난이 일어났다. 이괄은 인조반정에 참여한 무신 중 한 사람으로, 인조의 신임을 받아 압록강 주변에서 북방 경계를 담당하고 있었다. 이곳은 후금의 침략에 대비하기 위해 많은 병사들이 주둔하는 곳이었기에 인조는 믿을 수 있는 사람에게 맡긴 것이다. 혹시 반란이 일어날지

도 모르기 때문이었다.

그러는 와중 반정에 참여했던 사람들은 자신들의 정치적 입지를 다지기 위해 사분오열되었는데, 북방에 나가 있던 이괄은 주도권 싸움에서 밀리게 되었다. 조정의 주도권을 잡은 사람들은 이괄을 숙청하기 위해 인조에게 이괄이 몇몇 무리와 함께 반역을 꾀하고 있다고 했다. 그러나 인조는 이괄을 매우 신임했으므로 그럴 리 없다고 생각하면서 조사를 지시했다. 결국 조사 결과 이괄에 대한 고변은 무고라는 것이 밝혀졌으나 서인은 자신들의 주장을 굽히지 않았다. 인조는 어쩔 수 없이 이들의 주장을 어느 정도 수용해야 했고, 결국 이괄의 아들 이전을 한양으로 압송한 후 국문하기로 했다. 이 소식을 들은 이괄은 인조와 서인세력들에게 크게 실망했다. 아들이 소환되면 자신도 역적으로 몰릴 것이 뻔한 일. 그는 앉아서 죽음을 기다릴 수는 없다고 생각했고, 결국 반란을 일으켰다.

이괄은 체계적으로 훈련시킨 부하 1만 명을 이끌고 한양으로 진격했다. 인조는 이괄의 부대가 무서운 기세로 남하한다는 소식을 듣고는 신하들과 함께 한양을 떠나 공주로 도망을 갔다. 인조 2년인 1624년 2월 이괄은 반란을 일으킨 지 19일 만에 임금이 떠나 버린 도성과 궁궐을 접수하고 반란이 성공했음을 선포했다. 그러나 3일 후 관군은 대대적 반격을 시작했다. 이 싸움에서 이괄은 대패하여 이천까지 쫓겨 갔고 마침내 반란은 진압되었다. 비록 이괄의 난은 삼일천하로 끝났지만 백성은 왕이 선조 이후 또다시 도성을 버리고 떠났다는 사실에 충격을 받았고, 사회 혼란은 광해군 때보다 더 가중되어 반정의 기치가 무색하게 되었다. 이러한 틈을 타 3년 후 후금으로 이름을 바꾼 여진족은 3만의 군사를 이끌고 압록강을 넘어 조선으로 쳐들어왔다. 정묘호란이 일어난 것이다.

굴욕을 당하다

　친명배금을 내세운 인조는 명나라의 장군 모문룡이 원할 때마다 엄청난 양의 곡식을 제공했다. 모문룡은 조선 영토인 철산 가도에 군사들과 함께 진을 치고 있었다. 명목상으로는 명나라의 국방을 지키고 조선을 보호한다는 것이었으나 실상은 달랐다. 모문룡은 조선을 보호해 준다는 명목으로 엄청난 양의 곡식을 요구했다. 조정은 이 요구가 무리하다는 것을 알고 있었지만 들어주지 않을 수 없었다. 모문룡은 이 외에도 온갖 수단과 방법을 가리지 않고 조선의 백성을 괴롭혔는데, 그의 부하들은 걸핏하면 조선인의 마을로 들어와서 약탈을 자행하기도 했다.
　이러한 상황은 후금을 자극했다. 그동안은 광해군이 명과 후금 사이에서 중립을 취하는 외교전략을 채택한 덕에 큰 마찰이 없었지만 인조가 공공연하게 명나라를 지지하니 후금은 가만히 있을 수 없었다. 더군다나 명과 대립하고 있는 상황에서 조선이 공공연하게 명나라의 장수를 보호하면서 군량미를 제공하고 있으니 그냥 둘 수 없었을 것이다. 그러던 중 이괄을 따르던 사람들 중 일부가 반란이 실패로 끝나자 후금으로 망명하여 인조가 광해군과 달리 철저한 배금 정책을 취하고 있으니 조치를 취해야 한다고 했다.
　결국 후금은 이괄의 난 이후 국방 경계가 허술한 틈을 타 인조 5년인 1627년 1월 3만의 병력을 이끌고 남하했다. 인조는 후금이 한양을 향해 빠른 속도로 오고 있다는 소식을 듣고는 지체 없이 한양을 떠나 강화도로 몸을 피했다. 이괄의 난 때 한양을 떠나 공주로 피신한 지 3년 만에 다시 한양을 버린 것이다. 그러나 후금은 평양까지 내려오지도 못했다. 비록 관군이 후금에게 연전연패를 거듭했지만 곳곳에서 의병이 일어나 후금을 괴롭혔기 때문이다. 그리고 후금은 명나라의 후방 기습 공격을 우려했기 때문에 평산에서 인조에게 강화를 제의했다.

후금의 강화 제의를 받은 후 조정은 주화론자들과 척화론자들이 격론을 벌였다. 그러나 후금의 강한 군사력을 경험한 조선은 선택의 여지가 없었고 주화론을 선택해야만 했다. 인조반정의 구실 중 하나가 광해군의 주화론이었기에 이러한 선택은 반정을 스스로 부정하는 꼴이었다. 그리고 광해군의 외교전략이 얼마나 현실적이고 실리적이었는지를 보여 주는 것이기도 했다.

후금이 쳐들어왔을 때 인조는 명나라의 모문룡이 도와주기를 기대했다. 사실 정묘호란이 발생한 이유 중 하나가 모문룡이었기 때문이다. 그러나 모문룡은 철산 가도에서 전혀 움직이지 않았다. 오히려 그의 부하들은 조선인에 대한 약탈을 멈추지 않았다. 결국 인조는 후금과 정묘조약을 맺었다. 서로를 형제국으로 인정하기로 했으며 조선이 매년 공물을 바치기로 한다는 몇 가지 조약에 합의한 것이다.

그로부터 7년 후인 인조 12년(1634년) 후금은 다시 조선에게 압박을 가해 왔다. 전쟁에 사용할 배를 제공하든지 공물의 양을 늘리라는 것이었다. 이때 후금은 만주의 대부분을 차지했고 만리장성을 넘어 명나라의 수도인 북경을 위협하고 있을 때였다. 명나라와의 일전을 치르기 위해서는 주변국들의 지원이 절대적으로 필요했다. 후금의 요청에 대하여 조정은 척화와 주화 사이에서 갈팡질팡했다. 후금의 세력이 점차 커지고 있는 상황이었기 때문에 요청을 무시할 수도 없었고, 그렇다고 명을 배반할 수도 없는 노릇이었기 때문이다. 인조는 명과 청 사이에서 고민한 끝에 명을 선택했다. 그리고는 후금과의 관계를 끊겠다고 선언했다. 이때가 인조 14년(1636년) 3월이다.

바로 다음 달인 4월, 후금은 국호를 청(淸)으로 고친 뒤 황제의 나라인 제국으로 선포한 후 조선에게 형제국이 아닌 군주의 나라로 자신들을 섬기라고 압력을 넣었다. 다시 말해 조선에게 신하의 예를 갖추라고 한 것이다. 조정의 의견은 다시 갈라졌다. 한쪽에서는 청을 인정해야 한다는 주화론을 폈고, 다른 한쪽에서는 청과 전쟁을 벌여야 한다는 주전론을 폈다. 단지 청을 배척하는 척화론이 아니라 청과 전쟁을 해서 오랑캐들의 버릇을 고쳐 놓아야 한다는 것이다. 논쟁의 결과 주전론으로 의견이 모였고 인조는 청과 전쟁을 선포하는 교서를 내린다. 이 소식을 들은 청 태종은 그해 12월, 대략 12만 명의 군사를 이끌고 압록강을 건넜다. 병자호란이 일어난 것이다.

청은 압록강을 건넌 지 불과 14일 만에 개성에 도착했다. 전쟁의 양상은 정묘호란과 크게 다르지 않았다. 조선은 청을 상대로 전투다운 전투를 벌이지 못했다. 관군은 연전연패를 거듭했다. 인조는 정묘호란 때처럼 강화도로 피신하려고 했으나 사정이 여의치 않아서 남한산성으로 피신했다. 남한산성이 피신하기에 좋은 장소였기 때문이 아니라 청의 남하 속도가 너무 빨랐기 때문이다. 청은 산성을 포위한 채 식량이 떨어지기를 기다렸다. 1만 명이 넘는 병력을 유지하는 일은 쉽지 않았고, 결국 군량미는 40일 만에 바닥을 드러냈다. 인조는 임진왜란 때처럼 명나라에게 도움을 요청했지만 이때는 명의 말기로서 내부 사정이 너무 좋지 않아 조선에 도움의 손길을 줄 수 없었다.

조정은 또 다시 주화론과 주전론의 논쟁을 해야 했지만 현실 판단력이 있는 사람이라면 더 전쟁을 할 수 없다는 것을 인정하지 않을 수 없었다. 정묘호란 때에는 청에서 먼저 강화를 제의했지만 이제는 상황이 달라졌다. 조선이 청을 향하여 강화를 구걸해야 하는 입장에 선 것이다. 청은 조선에 대하여 신하의 예를 갖추고 물자와 군사를 지원하며 명과의 관계를 끊어야 한다는 조건을 제시했다. 조건은 받아들여졌다.

인조 15년(1637년) 1월 인조는 세자와 함께 남한산성의 서문으로

나가 한강 동남쪽에 위치한 삼전도에서 청 태종에게 무릎을 꿇고 신하의 예를 갖춘다. 이것이 삼전도의 굴욕이다. 조선은 대대로 후금(여진족)을 오랑캐라면서 무시했다. 공식적으로 외교를 할 가치가 없는 떠돌이 부족민들이라고 생각해 왔다. 그런데 그 오랑캐에게 무릎을 꿇고 절을 했으니 얼마나 치욕스러웠을까. 이로써 조선은 명과의 관계를 끊고 청과의 군신관계를 맺는데, 이 관계는 1895년 청일전쟁에서 청이 일본에게 패할 때까지 계속된다.

청 태종은 2월 소현세자와 봉림대군 등 인조의 아들들과 신하들을 볼모로 데리고 심양으로 돌아갔다. 조선은 병자호란으로 초래된 인명과 재산 피해의 충격보다 세자와 세자빈이 볼모로 잡혀갔다는 사실에 더 큰 충격을 받았다. 인조도 마찬가지였다. 청 태종에게 절을 했다는 것만으로도 충분히 치욕스러운데 자신의 큰아들이자 조선의 미래인 소현세자를 오랑캐의 손에 빼앗김으로써 더 치욕스러울 수 없는 지경에 이르고 말았다.

집단의 결정이 초래한 굴욕

조선 역사에서 가장 수치스러운 사건이라고 할 수 있는 삼전도의 굴욕. 도대체 어쩌다가 이 지경까지 이르렀을까? 나라를 구하겠다는 기치를 걸고 반정을 일으킨 인조와 서인은 평소 오랑캐라고 무시하던 청 태종에게 머리를 숙일 때까지 무엇을 했단 말인가? 조정은 상황이 이렇게 악화되기 전에 사태를 막거나 혹은 누그러뜨릴 기회가 몇 번 있었다. 후금을 무조건 상대할 가치도 없는 민족으로 몰아

>  **집단극화**
>
> 비슷한 사람들이 모여서 집단으로 상호작용하면 개인이 선택을 했을 때보다 더욱 극단적인 선택을 하는 경향성을 가리킨다. 따라서 중요한 의사결정일수록 자신과 성향이 다른 사람들의 의견을 들어보는 것은 매우 중요하다.

붙이지 않고 후금의 군사력이 어떠한지, 후금에 대항해서 싸울 수 있는 조선의 병력이 어느 정도인지, 명나라의 내부 사정이 어떠한지 등 사태를 현실적으로 파악했더라면 삼전도의 굴욕은 없었을 것이다. 그러나 인조와 서인은 그러지 못했다. 그래서 일관되게 후금을 배척하다가 결국 식량도 충분하지 않은 남한산성에 들어가 40일 만에 백기를 들고 항복한 것이다. 어떻게 이러한 일이 일어난 것일까?

우리는 일반적으로 의사결정에서 개인보다는 집단의 판단과 결정이 더욱 효과적이고 효율적이라고 믿는 경향이 있다. 그러나 심리학자들은 그렇지 않을 수 있음을 보여 준다. 오히려 집단의 결정이 어처구니없을 수 있다는 것이다. 집단 의사결정에서 주로 언급되는 두 가지 현상으로는 집단극화(group polarization)와 집단사고(groupthink)가 있다. 집단극화란 개인보다는 집단이 더 극단적인 결정을 한다는 뜻이다. 예를 들어 주식투자를 한다고 했을 때, '약간' 모험적인 투자를 하는 사람들이 함께 모여 토론을 하면 '매우' 모험적인 투자를 하기로 결정한다는 것이다. 반대도 마찬가지다. '약간' 안정적인 투자를 하는 사람들의 경우는 집단 토론 후에 '매우' 안정적인 쪽으로 결론을 내린다. 현실에서는 비슷한 경향이 있는 사람들이 모이기 때문에 집단극화가 일어나기 쉽다.

또 하나의 집단 의사결정은 집단사고다. 집단사고는 응집력이 있는 집단에서 의견의 일치가 매우 지배적이어서 현실적인 대안이나 정보가 무시되는 것을 말한다. 응집력이란 좋게 보면 집단에 대한 애착과 자부심이 강하여 통일성이 있다는 것이 지만, 다른 면으로 보면 집단 안에서 다양성이 인정되지 않는 것이다. 여기에 더하여 집단의 리더가 지시적이고 무엇인가를 당장 결정해야 하는 상황일 경우 응집력이 있는 집단은 만장일 치의 압력을 받는다. 그래서 집단과 다른 의견 이 있더라도 그것을 개진할 수 없는 분위기가 조성되기에 결국 터무니없는 결정을 하게 되는 것이다.

집단사고
최고의 전문가들로 구성된 집단이 평범한 개인보다 더 엉터리 같은 결정을 할 수도 있다. 사람들은 일반적으로 집단이 개인보다 더 뛰어나고 훌륭한 결정을 할 것이라고 생각하지만 그 반대일 수도 있는 것이다.

  집단극화와 집단사고의 관점으로 당시 상황을 살펴보자. 서인은 친명배금이라는 기치를 내세우고 반정을 일으켰을 정도로 이들의 외교정책은 그 색깔이 비슷했다. 물론 때로는 후금과 관계를 걱정하여 주화론을 주장한 신하들도 있기는 했지만 이들의 전반적인 성향은 친명배금이었다. 다시 말해 친명배금이라는 외교정책을 전제로 한 상태에서 배금을 어느 정도로 할 것이냐를 두고 의견이 갈렸지, 친금과 배금 사이에서 의견이 갈린 것이 아니었다. 결국 친명배금이라는 동일한 성향을 가진 사람들이 모여 외교정책을 결정하니 더욱 극단적인 친명배금이 된 것이다.

  외곽에서 명나라를 지키고 조선을 보호하기 위해 파견된 장수 모문룡이 그 역할과 소임을 다하기는커녕 조선을 약탈하고 괴롭히는 상황에서도, 조정은 친명이라는 기조 때문에 모문룡과 부하들의 소행을 묵과할 수밖에 없었다. 결국 극단적인 친명배금은 정묘호란의 원인이 되었다. 후금이 먼저 강화를 제안했을 때 강화를 받아들여야 한다고 주장했던 사람들도 기본적으로는 친명배금의 입장이었다. 그렇기 때문에 정묘호란 후에도 조선은 전혀 달라지지 않았다. 비록 정묘호란 후 형제 관계를 맺기는 했지만, 이것은 어쩔 수 없는 선택이었지 후금과의 관계를 개선하겠다는 의지의 표현이 아니었다. 여전히 인조와 서인은 후금을 오랑캐로 무시하는 생각이 강했다. 그러다가 후금이 국호를 청으로 바꾸고 황제의 나라로 선포하니, 이들과의 관계 단절을 선언한 것이다.

당시 청의 힘은 만리장성을 넘어 북경을 위협할 정도로 막강했다. 그러나 조선의 병력은 형편없었다. 조선이 그토록 의지하고 있는 명의 상황은 최악이었다. 마지막 황제인 의종(숭정제)가 즉위한 뒤 가뭄과 흉년이 계속되자 농민들은 떠돌아다니면서 도적질을 일삼았다. 이렇게 국내 상황이 좋지 않은 명나라가 조선의 상황을 도와줄 형편이 아닌 것은 당연했다. 그런데 이러한 상황을 제대로 파악한 사람이 없었다. 아니 상황을 파악했더라도 감히 말을 꺼내지 못했을 것이다. 말을 잘못 꺼냈다가는 친명배금 일색의 서인에게 탄핵을 받아 사사를 당할 것이 뻔했기 때문이다.

붕당정치의 가장 큰 폐해는 반대 의견의 차단이었다. 조금이라도 다른 의견은 용납되지 않았다. 집단사고의 전형을 보여 주는 예라고 할 수 있다. 붕당정치 이후로 조선의 최고 의사결정 단체인 조정은 극단적인 결정과 터무니없는 결정을 반복해야만 했다. 끊임없는 탄핵과 숙청이 일어나고 있었기 때문에 살아남으려면 그저 다수의 의견을 따라야 했던 것이다. 청의 군사력이 얼마나 대단한지 몰랐던 조선은 결국 청을 향하여 전쟁을 선언했다. 말도 안 되는 결정을 한 것이다.

병자호란의 전개 양상을 보면 청을 향한 선전포고가 얼마나 어처구니없는 결정이었는지 알 수 있다. 인조 14년(1636년) 12월 1일 12만의

대군을 이끌고 압록강을 넘은 청 태종은 불과 14일 만에 개성에, 16일 만에 남한산성에 도착했다. 12만의 대군이 16일 만에 남한산성까지 내려왔다는 것은 조선이 청을 상대로 전투다운 전투를 한 번도 하지 못했다는 것이다. 조선의 병력이 얼마나 미약했는지 보여 주는 대목이다. 어떻게 형편없는 군사력을 가지고 있는 조선이, 중원을 장악하고 있는 청을 향하여 선전포고를 할 수 있다는 말인가?

여기에 더하여 인조와 조정의 이해할 수 없는 또 다른 결정은 남한산성으로 피신했다는 것이다. 선조도 임진왜란 때 한양을 버리고 피신을 했다. 그러나 선조는 인조와 달리 어느 한 곳에 머무르지 않았다. 의주를 향하여 거처를 계속 옮겼으며, 결국에는 왕비와 세자를 자신과 다른 경로로 피신시켰다. 만약을 대비한 선택이었다. 이러한 전략은 주효했다. 세자였던 광해군은 각 지역을 돌아다니면서 백성을 격려했고, 백성은 세자의 얼굴을 보고 힘을 얻어 수많은 의병을 일으켰다.

그러나 인조와 대신들은 세자를 강화도로 보냈고 자신들은 남한산성으로 피신했다. 물론 청 태종의 남하 속도가 워낙 빨라서 다른 방법이 없었다고 할 수 있겠지만, 그럼에도 인조와 대신들의 결정이 과연 최선이었는지는 의문이 든다. 세자를 강화도가 아닌 다른 곳으로 피신시켜 후일을 도모하고 왕도 남한산성으로 들어가지 말고 1만 명의 군사들과 함께 결사 항전하면서 밤낮 쉬지 않고 남하했더라면 상황은 달라지지 않았을까? 인조와 서인의 집단사고를 비웃기라도 하듯 청 태종은 남한산성 앞에 진을 치고 식량이 떨어지기를 기다렸다. 그리고 결국 배고픈 이들은 백기를 들고 나와 머리를 숙였다. 인조 15년(1637년) 정월 30일에 일어난 일이다.

볼모로 잡혀간 두 아들

청 태종은 인조 15년(1637년) 2월 8일에 인조의 두 아들, 즉 소현세자와 그의 동생 봉림대군 그리고 척화론을 강하게 주장하던 신하 몇 명을 인질로 데려갔다. 세자를 국본이라고 할 만큼 중요하게 여기는 조선에서 세자가 잡혀갔다는 것은 인조뿐만 아니라 모든 백성에게 씻을 수 없는 굴욕과 충격이었다. 볼모로 잡혀간 이들은 당시 청나라의 수도인 만주의 심양에 거주하게 되었고, 그곳을 심양관이라 불렀다.

인조는 병자호란 이후 더욱 반청의 기치를 세웠다. 물론 겉으로는 청에게 조공도 바치고 청의 요구를 들어주는 모양이었으나, 그 마음은 극심한 반청주의자가 되었다. 그런데 문제는 세자와 봉림대군 등 자신의 아들이 볼모로 잡혀갔고 명은 국운이 쇠하여 더 의지할 수 없다는 것이다. 그러나 인조는 청을 쳐다보기조차 싫었다. 그래서 소현세자에게 자신을 대신하여 청을 상대하라고 했다. 청도 인조가 반청주의자라는 사실을 알았기 때문에 조선과 협의해야 할 일이 생기면 심양관에 있는 소현세자와 의논하기를 좋아했다. 소현세자는 인질로 끌려갔지만 결국 외교관으로 활동한 셈이다. 세자는 적극적으로 임무를 수행했다. 아버지 인조와 백성을 위해서 최선을 다해야 한다고 생각했기 때문에, 청과의 관계를 개선하고 회복하면서 동시에 조선을 보호하는 일에 앞장섰다.

세자가 볼모로 심양에 온 지 3년째 되던 인조 18년(1640년), 인조의 병환이 심각하여 세자가 일시 귀국을 한 적이 있다. 이때 청 태종은 세자를 위해 직접 송별연을 열어 주었다. 청 태종이 세자를 얼마나 신임하는지 보여 주는 대목이다. 그러나 이 소식을 들은 인조는 세자에게 심한 배신감을 느꼈다. 자신에게 굴욕감을 주었던 청 태종이 세자를 위해 연회를 베풀었다는 사실을 받아들일 수 없었다. 그래서 신하들이 일시 귀국하는 세자를 노정에서 맞이하겠다고 했을 때 허락하지 않았던 것이다. 인조의 마음에는 세자에 대한 의심이 자라고 있었다.

세자가 심양으로 돌아간 지 얼마 지나지 않아 청은 명의 공략을 위해 조선에 병력을 요청했다. 병자호란 이후로 청은 조선에게 형제의 나라가 아니라 군주의 나라이기 때문에 정확히 말하자면 요청이 아니라 명령이었다. 조선은 거절할 권한이 없었고 임경업이 이끄는 6천 명의 병사들을 보냈다. 그러나 임경업은 확실한 반청 인사였다. 병사들에게 명을 공격하지 말라는 지시를 비밀리에 내렸다.

전쟁터에서 조선군이 제대로 싸우지 않고 있음을 본 청 태종은 대노했다. 자칫하면 외교문제로 비화될 수 있는 상황이었다. 이때 소현세자는 청의 고관들을 상대로 적극적인 외교활동을 펼쳐 사건을 잘 처리했지만, 이러한 세자의 활동이 조선의 조정에는 좋게 비쳐질 리 없었다. 인조와 서인은 소현세자가 볼모로 잡혀간 것이 아니라 그곳에서 조선의 왕으로서 행세하고 있는 것이라고 판단했다. 그리고 소현세자가 돌아오면 인조는 왕위를 넘겨야 할지도 모른다고 생각했다.

인조 21년(1643) 6월 세자빈 강씨의 부친이 사망했으나 강씨는 심양에 있었기 때문에 곡을 하러 갈 수가 없었다. 세자와 세자빈은 일시 귀국을 요청했고, 결국 청은 원손을 조선에서 불러와 세자 대신 볼모로 있게 한다는 조건 하에 귀국을 허락했다. 인조 22년(1644년)

정월 원손이 만주로 왔고 세자와 세자빈은 귀국길에 올랐다. 세자빈은 아버지가 돌아가셔도 곡을 할 수 없었던 슬픔을 달래기 위해 수천 리 길을 달려왔건만, 정작 조선에 와서는 곡을 할 수가 없었다. 인조가 세자빈이 부친의 빈소에서 곡하는 것을 허락하지 않았기 때문이었다. 인조가 본격적으로 세자를 견제하기 시작한 것이다. 결국 세자와 세자빈은 다음 달인 2월 허망하게 다시 만주로 돌아가야만 했다.

그해 5월 청은 북경에 무혈 입성했다. 당시 명은 이자성이 반란을 일으켜 북경을 점령한 후 명의 마지막 황제인 숭정제가 자살하자 북경을 장악하고 있던 상태였다. 그러나 얼마 지나지 않아 청이 북경을 향해서 오고 있다는 소식을 듣자 이자성은 겁에 질려 싸움도 하지 않고 도망을 가 버렸다. 청은 주인 없는 북경에 아무 저항 없이 들어갈 수 있었고 마침내 중원의 주인이 되었다. 이 과정을 목격한 소현세자는 이제 청이 예전의 여진족이 아니라, 세상의 새로운 주인임을 절실하게 깨달았다. 그래서 조선의 외교전략이 더는 반청이 되어서는 안 된다고 생각했다.

소현세자는 북경에 잠시 머물면서 북경에 와 있던 독일 예수회 신부인 아담 샬(Adam Schall)과 만났다. 아담 샬을 통해 천주교와 함께 서양의 뛰어난 과학문명을 접한 그는 아시아를 넘어서는 세계적 안목을 가지게 되었다. 그러면서 많은 서양의 문물들을 배우고 익히려고 했다. 더 나아가 천주교를 조선에 소개하려고도 했다.

청은 북경을 점령한 지 6개월 만에 북경의 천단에서 제사를 지내고 스스로 천하의 주인임을 선포했다. 그리고 소현세자의 완전 귀국을 허락했다. 더 이상 인질을 붙잡아 둘 필요가 없어진 것이다. 다음 해인 인조 23년(1645년) 2월 세자는 귀국했다. 그러나 귀국한 지 두 달 만에 갑작스럽게 병석에 누운 세자는 불과 사흘 만에 세상을 떠나고 만다. 이국땅에서 만 8년 동안 건강하던 세자가 왜 갑자기 죽었을까? 어느 곳에서도 명확하게 기록하고 있지는 않지만, 그가 독살되었다는 설은 이제 거의 정설로 받아들여진다.

소현세자의 죽음이 인조와 무관하지 않다는 증거가 여럿 있다. 우선 인조실록에 표현된 소현세자의 죽은 모습이 독살 당한 사람과 비슷하다는 것이다. 그리고 인조는 소현세자의 어의였던 이형익에게 아무런 책임도 묻지 말라고 했으며, 세자가 죽었기 때문에 당연히 국장을 치루어야 함에도 불구하고 평민의 장례처럼 치르게 했다. 무엇보다 소현세자가 죽은 지 3개월도 지나지 않아 세자 책봉을 서둘렀다. 이때 신하들은 소현세자의 아들인 원손 석철이 마땅하다고 생각했지만, 인조는 세손이 10세밖에 안 되었다는 이유로 봉림대군을 세자로 삼게 된다. 이뿐만이 아니다. 소현세자의 주변에 있는 사람들을 하나씩 제거하는데, 우선 세자빈 강씨의 오빠들을 모두 귀양보내고 세자빈도 유폐시켰다가 사약을 내려 죽였다. 그리고 소현세자의 아들들 중 둘은 제주도로 귀양을 떠나서 그곳에서 죽게 하였다.

몸의 긴장과 마음의 긴장

사람은 모두 자신을 보호하고 생명을 지키려는 생존의 욕구가 있다. 그래서 생명이 위협당하는 상황에서는 자동적으로 두 가지 반응을 보인다. 싸우거나 도망가는 것이다(fight or flight). 우리 몸에 있는 자율신경계 중 교감신경계는 바로 이러한 역할을 한다. 위기 상황에서 우리의 몸은 자동적으로 흥분하고 각성한다. 심장이 빠르게 뛰고 호흡은 가빠진다. 싸우거나 도망가려면 근육에 힘이 들어가야 하므로 온몸에 피를 빠르게 공급하고 산소를 충분히 받아들이는 것이다. 이때 소화기관은 일시적으로 억제되고 침은 덜 분비된다. 싸우거나 도망가려면 주변 환경에 끊임없이 주의를 기울여야 하지, 먹을 것을 찾으러 다녀서는 안 되기 때문이다. 같은 맥락에서 동공은 커진다. 눈을 크게 떠서 외부 상황에 대한 정보를 더 많이 받아들이는 것이다.

위기 상황이 끝나면 우리 몸은 이와 반대의 상태로 돌아온다. 심장박동도 느려지고, 호흡도 편안해진다. 동공은 작아지고, 소화기관이 활발하게 작동하면서 침도 많이 분비된다. 이제는 이완하고 먹고 자고 쉬면서 에너지를 보충할 수 있는 때다. 이때 작동하는 신경계는 자율신경계 중 부교감신경계다. 그러다가 다시 위기 상황이 되면 교감신경계가 작동한다. 이렇게 우리의 몸은 늘 교감신경계와 부교감신경계가 서로 길항적인 작용을 함으로써 움직인다.

그런데 흥미로운 사실은 위기의 상황에서 몸만 긴장하는 것이 아니라 마음도 긴장한다는 것이다. 생존을 위협하는 상황에 맞닥뜨리면 몸뿐만 아니라 마음도 자신을 보호하고 지키려는 반응을 보인다. 생각해 보라. 몸은 긴장되어 있는데 마음이 편안한 사람이 있는가? 몸의 긴장은 당연히 마음의 긴장과 함께 일어난다. 싸우거나 도망가야 하는 상황에서 마음이 편안하고 즐거운 경우는 없다.

그러나 우리의 마음이 몸과 다른 점이 있다. 몸은 위기 상황이 종식되면 교감신경계에서 부교감신경계로의 전환이 자동적이고 필연적이지만, 마음은 위기 상황이 종식되었음에도 불구하고 긴장과 경계를 풀지 않는 경우가 있다. 게다가 몸은 잠재적인 위기 상황을 단지 예측하는 것만으로는 쉽게 긴장되지 않지만, 마음은 미래의 위기 상황에 대해서도 예민하게 반응한다.

이러한 마음의 변화는 몸에도 영향을 미쳐서, 결국 온갖 질병을 만들어 내기도 한다. 마음의 불편함이 교감신경계의 활동을 촉발시켜서, 에너지를 계속 소진하게 한다. 이렇게 마음의 긴장 때문에 일어나는 질병을 의학에서는 정신생리적 질환이라고 부른다. 정신이 생리에 영향을 미쳐 생겨난다는 질병으로, 예를 들면 본태성 고혈압, 관상동맥경화, 천식을 비롯하여 신경성 위염이나 위궤양, 피부염, 대장염 등 '신경성'이나 '과민성'이라고 이름 붙는 것들이 있다. 보통 예민한 사람들이 이러한 질병에 걸리기 쉽다. 예민하다는 것은 쉽게 스트레스를 받는다는 것이고, 이 말은 바꿔 말하면 마음이 긴장 상태에 있다는 것이다.

그렇다면 마음이 긴장 상태에 있을 때 어떠한 증상이 나타날까? 몸이 긴장하여 교감신경계가 흥분해 있다는 것은 싸울 준비가 되어 있다는 것이다. 마음의 긴장도 다르지 않다. 마음이 긴장되어 있는 사람은 싸울 준비가 되어 있다는 것이다. 싸울 준비가 되어 있다는 표시로 정서적으로는 감정의 변화가 쉽게 일어난다. 화를 내거나 짜증을 내는 것이다. 인지적으로는 상대방의 말과 행동 등을 지나치게 적대적으로 해석하고 받아들이거나, 문제가 닥쳤을 때 다양한 해결책을 고려하지 못하고 극단적인 한 가지의 해결책에만 매달리는 인지협착(tunnel vision)이 나타난다.

이러한 마음의 긴장은 행동으로도 표출되기도 한다. 마음의 긴장은 몸의 긴장을 유발하는데, 다른 말로는 교감신경계가 작동하도록

> **인지협착**
>
> 좁고 어두운 터널 속에서는 정면에서 비추는 밝은 빛을 따라가면 출구가 나온다. 터널은 그 특성상 출구가 단 하나이다. 이러한 현상이 마음에서도 나타나는데, 어떤 문제에 부딪혔을 때 해결책이 단 하나밖에 떠오르지 않는 것을 의미한다. 보통 이러한 해결책은 자신이나 타인에게 부정적인 영향이나 심각한 피해를 끼친다.

만든다는 것이다. 교감신경계가 활성화되어 있을 때에는 근육에 힘이 축적되기 때문에 행동적 공격성을 보이기가 쉽다. 꼭 누군가를 때리지는 않더라도, 물건을 집어 던지는 등 감정을 표현함에 있어서 과격해진다. 그리고 상대방에게 공격을 받기 전에 먼저 상대방을 공격하기도 한다.

인조(능양군)가 그랬다. 능창군은 비록 동생이기는 했지만 성품으로 보나 학식으로 보나 왕이 될 만한 자질을 가진 훌륭한 사람이었다. 그런데 그 훌륭함 때문에 능창군은 광해군과 대북파의 손에 죽임을 당할 수밖에 없었다. 당연히 이 상황은 능양군에게 위기였다. 조선시대에는 한 사람의 잘못에 대한 책임을 온 가족에게 묻는 경우가 비일비재했기 때문에, 능양군은 자신이 언제 죽임을 당할지 모른다고 생각했다. 사실 많은 사학자들은 인조반정이 명분이 약한 반정이었으며 능양군이 동생의 죽음에 대한 복수 때문에 일으킨 것이라고 하는데, 상당히 일리가 있는 말이다.

이렇게 말할 수 있는 이유는 이후 인조의 치세 능력과 태도 때문이다. 사실 그는 왕이 될 만한 자질은 없었다. 대외정책에 있어서도 일관성이 없었으며, 여러 중요한 순간에 끊임없이 잘못된 판단을 하여 결국 삼전도의 굴욕까지 당했다. 명분도 실리도 없는 반정이었던 것이다. 그런데 능양군은 반정 이후 왕이 된 다음에도 마음의 긴장을 풀 수가 없었다. 반정이 일어나자마자 서인의 권력 다툼의 결과로 이괄의 난이 일어났기 때문이다.

믿는 도끼에 발등 찍히다

　인조는 이괄을 신임했다. 그럴 만한 이유가 있다. 인조반정 시절 군사를 동원하기로 한 사람은 이괄과 이귀, 김류였다. 이 중에서 이귀와 김류는 오래전부터 능양군과 함께 역모를 준비해 왔으나, 이괄은 김류의 소개로 거사에 비교적 늦게 참여했다. 그런데 거사에 대한 정보가 새어나가서, 조정에서는 역모에 가담한 사람들을 검거하라는 명령이 떨어졌다. 거사를 서두르지 않으면 모두 죽을지도 모르는 상황이었다. 이때 이귀는 이괄과 함께 거사 시간을 앞당겨서 출병을 서둘렀다.
　그러나 김류는 거사 계획이 탄로났다는 소리를 듣고 거사에 참여하는 것을 주저하고 있었다. 김류가 참여하지 않자 반란군의 숫자는 처음에 예상했던 것의 절반에도 미치지 못했다. 이때 이귀는 이괄에게 반란군의 대장직을 권유했고, 이괄은 주저 없이 대장직을 수락했다. 그런데 김류가 고민 끝에 거사에 동참하기로 했다. 이괄은 김류를 받아들이지 않으려고 했으나, 이귀의 중재로 김류의 군사들도 합류하게 되었고, 결국 김류가 총지휘를 맡아 궁궐로 진격했다.
　이 상황을 잘 알고 있던 인조는 당연히 이괄을 신뢰할 수밖에 없었다. 목숨을 걸고 자신을 지지한 사람이니 당연한 것이다. 그래서 반정이 성공한 뒤 이괄에게 중요한 임무, 즉 군사 1만을 통제하는 북방수비대의 중책을 맡긴 것이다. 인조는 자신이 반정으로 정권을 잡았기 때문에 항상 반란에 대한 염려를 하지 않을 수 없었다. 그래서 그렇게 많은 군사를 통제할 위치에는 자신이 절대적으로 신뢰할 수 있는 사람을 세워야 했는데, 그가 바로 이괄이었다.

이괄이 북방에서 열심히 나라를 지키고 있을 때 조정에서는 이괄을 제거하려는 시도가 있었다. 인조는 이괄을 신임했기 때문에 이를 무마하려고 했으나 서인은 가만히 있지 않았다. 그런데 인조가 왕이 된 것도 서인이 있었기 때문이 아닌가. 인조는 이들의 요구를 마냥 묵살할 수 없었다. 그래서 타협을 본 것이 이괄의 아들을 압송하여 국문(鞫問)하는 것이었다. 그러나 이것은 이괄에게 사형선고나 다름없었고, 결국 이괄은 난을 일으켰다.

인조에게는 이 사건이 어떻게 비춰졌을까? 인조는 이괄처럼 신실한 사람이 역모를 꾸미고 있을 리 없다고 생각했고 끝까지 이괄을 두둔했다. 그러나 이괄은 정말 난을 일으켰다. 물론 이괄의 입장에서는 억울하게 죽을 수 없어서 일으킨 난이었지만, 인조의 입장에서는 서인의 주장이 맞았으며 자신이 이괄에게 그동안 속았다고 생각했을 것이다. 반정 때는 자신을 위해 목숨이라도 바칠 것 같던 사람이 1년도 못 되어 자신에게 칼을 겨누었다고 생각해 보라. 믿는 도끼에 발등을 찍혔을 때 정말 아픈 것은 발이 아니라 마음이다. 인조는 왕이 되자마자 도저히 받아들일 수 없는 심리적 고통과 괴로움을 경험해야 했다.

이괄은 금세 한양까지 진격해 들어왔다. 위기의 상황을 맞이한 인조는 몸과 마음이 긴장되고 흥분했다. 싸우거나 도망가기 반응을 해야 하는 상황이었다. 여기서 인조는 도망가기 반응을 선택한다. 사실 인조는 이후의 정묘호란과 병자호란에서 모두 도망가기 반응을 선택한다. 그런데 인조는 왕이었다. 왕이 도성을 버리고 도망가는 것은 스스로 왕임을 포기한 것이나 다름없기 때문에 인조의 권위와 위신은 땅에 떨어졌다. 특히 정권 초기에 일어난 일이라 그 충격은 더욱 컸다. 인조는 분명히 이때 그 누구도 쉽게 믿어서는 안 된다는 중요한 교훈을 얻었으며, 더불어 마음의 긴장도 늦출 수 없었을 것이다. 마음의 긴장을 늦추었다가는 언제 목숨이 날아갈지 모르기 때문이었다.

어떤 일을 하든지 누구를 만나든지 초기 경험은 매우 중요하다. 직장생활 중에 어려움을 겪더라도 초기에 어려움을 겪은 사람과 10년 정도 직장을 다니다가 힘든 일을 겪은 사람은 다르다. 초기에 어려움을 겪은 사람은 그 경험이 아주 강렬하여, 그의 직장생활 전반에 영향을 주는 경우가 많다. 첫사랑에 크게 실패했던 사람은 다시 연애하기가 아주 어렵다. 또 실패할까 봐 노심초사하는 것이다.

인조도 그랬다. 인조가 왕이 되어서 한 첫 경험은 배반이었다. 당연히 인조는 주변 사람들을 쉽게 믿을 수 없었고 늘 경계해야 했다. 몸의 긴장은 교감신경계와 부교감신경계의 자율적인 길항작용으로 시시때때로 풀어지지만, 인조는 마음의 긴장을 늦출 수가 없었다. 그의 긴장은 중요한 상황 판단에서 잦은 실수를 범하게 했다. 마음의 긴장을 하는 사람들은 중요한 결정을 해야 할 때 인지협착을 보이기 때문이다. 인지협착이 나타난 사람은 모든 것을 지나치게 단순화해서 생각하는 경향이 있다.

우리의 몸은 싸우거나 도망가는 두 가지 행동밖에 없을지 몰라도, 우리의 마음은 정말 다양한 선택을 할 수 있다. 그러나 마음도 긴장하면 자연스럽게 극단적인 결정만 고려하게 된다. 이러한 판단의 착오는 결국 조선을 정묘호란과 병자호란으로 끌고 갔다. 인조는 정묘호란과 병자호란을 겪으면서도 계속 극단적으로 판단했다. 후금을 극단적으로 배척하다가 최악의 상황까지 가서 후금이 쳐들어오면 일단 도망갔다가 막다른 길에 이르면 또 다른 극단을 선택하는 것이다. 그것이 바로 삼전도의 굴욕이었다. 후금을 오랑캐라고 계속 욕하다가 결국 머리 숙여 절하는 모습은 두 극단의 전형적인 특성을 보여 주는 것이다.

믿었던 도끼를 버리다

병자호란의 결과로 인조는 사랑하는 세자와 둘째 아들 봉림대군을 만주로 보내야만 했다. 인조는 조선의 왕으로서, 또 아버지로서 이 모든 상황에 대한 책임을 절감하고 마음 아파했을 것이다. 자신의 무능도 탓했을 것이고, 나라의 미래도 걱정했을 것이다. 그의 머릿속에서는 청 태종에게 절을 했던 수치스러운 장면이 맴돌고 있었으며, 그의 마음은 청을 향한 적개심으로 인해 긴장이 그치지 않았을 것이다. 마음의 긴장은 몸의 질병으로 나타나는 법. 인조는 결국 병을 얻었다. 이러한 상황에서 볼모로 잡힌 소현세자는 인조를 대신하여 청과의 외교문제를 처리하는 임무를 맡았다.

소현세자는 맡겨진 임무를 성실하게 임했다. 그는 청이 얼마나 강한 나라인지 직접 보고 느끼면서, 가능하면 청의 비위를 잘 맞추는 것이 조선에게도 이롭다고 생각했다. 그래서 청의 고위관리들과도 좋은 관계를 유지하려고 애썼다. 이러한 소현세자의 행보는 청과 조선에서 정반대의 반향을 불러일으켰다. 우선 청에서는 대환영이었는데, 심지어 청 태종까지도 소현세자를 좋게 보았다. 조선의 대표로 인정해 줄 정도였다. 그러나 조선에서는 소현세자가 청 태종에게 잘 보였다가 나중에 왕위를 노리려는 속셈이 아니냐는 관측이 흘러나왔다. 특히 인조는 소현세자가 청에서 얼마나 후한 대접을 받고 인정을 받으면서 잘 지내는지 듣고 자신의 귀를 의심했다. 자신을 무릎 꿇게 한 청 태종을 웃으면서 대할 아들을 생각하니, 도저히 이해할 수 없었다. 소현세자가 다른 뜻이 있지 않고서는 그렇게 할 수 없다고 생각했다.

이즈음 소현세자에 대한 청과 조선의 태도를 잘 볼 수 있는 사건이 일어났다. 인조 18년(1640년) 인조의 병환이 심해져 조정에서는 청에 세자의 일시 귀국을 요청했다. 청 태종은 이를 허락하면서 먼 길 잘 다녀오라고 송별연을 열어 주었다. 청에서 소현세자의 위치는 확고한 것처럼 보였다. 그러나 조선에서는 정반대의 반응이 나왔다. 인조는 청 태조가 세자를 왕으로 세울 것이 틀림없다고 결론을 내리고, 세자를 맞이하는 모든 의식을 취소했다. 믿었던 이괄에게 배반당한 경험은 아들에 대한 의심에 힘을 실어 주었다.

세자가 다시 심양으로 돌아가고 난 후, 인조는 세자의 일거수일투족에 대한 보고를 들을 때마다 자신의 의심을 확증했다. 일종의 확증편향(confirmation bias)이 일어나는 것이다. 확증편향이란 자신이 믿고 있는 것을 확증하기 위해 외부의 정보를 선별적으로 받아들이는 것을 말한다. 간단하게 말하면 '보고 싶은 것만 보는' 것이다. 만약 어떤 사람을 좋은 사람이라고 생각하고 있고 자신의 생각을 확증하려고 하는 경향이 있다면, 상대방이 좋은 사람이라는 정보는 민감하게 받아들이지만 상대방이 나쁜 사람이라는 정보는 무시하거나 받아들이지 않는다. 인조는 이러한 과정을 거쳐 아들이 자신을 배반했다고 믿게 되었다. 세자가 조선을 위해 청에서 정보를 빼내는 일종의 첩자 역할을 하기 원했건만, 세자는 자신을 배반하고 오히려 조선에서 정보를 빼내는 첩자 노릇을 하고 있다고 생각하게 된 것이다.

그래서 세자빈 강씨의 아버지 빈소에서 곡을 하기 위해 세자와 세자빈이 일시 귀국했을 때에도 인조는 세자빈의 곡을 허락지 않았다. 곡을 하러 가면 그곳에서 세자빈의 가족들과 분명히 접촉할 것이고 이것이 후일의 사건을 도모하는 것일 수 있다고 생각한 것이리라.

인조는 세자가 하는 모든 말과 행동을 배반이라는 관점에서 바라보게 되었다. 그가 다시 만주로 돌아가 청의 북경 무혈입성에 참여한 것도, 그리고 북경에 머무르면서 아담 샬을 만난 것도 모두 자신을 죽이고 왕이 될 준비를 하는 것이라고 보았다. 청을 넘어서 서양 세력을 배경으로 만들려는 수작이라고 보았다. 인조가 보기에 소현세자의 배반은 의심이 아니라 기정사실이었다.

그러던 중 인조는 세자의 영구 귀환 소식을 들었고, 긴장하지 않을 수 없었다. 마치 이괄의 난 때 반란군이 한양으로 진격하고 있다는 소식을 들었을 때와 같지 않았을까. 세자는 조선으로 돌아왔고, 백성은 세자를 대환영했다. 그러나 조정의 분위기는 달랐다. 인조는 신하들이 세자에게 하례하는 것도 막았고, 자신도 세자를 웃는 낯으로 맞이하지 않았다.

그럼에도 세자는 낯빛 하나 변하지 않았다. 인조가 보기에는 무언가 다른 꿍꿍이가 있지 않고서는, 자신이 환대받지 못하는 상황에서도 의연하게 대처할 수는 없을 것이라고 생각했다. 세자가 청과 내통하고 있는 것이라고 확신했다. 그래서 세자가 서양의 책과 여러 가지 기계를 가지고 자신 앞에 나타났을 때 인조는 화를 참지 못하고 벼루를 세자의 얼굴에 내리쳤다고 한다. 인조는 세자가 가지고 온 모든 것이 왕위를 빼앗기 위해 준비한 비장의 무기들로 보였기 때문이다.

인조가 세자를 대하는 태도는 피해망상이 의심될 정도다. 그러나 심리학적으로 조금 더 정확하게 말하자면 망상은 아니다. 망상 이전의 단계인 몰두사고(preoccupied thought)라고 할 수 있다. 몰두사고와 망상은 모두 현실과 동떨어진 사고지만, 망상은 몰두사고보다 훨씬 심한 수준으로 일상생활이 어려울 정도로 현실 검증력이 손상된 상태다. 인조의 경우 소현세자에 대해서만 피해의식에 사로잡혔을 뿐이고, 다른 사람들과 관계에서는 정상이었다. 또 죽을 때까지 왕의 역할을 수행했기 때문에 망상보다는 몰두사고를 가지고 있었다고 보는 편이 더 맞다.

마음의 긴장은 인조로 하여금 몰두사고로 몰아갔으며, 그 결과 세자에 대한 감정을 통제하지 못하게 만들었고, 세자에 대한 적개심은 행동으로 표출되었다. 마음의 긴장이 가져다준 인지협착의 결과로 인조는 극단적인 두 경우밖에 떠오르지 않았다. 먼저 공격하거나, 공격을 당하는 것. 그동안 인조는 공격을 당하기만 했지만 이번에는 먼저 공격을 가했다. 이제 인조에게 세자는 믿고 의지할 수 있는 큰아들이 아니었다. 자신의 목숨을 위협했던 광해군과 대북파, 이괄, 후금(청)과 다를 바 없는 배반자였던 것이다. 그는 믿었던 도끼를 과감히 버렸다. 단지 버린 정도가 아니라, 펄펄 끓는 용광로에 집어넣었다. 도끼를 완전히 없애고자 한 것이다. 그리고 새로운 도끼를 집어 들었다.

같은 경험, 다른 입장

소현세자가 귀국한 지 두 달 만에 갑자기 세상을 떠나자 인조는 급히 봉림대군을 귀국시켰다. 그때까지 봉림대군은 심양에 남아서 귀국 준비를 하고 있었다. 봉림대군이 귀국하자마자 인조는 신하들에게 봉림대군을 세자로 책봉하겠다고 했다. 그리고 인조의 뜻대로 봉림대군은 형이 죽은 지 5개월 만에 조카였던 원손 석철 대신 조선의 세자로 책봉된다. 그리고 인조는 재위 27년(1649년) 5월 세상을 떠나고, 봉림대군이 인조를 이어 왕위에 오르니 그가 바로 효종이다.

효종은 형 소현세자와 함께 심양에서 청의 볼모로 살았다. 8년 동안 함께 있으면서 명의 멸망과 청의 흥기를 똑같이 지켜보았지만, 둘은 전혀 다른 시각을 가졌다. 소현세자는 청이 중원의 주인이 된 이상 이제 분쟁과 대립은 불필요하며 현실을 빨리 인정하는 것이 조선에게 이롭다고 생각했다. 청의 군사력이 얼마나 대단한지 보았기 때문이다. 그러나 봉림대군은 달랐다. 봉림대군도 청의 대단한 군사력을 목격했다. 그러나 그는 소수민족이었던 여진족이 군주 중심으로 하나로 똘똘 뭉쳐 군사력을 키운 결과 한족을 지배하는 중원의 주인이 될 수 있었다고 결론을 내렸다. 그래서 조선도 군사력을 키운다면 청과의 일전이 충분히 가능하다고 생각했다. 게다가 중원의 절대다수였던 한족과 손을 잡으면 청을 멸망시키는 것이 어려운 일이 아니라고 보았다. 그래서 효종은 즉위 초부터 줄기차게 북벌론을 주장했다.

같은 경험을 하더라도 경험을 어떻게 받아들이느냐에 따라 생각과 결론은 얼마든지 다를 수 있다. 우리는 일반적으로 경험을 정확하게 파악한다고 생각한다. 자신이 상황을 객관적으로 이해하기 때문에 자신은 옳고 상대방은 틀렸다고 믿는다. 그러나 사람들은 처한 상황을 있는 그대로 받아들이지 않는다. 자신이 지닌 배경지식 혹은 도식을 체로 삼아 경험을 걸러낸다. 그래서 체로 거른 경험, 즉 도식과 일치하거나 연관성 있는 경험만 받아들인다. 이러한 식의 정보처리를 가리켜 개념주도적 처리(top-down process)라고 한다. 확증편향도 일종의 개념주도적 처리라고 할 수 있다.

그렇다면 배경지식이나 도식이 없는 경우에는 어떻게 하는가? 이럴 경우에는 도식을 만들기 위해 경험을 있는 그대로 받아들이게 된다. 이를 가리켜 자료주도적 처리(bottom-up process)라고 한다. 보통 초반에는 자료주도적 처리를 하다가 나중에는 개념주도적 처리로 넘어가게 된다.

자료주도적 처리와 개념주도적 처리는 각각 장단점이 있다. 자료주도적 처리의 장점은 상황을 정확하게 이해할 수 있다는 것이다. 그러나 정보를 파악하고 이해하는 속도가 느리다는 단점이 있다. 개념주도적 처리는 이와 반대다. 경험을 분석하고 처리하는 속도가 빠르다는 장점이 있지만, 잘못 파악할 가능성이 크다는 단점도 존재한다.

따라서 뛰어난 리더나 위대한 학자들은 두 방식을 고르게 사용하여 장점만을 살린다. 개념주도적 방식을 사용하면서도 혹시 놓친 것이 있는지 끊임없이 돌아봄으로써 자료주도적 방식을 보충한다. 반면에 실패하는 사람들은 개념주도적 방식을 사용함으로써 얻은 지식과 도식을 끝까지 고수한다. 그래서 자신의 의견과 일치하면 받아들이고, 그렇지 않으면 배척한다. 이러한 방식이 극단적으로 가면 몰두사고나 망상이 되고, 현실과 동떨어진 판단과 생각 때문에 주변 사람들의 반발을 산다.

소현세자를 독살한 인조뿐만 아니라 소현세자 자신도, 그리고 소현세자 대신 왕위에 오른 효종 모두 개념주도적 방식만을 고집한 사람들이다. 인조는 이괄의 난을 겪으면서 아들의 행동을 배반과 반역이라는 체로 걸러내었다. 반면 소현세자는 두 호란을 겪으면서, 그리고 심양에서 8년 동안 인질 생활을 하면서 모든 경험을 개혁과 변화라는 체로 걸러내었다. 그래서 모든 것을 바꾸어야 살아남을 수 있고, 바꾸지 않으면 살아남지 못한다는 생각에 사로잡혔다. 이것이 바로 아버지가 아들을 죽인 원인이었고, 아들이 아버지에게 죽임을 당한 원인이었다.

반면에 봉림대군은 두 호란과 심양에서의 8년을 반청과 북벌의 채로 걸러내었다. 어떤 것이든지 반청과 북벌에 도움이 되면 선이고, 그렇지 않으면 악이었다. 반청과 북벌의 핵심은 군사력의 강화였고, 이것은 더 나아가서 숭무사상과 왕권의 강화로 이어졌다. 이러한 효종의 일방적이고 강압적인 태도는 신하들과의 마찰을 일으켰다. 조선은 청이 아니었다. 조선에서는 제아무리 왕이라고 하더라도 사대부들의 지지와 협력이 없이는 할 수 있는 것이 별로 없었다. 게다가 사대부들은 왕권의 강화를 그냥 두고 볼 사람들은 아니었다.

결국 효종도 한창 일할 나이에 갑자기 세상을 떠나고 말았다.『효종실록』에서는 효종의 사인을 두고 머리에 난 작은 종기 때문에 침을 맞다가 침이 혈락을 범했기 때문이라고 기록하고 있다. 그러나 효종의 갑작스러운 죽음은 많은 의문점을 남기고 있으며 일부 학자들은 효종이 북벌을 반대하는 신하들에 의해 독살되었을 가능성을 제기하고 있다. 사실이야 어찌 되었든 효종의 죽음과 함께 만주 땅을 넘어 중원까지 진출하고자 했던 조선의 북벌계획은 영영 꿈으로 끝나고 말았다.

제 7 장

절대군주, 마음이 공허한 나르시시스트 — 현종, 숙종

인간은 모두 아기, 즉 아주 연약한 존재로 태어난다. 얼마나 연약한지 누구든 돌봐 주지 않으면 생명을 유지하기 힘들 정도다. 그러나 이렇게 신체적으로는 가장 연약한 존재일 때, 심리적으로는 세상의 모든 것을 할 수 있다는 전능감을 가지게 된다. 아기가 너무도 연약하므로 양육자가 모든 것을 아기 중심으로 맞춰 주기 때문이다. 마치 절대군주를 모시는 신하처럼 아기가 조금이라도 불편하지 않게 대하고, 아기가 원하는 모든 것을 해 주려고 노력한다.

양육자가 이렇게 아기를 극진히 보살피는 것은 단지 그들이 연약하기 때문만은 아니다. 아기는 보살펴 주고 싶은 모성애를 자극한다. 그래서 아기를 보면 모두 좋아하고 웃으며 반긴다. 심지어 아기를 처음 본 사람이라도 그러하다.

아직 인지 능력이 발달하지 않은 아기는 이러한 환경과 주변 사람들의 반응을 통해 지극히 자기중심적인 사람이 된다. 물론 시간이 지나 실패를 경험하고 인지 능력이 발달하면 전능감은 깨진다. 우선 동생만 태어나도 자신에게 몰렸던 관심은 그치게 마련이다.

그러나 아기가 일반인이 아니라 왕이라면 이야기는 달라진다. 그것도 태어날 때부터 왕이 될 아기라면 어떨까? 물론 아기 때의 전능감이 완벽하게 유지되지는 않겠지만 상당 부분 남게 될 것이다. 달리 생각하면 전능감은 왕이 가져야 할 덕목이기도 하다. 이렇게 모든 사람들이 자기중심적으로 맞춰 준다면 과연 행복할까? 전혀 그렇지 않다. 오히려 마음에 공허감이 남아 해갈되지 않는 갈증을 느끼며 살 가능성이 높다. 그래서 끊임없이 무엇을 갈구하고 찾는다. 그 대상은 사람이 될 수도 있고 일이 될 수도 있다. 그게 무엇이든 자신에게는 해가 되기 쉽다. 몸과 마음의 건강이 쉽게 손상될 수 있다. 조선 최고의 나르시시스트 숙종이 바로 이런 사람이다.

소현세자가 의문의 죽임을 당하고 그의 동생 봉림대군이 인조의 뒤를 이어 왕위에 올라 효종이 되었다. 효종은 소현세자와 달리 인조의 뜻에 맞는 아들이었다. 효종은 왕에 등극했을 때부터 배청 분위기를 확산하면서 북벌계획을 추진하면서 군사력을 강화했다. 그 결과 효종 5년(1654년)과 9년(1658년) 두 번에 걸친 나선 정벌에서 조선군의 조총부대 활약에 힘입어 전쟁은 승리로 끝났다. 효종과 조선군의 사기는 하늘을 찌를 듯했다. 당장이라도 청나라와 싸울 것 같은 기세였다. 그러나 효종의 북벌계획은 결국 무위로 돌아갔다. 효종의 예상과 달리 청나라는 날로 강해졌기 때문이다. 결국 효종은 북벌의 뜻을 이루지 못하고 그의 아들 현종이 왕위에 오른다.

아버지 효종(봉림대군)이 심양에 볼모로 잡혀가 있을 때 태어난 현종은 즉위하자마자 예송논쟁에 휩싸이는데, 이는 효종의 상에서 인조의 계비인 자의대비, 즉 장렬왕후 조씨가 어떤 상복을 입어야 하는지에 대한 논쟁이었다. 송시열을 비롯한 서인은 효종이 인조의 차남이기 때문에 1년상이라고 주장한 반면, 허목과 윤휴를 비롯한 남인은 효종이 왕위를 계승했으므로 3년상이라고 주장했다. 이 논쟁은 소현세자가 의문의 죽임을 당한 뒤 왕위에 오른 효종의 정통성을 인정하느냐 마느냐로 비춰질 수 있는 문제였다. 현종은 서인이 주장(1년상)에 손을 들어 주면서 이 문제를 더 거론하지 말라고 명했다. 1차 예송논쟁(기해예송)을 계기로 조정은 서인이 장악하게 되었다.

그러나 자의대비의 복상 문제는 현종 15년(1674년) 2월 효종의 비인 인선왕후가 죽자 다시 쟁점으로 부각되었다. 며느리가 죽었을 때 시어머니가 어떤 상복을 입어야 하는지가 장남인 경우와 차남인 경우가 달랐기 때문이다. 송시열을 중심으로 한 서인은 이번에도 효종이 차남이기 때문에 자의대비가 9개월만 상복을 입으면 된다고 했고, 남인은 왕위를 계승했기 때문에 장남으로 보아야 하고 그래서 1년을 입어야 한다고 주장했다.

그러나 이때 현종은 처음과 달리 남인의 손을 들어 주었다. 그 배후에는 김석주가 있었다. 김석주는 서인이면서도 송시열의 세력을 꺾고 서인의 중심이 되고자 했던 인물로서, 현종의 처사촌이었으며 이때 좌부승지로 있었다. 현종은 김석주에게 1차 예송논쟁을 재검토하여 보고할 것을 지시했고, 현종은 이 보고를 토대로 남인의 손을 들어 주었다. 그래서 2차 예송논쟁(갑인예송)을 계기로 현종 말기와 숙종 초기에는 남인과 김석주가 조정을 장악한다.

예송논쟁은 겉으로 보기에는 자의대비의 상복에 대한 것이었지만 실제로는 당파 사이의 권력 투쟁이라고 볼 수 있다. 그리고 더 나아가 신권을 견제하려는 왕과, 왕권을 견제하려는 신하 사이의 대결이었다. 이렇게 당파 싸움이 절정을 향해 달리고 있을 때 숙종이 왕위에 올랐다.

적통 숙종, 14세에 친정을 하다

숙종은 현종 2년(1661년) 8월 원자로 태어났다. 당시 21세였던 현종의 기쁨이 얼마나 컸을지는 조선왕조의 역사를 알고 있는 사람이라면 충분히 예상해 볼 수 있다. 그동안 조선왕실에서 흘렸던 피는 대부분 후계자를 두고 일어난 것이었고, 이는 왕권 약화로 이어졌다. 특히 방계승통의 시대를 연 선조 이후 왕권이 신권에 밀리는 형국을 보였는데, 이는 왕위 계승의 정통성이 도전받고 있는 것이었다. 따라서 원자가 태어났다는 것은 왕권의 강화를 보장하는 것은 물론이고, 더 나아가서 왕실과 조정, 조선 전체의 안정을 의미하는 것이었다. 원자가 건강하게만 자란다면 세자가 될 것이고, 성인이 되어서는 왕이 될 것이 분명했다. 현종과 왕실 그리고 조정이 원자를 지극정성으로 돌보는 것은 당연한 일이다.

원자가 현종 8년(1667년)에 왕세자로 책봉되면서 본격적인 세자 교육이 시작되었다. 조선시대에는 원자가 태어나면 원자를 양육하는 기관인 보양청을 설치했다. 원자가 더 성장하여 글공부를 해야 할 때가 되자 보양청은 강학청으로 바뀌었다. 강학청은 어려운 글공부를 시키는 곳이 아니라 글자를 깨우치는 정도의 기초교육을 시키는 곳이었다. 그러다가 본격적인 글공부를 할 때가 되자 강학청은 다시 서연으로 탈바꿈했다. 숙종도 왕세자로 책봉되면서 서연에서 본격적인 공부를 시작했다.

이 과정에서 현종은 세자가 글공부 때문에 건강을 해치지는 않을까, 글공부를 너무 일찍 시작해서 흥미를 잃지 않을까 아주 세세한 부분까지 직접 챙길 만큼 세자를 끔찍이 아꼈다. 현종 9년(1668년)

에는 지방을 순행하던 현종이 세자가 병으로 누웠다는 소식을 듣고는 지체 없이 돌아와서 세자의 병간호를 직접 맡기도 했다. 『실록』에서는 현종이 세자의 병간호를 하느라 한동안 정사를 돌볼 수 없었다고 기록하고 있다. 이렇게 애지중지하던 세자는 현종의 보살핌 속에서 하루하루 성장하면서 왕으로서의 준비를 하고 있었다.

시간이 흘러 현종 15년(1674년) 2차 예송논쟁에서 현종은 김석주와 남인의 손을 들어 주는데, 그러고 나서 불과 한 달여 만에 현종은 갑자기 복통을 호소하면서 위독한 상태에 빠졌다. 그 와중에서도 현종은 정승들과 처사촌 김석주에게 세자를 부탁하고 8월 18일에 승하한다. 현종의 갑작스러운 죽음으로 조정과 온 백성이 받은 충격은 이루 말할 수 없었다. 누구보다도 이제 14세밖에 안 된 세자에게는 더욱 그랬다. 왜냐하면 아버지의 죽음은 자신의 왕위 등극을 의미하는 것이었기 때문이다.

조선에서는 세자가 20세 이전에 왕이 되면 성인이 될 때까지, 혹은 친정 능력이 있을 때까지 수렴청정을 하는 것이 관례였다. 실제로 성종은 정희왕후, 명종은 문정왕후, 선조는 인순왕후의 수렴청정을 받았다. 당연히 14세의 숙종도 수렴청정을 받아야 했고, 숙종의 어머니 명성왕후는 수렴청정을 하고 싶었을 것이다. 그러나 숙종은 수렴청정 없이 바로 친정을 시작했다.

그 이유는 이렇다. 수렴청정이란 왕실의 최고 어른이 해야 하는 것인데 숙종 당시에는 바로 인조의 계비인 자의대비가 서열상으로 최고의 어른이었다. 그러나 자의대비는 궁궐에서 실권도 없었고 수렴청정에 대한 의지도 없었다. 그렇다고 해서 숙종의 어머니였던 명성왕후가 수렴청정을 할 수 있는 상황도 아니었다. 자의대비에게 말길 수도 없고 자신이 할 수도 없었기에 명성왕후는 신하들과 의논하여 숙종의 친정을 결정했다. 명성왕후는 자신의 사촌인 김석주가 숙종 옆에서 보좌할 것이므로 자신의 뜻대로 국정을 움직일 수 있다고 생각했을지 모른다.

그렇다면 조선의 왕들 중에 20세 이전에 친정을 시작한 왕은 전혀 없었을까? 그렇지는 않다. 선조가 16세의 나이로 왕위에 등극하여 인순왕후의 수렴청정을 받기는 했으나, 이듬해 친정 능력을 인정받아 17세부터 친정을 했다. 이러한 선례가 있기는 하지만 14세와 17세의 나이 차이는 결코 적지 않다. 물론 숙종이 어린 시절부터 총명하고 예의 바르기가 웬만한 성인 못지않다는 이야기가 자자했지만, 과연 국정을 잘 돌볼 수 있을지 많은 사람들이 걱정했다.

숙종은 이러한 걱정을 일시에 불식했다. 왕위에 오르는 순간부터 그는 조선의 절대군주로서 움직이기 시작했다. 마치 왕이 되기를 기다렸다는 것처럼 자신의 철학을 실천에 옮겼다. 무엇보다 주목할 만한 것은 조선의 역사 속에서 일어났던 수많은 상처들, 이전까지는 언급조차 할 수도 없었던 사안들을 숙종은 과감히 드러내 놓고 치유하려고 했다.

우선 숙종은 태종이 왕위에 오르는 과정에서 희생된 이방번과 이방석을 복권했다. 이들의 복권은 자칫 태종의 거사였던 1차 왕자의 난을 부정하는 것으로 보일 수도 있었기 때문에 그동안 아무도 거론하지 못했던 일이다. 그러나 숙종은 이들을 복권하여 이방번은 무안대군으로, 이방석은 의안대군으로 추증했다. 한편 태종이 왕위에 오르기 전에 임시로 왕위에 있었던 영안대군인 이방과도 공정대왕으로 불릴 뿐 제대로 된 칭호를 얻지 못하고 있었는데, 숙종은 여러 신하들의 의견을 물어서 공정대왕의 묘호를 정종으로 정했다.

묘호가 없었던 왕은 정종뿐만이 아니었다. 문종의 아들로서, 삼촌이었던 수양대군(세조)에게 왕위를 빼앗기고 결국에는 죽임을 당한 노산대군도 묘호가 없었다. 방번과 방석을 복권하는 것이 태종의 정통성에 이의를 제기하는 것으로 보일 수 있는 것처럼, 노산대군을 복권하는 것은 세조의 정통성에 이의를 제기하는 것으로 보일 수 있는 일이었다. 그러나 숙종은 자신의 판단을 신뢰했고 노산대군에게 단종이라는 묘호를 정하게 했다. 그뿐만 아니라 사육신의 복권도 감행함으로써 조선 역사의 상처를 어루만지려고 했다. 자칫하면 스스로 조선왕조의 정통성을 부인하는 것이라는 지탄과 오해를 받을 수 있었지만 숙종은 일단 옳은 일이라고 판단하면 밀어붙이는 성격이었다.

숙종은 자신의 생각과 판단을 신뢰했다. 그래서 숙종의 이러한 태도에 아무도 제동을 걸지 못했다. 다른 사람들의 의견을 듣기는 하지만 어디까지나 자신의 생각과 견주어 보기 위함이었다. 조선의 역사 전체를 놓고 보았을 때 숙종은 대내외적으로 좋은 시대를 타고 나지는 못했다. 효종 때부터 북벌을 준비하고는 있었지만 사실상 불가능했다. 인조반정 후 서인과 남인의 힘이 커져 왕의 말보다는 당파를 이끄는 영수(領袖)의 말이 더욱 영향력이 있었다. 그러나 이 모든 상황적 여건은 숙종에게 아무런 문제가 되지 않았다. 숙종은 조선의 절대군주였기 때문이다.

절대군주의 전능감

숙종은 태어날 때부터 왕이 될 사람이었다. 태어날 때부터 왕이 될 자격이 있었던 왕, 즉 원자로 태어난 왕은 숙종 이전에는 단 세 명뿐이었다. 바로 문종과 연산군, 인종이다. 이외의 다른 왕들은 원자로 태어나지 않았다. 성인이 되어서 왕이 되었거나 어린 시절 세자부터 시작한 경우가 대부분이다.

원자로 태어났다는 것은 무엇을 의미하는가? 역사적으로 보자면 왕이 될 준비를 제대로 할 수 있는 조건이 갖추어졌다는 것을 의미하지만, 심리적으로 보자면 전능감(omnipotence)을 가질 수 있는 조건이 갖추어졌다는 것을 의미한다. 전능감이란 자신이 모든 것을 할 수 있다는 심리적 상태다.

아기들은 세상에 대하여 너무나 무력하다. 한없이 약하다. 외부의 위협과 공격에 대해서 무력하고 약한 것은 물론이고, 인간의 가장 기본적인 세 가지 생리 활동, 즉 먹고 자고 배설하는 것도 스스로 할 수 없다. 따라서 반드시 다른 사람의 돌봄과 보호를 받아야 한다. 그러지 않으면 아기는 생명을 유지할 수 없다. 아기를 돌본다는 것은 기본적인 생리 활동을 해결해 주어야 하는 것은 물론, 외부의 위험과 위협으로부터 보호해 주는 것을 뜻한다. 그리고 더 나아가 아기가 세상을 알아 갈 수 있도록 하나하나 가르쳐 주고 알려 주어야 한다. 이렇게 아기를 돌보고 싶은 마음과 그것을 행동으로 표출할 때, 우리는 모성애라는 말을 사용한다.

심리학자들은 모성애를 두 가지 측면에서 접근한다. 하나는 돌보는 양육자의 입장에서고, 또 다른 하나는 돌봄을 받는 아기의 입장에서다. 우리가 일반적으로 알고 있듯이 모성애는 어머니가 자녀를 돌볼 때 하는 행동과 느끼는 감정이다. 실제 연구에서도 사람을 비롯한 포유동물들은 자녀를 출산함과 동시에 생리적 변화를 겪는다는 것이 밝혀졌다. 심리학자들은 이것이 모성애의 기초가 된다고 주장한다. 그러나 심리학자들은 모성애를 전혀 다른 입장, 즉 아기의 입장에서 보기도 한다. 아기가 주변 사람들로부터 모성애를 이끌어 내는 독특한 특징들이 있다는 것이다. 다시 말해 아기가 가지고 태어나는 독특한 특징들이 주변 사람들에게 모성애적 감정과 행동을 불러일으키는 단서의 역할을 한다는 것이다.

그렇다면 아기가 가지고 태어나는 독특한 특징에는 어떤 것들이 있을까? 우선 아기들은 머리가 크다. 갓 태어난 아기는 머리와 몸의 비율이 1대 3이니 상당히 큰 머리를 가졌다고 할 수 있다. 그뿐만 아니라 이마가 약간 돌출되고, 눈이 비교적 크며, 코는 위로 살짝 젖

혀졌다. 그리고 두 볼은 매우 토실토실하다. 그러나 이런 특징들을 압도하는 최고의 아기다움은 미소다. 아기들이 웃는 모습은 모든 사람을 행복하고 즐겁게 하며, 돌봐 주고 보호해 주고 싶은 강렬한 충동을 불러일으킨다.

물론 아기들이 짓는 미소는 성인들의 미소처럼 행복하고 즐겁다는 감정을 표현하는 것은 아니다. 아직 아기들의 인지 능력이 발달하지 않았기 때문에 행복하고 즐거워서 웃는다고 볼 수는 없다. 학자들은 이것이 선천적으로 결정된다고 하는데, 좋아서 웃는 것이 아니라 단지 얼굴 근육이 수축되기 때문에 표정이 나타난다는 것이다. 그러나 사실이야 어떻든 아기의 미소는 모성애를 유발한다. 이러한 이유로 자기 자녀가 아니더라도 사람들은 어떤 아기든지 돌봐 주고 보호해 주고 싶은 모성 동기를 가진다.

아기의 귀여운 얼굴과 앙증맞은 신체구조, 그리고 '살인 미소'는 모든 사람들의 주목과 관심을 끌게 마련이다. 명절에 가족들이 모였을 때 아기가 있는 집안과 아기가 없는 집안의 분위기는 확연히 다르다. 아기가 있는 집안은 모두들 아기를 바라보면서 아기가 한번 웃어 주기를 고대한다. 아이가 한번 웃어 주면 할아버지로부터 시작하여 모든 가족들의 웃음꽃이 핀다. 행여 아기가 아프기라도 하면 모든 가족의 얼굴에 근심걱정이 가득하다. 또한 아기가 원하는 것은 무엇이든지 해 주려고 하기 때문에, 아기는 갖지 못할 것이 없고 하지 못할 것이 없다. 아기가 가족의 중심이 되어 절대권력을 가지게 되며, 전능감을 가지게 되는 것이다.

그러나 이러한 전능감은 오래가지 못한다. 왜냐하면 부모나 주변 사람들이 최선을 다해서 아기를 돌봐 주고 보호해 주려고 하지만,

여러 가지 이유로 아기가 원하는 모든 것을 다 채워 줄 수는 없기 때문이다. 이보다 더 결정적으로 아기의 전능감을 산산조각 내는 사건이 일어나기도 한다. 바로 동생의 출생이다.

개인심리학의 창시자이며 열등감 이론으로 유명한 아들러(Alfred Adler)는 동생을 본 첫째 아이의 심리상태를 '폐위된 왕'에 비유했다. 동생의 출생으로 자신이 그동안 누렸던 절대권력이 동생에게로 이동하기 때문이다. 이러한 이유에서 동생이 없이 외동으로 자란 사람들은 절대권력의 상실을 경험하지 못하고, 그래서 자기중심적이거나 이기적인 사람이 되기 쉬운 것이다.

한 가족의 아기도 이렇게 절대권력을 통한 전능감을 경험하는데, 한 나라의 왕자로 태어난 아기는 오죽할까? 숙종은 태어날 때부터 왕이 될 신분이었다. 그래서 숙종이 어린 시절 경험했던 절대권력과

전능감은 다른 아기들에 비유할 바가 못 된다. 왕실의 수많은 왕족들과 조정의 대신들, 궁궐의 신하들을 비롯하여 조선의 모든 백성이 원자를 바라보면서 원자가 울고 웃는 표정 하나에 천국과 지옥을 오르락내리락했을 것이다.

더군다나 현종은 숙종의 어머니였던 명성왕후 김씨를 제외한 다른 아내를 두지 않았다. 게다가 명성왕후 김씨는 총 네 명의 자녀를 낳았는데, 아들은 숙종 한 명이었다. 이것은 숙종의 위치를 더욱더 절대적으로 만들었다. 행여나 원자가 왕이 되기 전에 죽기라도 한다면 다른 대안이 없는 상황이었기 때문이다. 숙종은 이렇게 어린 시절부터 절대권력을 가진 아기로 전능감을 경험하면서 성장했다. 이러한 숙종의 성장 배경은 이후에 왕이 되어서도 자신이 원하는 것은 끝까지 밀어붙이고야 마는 절대군주의 모습으로 나타난 것이다. 이전의 왕들이 할 수 없었던 역사의 상처를 치유하는 일도 절대군주 숙종이었기 때문에 가능한 일이었다.

아무도 제동을 걸 수 없는 절대권력자의 행보는 때로 많은 사람들의 피를 흘리게도 한다. 숙종의 재위기간 동안 죽은 선비들은 조선의 4대 사화를 통해서 죽은 선비들의 숫자보다 훨씬 더 많았을지도 모른다고 한다. 그 이유는 바로 이전에 없었던 새로운 정치 제도인 환국 때문인데, 숙종은 환국이라는 극단적인 정권 교체를 통해 자신의 전능감을 마음껏 누렸다.

환국의 연속

현종의 갑작스러운 죽음으로 2차 예송논쟁에서 김석주와 남인에게 패배한 서인의 숙청 계획은 중단되었다. 그러나 현종의 장례식이 끝나자마자 남인은 송시열과 서인을 탄핵하기 시작했고, 숙종도 이를 받아들여 첫 번째 환국을 실시했는데, 이를 갑인환국(甲寅換局)이라고 한다. 환국이란 왕이 조정의 대신들을 전면적으로 바꿔 버리는 일종의 정권교체를 의미한다. 이전까지의 왕들은 자기 마음에 들지 않는 몇 명만 갈아치우곤 했는데, 숙종은 거의 모든 대신들을 갈아치운 것이다.

갑인환국으로 인조반정 이후 40년 동안 서인의 손에 있었던 조정의 주도권은 남인에게 넘어갔다. 서인의 몰락은 현종이 갑작스럽게 세상을 떠나기 직전에 일어났던 2차 예송논쟁의 결과로 예견된 것이다. 갑인환국의 결과 남인이 조정을 장악하기는 했으나 완전한 남인의 세상은 아니었다. 숙종은 어머니 명성왕후 김씨의 천거를 받아 김석주를 요직에 앉혀 놓았다. 이로서 숙종은 남인의 독주를 견제할 수 있는 최소한의 장치를 가지게 되었다.

남인에게 조정의 주도권을 넘겨 준 지 몇 년 되지 않아 숙종은 남인의 무능과 전횡에 염증을 느꼈고, 다시 환국을 일으켰다. 환국이 일어난 계기는 두 가지로, 모두 남인의 영수였던 허적으로부터 시작되었다. 첫째는 허적이 기름천막을 자신의 마음대로 사용했기 때문이다. 기름천막은 비에 젖지 않게 만든 천막으로, 원래 왕실의 행사에서만 사용하는 것이다. 숙종은 자신의 허락도 받지 않고 기름천막을 사용한 허적이 왕권을 우습게 보는 것이라며 대노했다.

여기에 더하여 더 큰 사건이 있었다. 허적의 유일한 혈육인 서자 허견이 인조의 손자이며 인평대군의 아들들과 함께 역모를 도모했다는 고변이 숙종에게 들어왔다. 이로 인해 숙종은 거의 100여 명에 이르는 남인을 사형시키거나 유배를 보냈고, 남인은 완전히 몰락했다. 이것이 숙종 6년(1680년)에 일어난 경신출척(庚申黜陟)이다.

이로써 조정은 다시 서인의 세상이 된다. 이 경신출척에서 남인의 숙청에 대한 의견 대립 문제로 서인은 다시 노론(老論)과 소론(少論)으로 분열되었다. 노론은 송시열, 이이명을 중심으로 한 노장파로서 남인에 대하여 강한 탄압을 주장한 반면, 소론은 한태동, 윤증을 중심으로 한 소장파로서 남인에 대해서 관용적인 태도를 취했다. 이로서 조정은 남인, 북인과 더불어 소론과 노론으로 사색당파에 의해 움직이게 된다.

세 번째 일어난 환국은 그 유명한 장희빈과 관련이 있다. 원래 숙종의 정비는 인경왕후 김씨였다. 그녀는 두 명의 딸을 낳았으나 모두 일찍 죽었고, 자신도 숙종 6년(1680년) 20세의 젊은 나이에 천연두로 세상을 떠났다. 이듬해 숙종은 인현왕후 민씨를 계비로 받아들였다. 그러나 인현왕후 민씨도 아이를 갖지 못했다. 이때 숙종은 희빈 장씨에게 마음을 두었고, 결국 숙종 14년(1688년) 그녀는 왕자 균을 낳았다. 숙종은 왕자를 세자로 책봉하려고 했고, 서인은 인현왕후의 나이가 많은 것도 아닌데 후궁의 자식을 세자로 책봉하는 것은 옳지 않다고 고언했다. 그러나 숙종은 다른 사람들의 말을 듣는 사람이 아니었다. 왕자가 태어난 지 두 달 만에 세자에 책봉했고 세자 책봉에 반대한 서인에게 사사를 내리거나 유배를 보냈다. 이때 서인의 영수인 송시열도 사사를 당했으니, 이를 기사환국(己巳換局)

이라고 한다. 그리고 더 나아가 희빈 장씨를 빈으로 승격하는 것과 동시에 인현왕후 민씨를 폐출하기에 이른다. 중전이 하루아침에 뒤바뀐 것이다. 이를 두고 많은 서인이 반대하는 상소를 올렸는데, 숙종은 다시 한 번 서인들을 사사시키거나 유배를 보냈다. 인현왕후는 서인 출신이었고 희빈 장씨는 남인과 연결되어 있던 것도 기사환국의 중요한 원인이다. 기사환국의 결과 서인은 축출되고 다시 남인이 조정을 장악했다.

숙종 15년(1689년) 기사환국 직후 숙종과 중궁 장씨의 관계는 좋았다. 그러나 이후에 숙종의 관심은 소의 최씨에게 옮겨갔다. 숙종 19년(1693년) 최씨는 아들을 낳았다. 비록 이 아들은 오래 살지 못했지만, 다음 해에 최씨는 다시 아들을 낳았다. 이가 바로 영조가 되는 연잉군(延礽君)이다. 이처럼 숙종의 관심이 장씨에서 숙빈 최씨에게 이동하고 있다는 것은 숙종이 장씨에게 염증을 느끼고 있다는 것이고, 이는 바꿔 말하자면 민씨의 폐비를 후회하고 있다는 것이었다. 이러한 배경에는 남인의 세력이 지나치게 커지고 있음을 염려한 숙종의 정치적 계산이 깔려 있었다. 숙종의 이러한 의중을 알아차린 서인은 민씨 복위운동을 전개했으며 남인은 당연히 서인을 제거하려 했다. 그러나 숙종은 서인의 손을 들어 주었다. 남인은 유배되거나 사사를 받았고, 폐비 민씨를 복위하고 장씨를 다시 희빈으로 강봉했다. 이것이 숙종 20년(1694년)에 일어난 갑술옥사(甲戌獄事)다.

숙종은 희빈 장씨를 내치기는 했지만 세자는 여전히 보호해 주었다. 그리고 세자를 위해서라도 숙종은 희빈 장씨를 나락으로 떨어뜨리지 않았다. 그러나 사건은 여기서 끝나지 않았다. 궁녀에서 희빈으로, 희빈에서 중궁이 되었다가 다시 희빈으로 강봉된 장씨의 마음은 당연히 분노와 원한으로 가득 찼을 것이다. 그러던 중 숙종 27년(1701년) 인현왕후 민씨는 원인 모를 병고에 시달리다가 죽었다. 이를 두고 말이 많았는데, 특히 희빈 장씨가 취선당(就善堂) 서쪽에 신당을 차려 놓고 무당을 불러 굿을 하면서 매일같이 민비가 죽기를 빌었다는 이야기가 퍼졌다. 만약 민비가 죽는다면 세자의 어머니인 자신이 다시 중궁의 자리에 오를 수 있을 것이라 기대했는지도 모른다. 이 이야기는 숙의 최씨를 통해 결국 숙종의 귀에 들어갔다. 숙종은 희빈 장씨에게 자진(自盡), 즉 스스로 목숨을 끊으라고 명했고, 결국 희빈 장씨는 스스로 사약을 마시고 죽었다. 숙종은 희빈 장씨의 오빠였던 장희재를 비롯하여 주변 사람들을 국문하여 죽였다. 그리고 희빈 장씨의 죽음을 반대했던 서인의 소론측 사람들도 유배되거나 파면당하고, 서인의 노론이 대거 등용되었다. 이것을 가리켜 무고(巫蠱)의 옥이라고 한다.

마음이 공허한 나르시시스트

사극을 즐겨 보는 많은 사람들은 숙종보다 장희빈을 더욱 잘 알고 있다. 장희빈의 일생이 파란만장했기 때문에 극작가들에게 좋은 소재가 되기 때문이다. 그러다 보니 숙종의 환국정치를 장희빈과의 애증 관계로 풀어내는 사극들이 대부분이지만 역사적 사실은 오히려 그 반대다. 장희빈과의 관계를 환국정치의 맥락 속에서 이해해야 한다. 숙종은 환국정치를 통해 서인과 남인 사이에서 절대권력을 휘둘렀는데, 그 과정에 인현왕후 민씨와 희빈 장씨를 연루시켰다고 보는 것이 사학계의 중론이다. 그러나 이처럼 희빈 장씨와의 관계 때문에 환국이 일어난 것이 아니라면 굳이 환국의 과정에서 인현왕후 민씨와 희빈 장씨를 희생시킬 필요는 없지 않는가? 도대체 아내들을 죽이고 살리고, 폐위하고 복위하는 숙종의 심리는 무엇일까?

숙종은 조선의 어느 왕보다 강력한 왕권의 소유자였다. 그것이 가능할 수 있었던 것은 태어나면서부터 왕으로서의 정통성을 확보했던 것은 물론이고, 어린 시절부터 원하는 모든 것을 할 수 있는 전능감을 소유한 절대군주였기 때문임을 앞서 살펴보았다. 절대권력을 가진 숙종의 전능감은 이전의 왕들이 할 수 없었던 역사의 상처를 어루만지는 일들을 하기도 했다. 그러나 한편으로는 이전의 왕들과 달리 신하들이 자신의 의견에 대하여 반대하는 의견이나 상소를 올릴 때, 무엇이 옳고 그른지 심사숙고하기보다는 분노의 감정에 쉽게 휩싸이고, 마음에 들지 않는 사람을 곧바로 내치는 불같은 성격을 만들어 주었다. 이것은 전형적인 나르시시즘, 즉 자기애적 성격의 특징이다.

자기애로 번역되는 나르시시즘은 그리스 신화에 등장하는 나르시수스(Narcissus)로부터 유래된 말이다. 나르시수스는 강의 신인 케피수스(Cephisus)와 요정 리리오페(Liriope) 사이에서 태어난 아들로, 그는 잘생긴 외모 때문에 수많은 요정들과 여성들의 구애를 받았다. 그러나 그는 이들을 모두 냉정하게 뿌리친다. 나르시수스를 사랑했다가 버림받은 한 요정이 복수의 여신 네메시스(Nemesis)에게 복수를 부탁했다. 그도 사랑이 무엇인지 알게 하고, 또 애

자기애적 성격
나르시시즘으로 불리는 자기애는 자신을 사랑한다는 의미다. 자기심리학의 창시자 코헛은 이들이 진정으로 자신을 사랑하는 것이 아니라 아무도 자신을 사랑하지 않기 때문에 자신을 사랑할 수밖에 없다고 주장했다.

정의 보답을 받지 못하는 것이 얼마나 괴로운지 깨닫게 해 달라고 한 것이다. 네메시스는 요정의 소원을 들어 주었다.

> **자기심리학**
> 코헛은 프로이트의 전통적인 정신분석 입장에서 자기애적 성격을 가진 내담자들을 상담하면서 자기애에 대한 프로이트와 정신분석의 입장이 틀렸음을 발견했다. 그래서 자기(self) 개념을 중심으로 한 새로운 이론과 학파를 만들었고, 이를 자기심리학이라고 한다.

어느 날 나르시수스는 사냥을 갔다가 길을 잃었다. 한참 숲속을 헤매다가 작은 옹달샘 하나를 발견했다. 목을 축이려고 샘에 다가간 그는 그 속에서 너무나 아름다운 사람을 발견했다. 물론 그것은 물에 비친 자신의 모습이었다. 그러나 그는 그것을 모른 채 물에 비친 사람에게 반해 버리고 만다. 물에 비친 아름다운 사람은 만지려고 하면 이내 사라지고, 손을 치우면 다시 나타나곤 했다. 나르시수스가 아무리 구애를 해도 그 사람은 대답이 없었다. 나르시수스는 너무나 슬퍼 아무것도 먹지 않고 샘 앞에 앉아 애타게 그것만 바라보았다. 시간은 흘러 그는 점점 야위었으며 결국 그 자리에서 죽고 말았다.

물에 비친 자신의 모습을 사랑하다가 죽어간 나르시수스처럼 자신을 사랑하는 사람들을 나르시시즘이라고 하는데, 자기애적 성격인 사람들은 자신을 진심으로 사랑하는 것일까?

이에 대하여 **자기심리학(self psychology)**의 창시자인 코헛(Heinz Kohut)은 그렇지 않다고 강력하게 주장한다. 코헛의 주장에 따르면 나르시시즘인 사람들은 자신을 진정으로 사랑하고 그 사랑의 결과로 마음에 안정감이 있는 사람들이 결코 아니라고 한다. 오히려 아무도 자신을 사랑해 주지 않기 때문에 자기 자신이라도 자신을 사랑해야 하는 사람이라고 보았다. 자신을 진정으로 사랑한다면 마음이 편안하고 안정되기 때문에 다른 사람의 반응에 민감하지 않게 마련이다. 그러나 사랑받고 인정받은 경험이 없는 사람들은 그 마음이 늘 공허하여, 미봉책으로나마 자신을 사랑하는 것이다. 또 한편으로는 다른 사람들의 사랑과 관심을 끊임없이 요구하기에 다른 사람의 반응에 민감할 수밖에 없다.

코헛은 수많은 자기애적 성격을 가진 내담자들과 상담하면서 공통된 현상을 발견했다. 내담자들이 상담자로부터 끊임없는 반영(mirroring)을 원한다는 것이다. 즉, 말이나 행동을 비롯한 자신의 모든 것에 대하여 상담자가 완벽하게 반응해 주기를 바란다는 것이다. 만약 상담자가 자신에 대하여 무관심하다고 느낄 때, 혹은 자신의 말에 대하여 공감하지 못하고 반대의 의견을 제시하면 이들은 불같이 화를 낸다. 너무나 취약한 자존심을 가지고 있기 때문이다. 그러나 겉으로 보기에는 화도 잘 내고 스스로 잘난 척을 하기 때문에 자기애적 성격으로 보이게 마련이다. 상담자가 아닌 대부분의 사람들은 이러한 마음을 이해하지도 못하고 공감해 주지도 못할 것이라고 생각해서 마음을 닫아 버리고 상대방을 무시하거나 더 나아가 착취하는 전략으로 나가는 것이다.

그렇다면 자기애적 성격이 생기는 이유는 무엇일까? 이에 대하여 코헛은 양육자가 아이의 다양한 욕구와 감정에 대하여 공감해 주지 못했기 때문이라고 지적한다. 결국 사랑받고 이해받고 공감받아야 할 아이는 부모의 공감 실패로 좌절과 수치감을 느끼고, 이때부터 공허한 마음이 생긴다. 그리고 이 공허한 마음을 달래기 위해 아무도 사랑하지 않는 자신을 스스로 사랑해야 한다. 나르시시스트는 마음이 공허한 사람들이다.

이러한 자기애적 성향은 몇 가지 특징으로 나타난다. 가장 대표적인 특징은 지나친 특권의식을 가지고 있다는 것이다. 다른 사람들은 자신의 생각과 고민을 이해하지 못할 것이라고 생각하며, 그래서 다른 사람과 달리 자신은 특별한 대우를 받아야 한다고 주장한다. 이러한 대인관계는 상대방을 착취하며 이용하는 것으로도 나타난다. 자신은 특별한 사람이기 때문에 특별하지 못하고 별 볼일 없는 상대방은 자신을 위해 헌신하고 희생해야 한다는 것이다. 그래서 상대방이 아무리 힘들고 괴로워도 전혀 이해하지 못하고 공감하지 못하지만 아이러니하게도 정작 본인은 끊임없이 감정과 느낌을 공감해 줄 사람을 찾아 헤맨다. 그래서 누군가가 자신을 공감해 주고 이해해 주면 그 사람에게 빠지지만, 그 사람에게 공감과 이해를 얻을 수 없다는 판단이 들면 상대방을 공격하고 저주하면서 과감하게 떠나는 특징을 보인다.

최고의 나르시시스트 숙종

숙종에게는 나르시시즘의 특징이 잘 나타난다. 물론 숙종이 왕이었기 때문에 나르시시즘의 특징인 자기중심성과 특권의식은 당연한 것이라고 볼 수도 있다. 그러나 그 이전의 왕들과 비교해 보면, 숙종의 특권의식은 월등하다. 원자로 태어나서 왕이 된, 정통성 있는 절대권력자였기 때문에 그는 정말 특별한 왕이었다.

스스로 특별한 왕이라고 여겼던 숙종은 자신의 의견에 반대하는 사람들을 용서하지 않았다. 나르시시즘의 또 다른 특징인 대인관계에서의 착취와 이용이 나타난다. 숙종의 재위 시절 일어났던 여러 번의 환국을 자세히 살펴보면, 서인과 남인이 자신의 뜻에 부합하지 않거나 반대 의견을 내었을 때 일어났음을 볼 수 있다. 숙종에게 용서와 관용이란 말은 전혀 어울리지 않았다. 신하들에게 무조건 복종을 요구했으며, 이것이 지켜지지 않으면 무자비한 유혈 숙청을 단행했다. 얼마나 철저하고 주도면밀했던지 역모나 반정의 가능성은 전혀 없었다.

자신의 목적과 생각에 부합하는 사람들을 등용했다가도 마음에 들지 않으면 주저 없이 내쳐 버리는 숙종. 그에게 주변 사람들은 그저 착취와 이용의 대상이었다. 착취와 이용을 당한 사람은 비단 서인과 남인만이 아니었다. 인현왕후 민씨와 희빈 장씨도 그런 대상이었다. 숙종에게 아내들이 필요했던 것은 세자를 얻기 위함이었다. 세자를 얻어야 왕권이 더욱 강화되고 안정적으로 국정을 이끌 수 있었기 때문이다. 이러한 숙종의 마음을 인현왕후 민씨는 풀어 주지 못한 반면 희빈 장씨는 시원하게 풀어 주었다. 숙종은 이제 필요가 없는 인현왕후 민씨를 폐비하고 그 자리에 희빈 장씨를 앉혔다.

그러나 시간이 흘러 숙종은 중전 장씨도, 장씨가 낳아 준 세자도 별로 필요하지 않게 되었다. 숙의 최씨가 아들을 낳았기 때문이다. 게다가 장씨는 궁녀 출신이기에 여러 모로 중전의 자리와 격식에 어울리지 않은 언행을 일삼았고, 중전의 이러한 행동은 숙종의 품위까지 손상했다. 상황이 이렇게 되자 숙종은 다시 인현왕후 민씨가 필요하게 되었다. 이 말은 장씨의 이용 가치가 떨어졌음을 의미한다. 이에 더하여 숙종은 장씨 배경의 남인을 견제하기 위해 민씨의 배경이 되는 서인이 필요했다. 조금의 주저함도 없이 숙종은 다시 폐비 민씨를 복위하고 장씨를 강봉해 버렸다. 숙종은 철저하게 자신의 필요에 따라서 사람을 움직였다. 이것이 착취와 이용이 아니고 무엇이랴.

숙종의 이러한 모습은 과단성 있는 절대군주의 모습이라기보다는 매우 불안정하고 이기적인 사람에 가깝다. 바로 나르시시스트의 전형적인 모습이다. 코헛은 어린 시절 양육자의 공감 실패가 나르시시즘의 원인이라고 했는데, 숙종의 어린 시절은 어땠을까?

원자로 태어나서 어린 시절부터 왕이 될 운명을 타고났다고 할 수 있는 숙종은 늘 궁중 예절과 격식에 맞게 생활해야 했다. 말하는 것도 행동하는 것도, 심지어 밥을 먹거나 자는 것도 여염집의 아이들과는 다를 수밖에 없었다. 어린이들은 어리게 행동해야 한다. 어리광도 부리고, 변덕도 부리는 것이 어린아이들만의 특권이다. 그리고는 한없이 공감과 이해를 얻고자 하는 것이 아이들의 마음이다. 그러나 숙종은 이러한 어린 시절이 없었다. 원자로 태어났기 때문에, 주변에는 온통 자신에게 굽실거리는 사람들이 아니면 왕자로서의 예절을 가르쳐 주려는 사람들뿐이었다. 자신의 어린 마음을 이해해 주고 공감해 줄 사람이 없었을 것이다.

이러한 환경에서 자란 숙종은 공허한 마음을 지니게 되었으며, 이러한 자신의 마음을 공감해 주고 이해해 줄 사람을 끊임없이 찾아 헤맨 것이다. 이 마음을 채워 줄 것 같은 사람을 만나면, 자신이 할 수 있는 모든 것을 해 주려고 한다. 그러나 시간이 지날수록 상대방이 자신의 마음을 채워 주지 못한다는 것을 알게 되면 이내 내치고 마는 것이다. 그러면서 자신의 마음은 아무도 이해해 줄 수 없다고 느끼면서, 일방적인 착취와 유기를 반복하는 전형적인 자기애적 성격이 된 것이다.

그렇다면 숙종처럼 원자로 태어났던 문종과 연산군, 인종은 어떠한가? 우선 문종과 인종은 왕위에 오른 나이가 문종은 37세였고, 인종은 30세였다. 따라서 자기애적이고 자기중심적인 측면이 성인이 된 이후에 많이 다스려졌을 것이다. 게다가 치세 기간도 문종은 2년 3개월이고 인종은 9개월이어서 왕으로서의 진면모를 볼 수 없었다. 그러나 원자로 성장한 연산군은 숙종처럼 19세에 왕이 되었다. 연산군과 숙종은 분명히 공통점이 있다. 숙종도 문종이나 인종처럼 왕위에 오른 나이가 더 늦었더라면 자기애적인 성향이 조금 덜 했을지도 모르겠다.

자기애적 성격은 다른 사람들을 무시하는 것처럼 보이고, 독단적이고 이기적으로 행동하는 것처럼 보이기 때문에 혼자서도 잘 지낼 것처럼 보인다. 그러나 그 속마음은 겉으로 보이는 것과 정반대다. 이들은 끊임없이 다른 사람들에게 공감과 이해를 받기를 원한다. 어린 시절에 받지 못했던 공감과 이해를 포기하지 못하는 것이다. 따라서 코헛은 심리치료를 받으러 오는 자기애적 성격의 사람들에게 필요한 것은 공감이라고 말했다. 만약 심리학자가 아니더라도 이들의 마음을 공감해 주고 이해해 줄 수 있는 사람이 있다면, 이들의 마음은 상당히 편안해질 것이다. 그러나 이기적이고 독단적인 사람들에게 공감해 주고 이해해 주기란 여간 어려운 일이 아니다.

자기애적 성격의 대인관계가 착취적으로 보이는 것도 바로 이런 맥락이다. 이들은 상대방의 입장을 공감하거나 이해하려고 하지는 않으면서 일방적으로 공감받고 이해받으려고 한다. 그래서 상대방이 자신에게 호의적이거나 자신의 답답한 마음을 풀어 주면 그에게 달라붙는다. 그러면서 끊임없는 이해와 공감을 원한다. 그러나 이렇게 일방적인 자기애적 성격을 감당할 사람은 부모나 전문적인 훈련을 받은 심리학자, 그리고 성인군자 외에는 없다고 봐도 무방하다. 당연히 상대방은 지쳐 갈 것이고 공감과 이해 대신 비난과 비판이 나오게 된다. 자기애적 성격은 상대방의 마음을 이해하고 공감할 수 있는 능력이 결여되어 있기 때문에, 이런 상황에서 상대방이 많이 지치고 힘들었다고 이해하지 못한다. 그래서 일방적으로 이별을 통보하거나 핍박하고 박해하는 것이다.

숙종의 환국정치도 결국 서인과 남인 중 자신의 마음을 이해하고 공감해 주는 당파와 손잡고 다른 당파를 내치는 일이 반복적으로 일어난 것이다. 인현왕후 민씨와 희빈 장씨와의 관계도 마찬가지다. 끊임없이 공감을 요구하면서도 상대방에게 공감해 주지 못하는 아이러니가 숙종의 마음이었고, 환국정치와 장희빈 사건의 기초였다.

공부하고 일하는 왕이었던 숙종

숙종은 환국을 통해 엄청난 수의 선비들을 죽이고, 중전을 폐비시켰다가 복위시키기까지 했지만 아무도 그를 폭군으로 부르지 않는다. 그 이유는 무엇일까? 무엇보다 숙종은 공부하는 군주, 일하는 군주였기 때문이다.

무엇보다 공부하기를 게을리 하지 않았다는 점에서 숙종은 신하들에게 존경받을 이유가 충분했다고 할 수 있다. 왕의 공부는 주로 경연에서 이루어진다. 경연은 원래 임금과 신하가 정치문제에 대하여 토론을 하는 장이기도 하며, 또 한편으로는 신하들이 왕에게 직접적인 조언이나 충고를 할 수 있는 장이었다. 따라서 왕권 강화를 염두에 두었던 왕들, 대표적으로 태종과 세조, 연산군은 경연을 싫어했다. 그러나 숙종은 어린 나이에 왕위에 올랐기 때문에 그에게 경연은 정치토론의 장이라기보다는 강의를 듣고 학문을 연마하는 장이었다. 강의를 하는 사람은 당연히 신하들이었고, 신하들은 경연을 통해서 왕의 사상과 정치에 영향을 미치려고 했다. 그럼에도 숙종은 경연에 열심히 참여했다.

숙종 1년 10월 경연청이 공사 중이어서 당분간 경연을 중단하는 것이 좋겠다는 의견이 올라왔다. 그러나 숙종은 경연을 쉬면 공부가 중단된다고 하면서 조문도 석사가의(朝聞道 夕死可矣), 즉 "아침에 도를 들어 깨달으면 저녁에 죽어도 좋다."는 공자의 말을 인용했다. 이때 숙종의 나이 15세였다. 게다가 책을 보다가 밤이 깊어 새벽에 잠자리에 들더라도 아침 경연에 늦는 법이 없었다.

숙종은 공부에만 힘을 쓴 것이 아니라 일도 열심히 했다. 임진왜란 이후 지속되어 온 정비작업과 복구작업을 거의 완료하여 조선 후기의 기반을 닦았다. 대동법을 전국으로 확대했으며, 상업 활동을 활성화하는 데 필수적인 화폐를 만들어 통용시켰다. 화폐의 유통은 태종 때부터 시도되었으나 번번이 실패한 사업이었다. 그러나 숙종은 문제점을 끊임없이 개선하고 보완하면서 추진했고, 결국 조선에서도 화폐의 사용을 보편화시켰다. 이를 계기로 조선의 상공업은 비약적으로 발전했다.

국방에서도 숙종은 많은 업적을 남겼다. 북한산성과 남한산성의 개축과 보수를 실시했으며, 강화도를 요새화했다. 군제개편을 단행했고 군역을 면제받을 수 있는 세금의 부담을 줄여 주었다. 숙종은 나라의 경계에 있어서도 중요한 업적을 남겼다. 청나라가 백두산을 은근슬쩍 자신들의 영토로 만들려고 하자 청나라에 대하여 단호한 입장을 유지했다. 그 결과 조선시대 내내 불명확한 상황에 놓여 있던 북방의 경계가 압록강과 두만강을 중심으로 확정되었다. 그리고 왜인이 울릉도에 출입하자 외교문서를 통해 울릉도를 확실한 조선의 땅으로 편입했다.

숙종이 공부와 일을 좋아했다는 것은 사냥과 여자를 좋아하지 않았다는 것에서도 알 수 있다. 왕권 강화를 추구했던 태종, 세조, 성종, 연산군은 모두 사냥을 좋아했다. 사냥은 왕이 궐을 떠나서 마음껏 즐길 수 있는 최고의 오락이었다. 답답한 궁궐을 벗어나 격식과 예절을 조금이나마 벗어 던질 수 있고 스트레스를 해소할 수 있는 기회였다. 그런데 조정의 대신들은 왕이 사냥하는 것에 대하여 줄기차게 반대했다. 우선 이들은 주로 글공부를 하는 문신들이었기 때문

에 사냥과는 당연히 거리가 멀었다. 그러니 왕과 함께 사냥을 나가더라도 즐거울 것이 하나도 없었다. 게다가 왕이 사냥을 하다 보면 당연히 글공부할 시간은 줄어들기 때문에 왕의 사냥을 반대한 것이다. 그러나 숙종은 사냥을 좋아하지 않았을 뿐만 아니라 임금이 절대로 해서는 안 될 악(惡)으로 간주했다. 실제로 그는 재위기간 중에 단 한 번도 사냥을 하지 않았다.

숙종은 사냥뿐만 아니라 여색에 빠지지도 않았다. 많은 사람들은 숙종을 희빈 장씨와 연관시키기 때문에 여색에 빠졌던 왕으로 인식하기도 한다. 그러나 앞에서 살펴보았듯이 숙종과 희빈 장씨와의 관계는 환국정치의 맥락에서 이해해야 하기 때문에 희빈 장씨를 숙종의 여색의 증거로 보기는 어렵다. 만약 숙종이 여색에 빠져 있었다면 45년 동안이나 왕위에 있으면서 많은 후궁을 두었을 것이다. 그러나 숙종의 후궁은 희빈 장씨를 비롯하여 숙빈 최씨와 명빈 박씨 등 모두 3명뿐이었다.

숙종이 여자와 사냥을 즐기지 않고 공부와 일에 전념했던 것은 그만큼 일 욕심이 많았다는 것이다. 그가 폭군이 아닌 성군으로 기억되는 것은 이 때문이다. 그러나 숙종의 일 욕심은 결국 그의 건강을 악화시켰다. 더구나 원래부터 몸이 약했던 숙종은 노년에 이르러 급속도로 건강이 나빠졌다.

자신의 적은 바로 자신

숙종처럼 일 욕심이 많아서 성취감을 즐기는 사람들은 스트레스에 취약한 경향이 있다. 그리고 적은 시간에 더 많은 일을 하려고 노력하며, 끊임없이 도전하고 성취하고자 한다. 이러한 사람들의 행동특성을 A형 행동유형(Type A Behavior)이라고 한다 (혈액형의 A형이 아니다). A형 행동유형은 두 명의 심장전문의가 개념화한 것으로, 이들은 관상성 심장질환 환자들을 치료하면서 이들에게 공통적으로 나타나는 행동특성이 있음을 발견했다.

A형 행동유형
혈액형의 A형이 아니라, 행동유형(behavior type)의 한 종류를 말하는 A형 행동유형은 두 명의 심장전문 의사들이 개념화한 것으로, 관상성 심장질환과 관련된 성격적인 요인을 가리킨다.

관상성 심장질환이란 심장근에 혈액을 공급하는 혈관인 관상동맥이 손상을 입은 장애다. 관상동맥의 손상으로 인해 심장에 혈액 공급이 저하되면 산소와 영양소의 공급이 불가능해지고, 특정 부위에 혈액 공급이 차단되면 그 부위가 손상을 입는다. 관상성 심장질환 환자들은 일반적으로 조급하며 적개심이 많고, 타인과 경쟁하려고 하거나 위기감을 느낀다고 한다.

목표와 이상을 위해 끊임없이 자신을 채찍질하면서 짧은 시간에 많은 일을 하려는 경향이 있기에 쉽게 스트레스를 받는다. 일 욕심이 많기 때문에 먹고 자는 것이 불규칙해지기 쉽다. 또 한편으로 대인관계에서는 경쟁적이며 타인을 불신하고 의심하는 경향이 있다. 당연히 화를 자주 내고 싸움도 자주 해서 스트레스를 받는다. 스트레스는 몸을 긴장시키고 많은 에너지를 소모하게 만들며, 더 나아가 혈관의 수축과 심박의 증가를 초래한다. 그리고 심박의 증가는 심혈관계 질병의 직접적인 원인이 된다.

반면에 A형 행동유형과 반대되는 사람을 B형 행동유형이라 한다. 이들은 느긋하고 여유로우며 조급해하지 않는다. 많은 일을 하려는 욕심이 적으며 대인관계에서 편안함과 즐거움을 느낀다고 한다. 연구에 따르면 A형 행동유형의 사람들이 B형 행동유형보다 관상성 심장질환에 걸릴 확률이 높다고 한다.

사실 숙종은 어린 시절부터 건강이 좋은 편이 아니었다. 그러던 숙종이 어린 나이에 왕위에 오르면서 왕위를 잘 감당하고자 국사와 학업에 매달렸다. 잘하려는 것은 좋지만 스트레스에 취약해진다는 것이 문제다. 스트레스에 취약해지면 신하와 주변 사람들에게 쉽게 화를 내고 분풀이를 한다. 전형적인 A형 행동유형이 나타나는 것이다. 다른 왕들은 스트레스 해소를 위해 사냥과 여자를 즐겼지만, 숙종은 사냥과 여자를 멀리했기에 스트레스를 해소할 기회나 방법이 없었다.

해소되지 못한 마음의 스트레스는 당연히 몸에도 영향을 미쳤고, 숙종의 건강은 자주 악화된다. 숙종 1년(1675년) 10월에는 두통과 열이 심했고, 그 다음에는 황달 증상이 나타나서 한 달 이상 고생했으며, 숙종 4년(1678년)에도 중병으로 거의 두 달이나 누워 지내야 했다. 이 외에도 숙종 8년(1682년)과 9년(1683년)에 병치레를 하느라 병상에서 국정을 돌보아야 했다.

이뿐만이 아니다. 그의 질병에 대하여 열거하기 힘들 정도로 그는 자주 아팠다. 팔다리의 통증을 호소하거나 마비되는 증상을 보이기도 했다. 한여름인데도 온몸이 떨리기도 했으며 입맛도 자주 없어졌다. 그의 병의 원인은 몸에 있는 것이 아니라 마음에 있는 것이었기에 의관들이 온갖 방법을 써 보아도 별로 소용이 없었다. 실제로 숙종도 자신의 병을 심화증(心火症)이라고 했다.

그러던 중 결국 숙종 40년(1714년) 이후로는 그동안 경험했던 모든 증상들이 한꺼번에 나타나면서 숙종의 건강은 최악의 상태에 이르렀다. 가끔 건강해지기도 했지만 주로 병상에 누워 지내는 시간이 더 많았다. 무엇보다 양쪽 눈이 안 보이기 시작한 것이 결정적이었다. 숙종은 죽음의 때가 다가옴을 알고 있었고, 숙종 43년(1717년) 좌의정이었던 이이명과 독대한 후 세자의 대리청정(代理聽政)이 시작되었다. 이것을 정유독대(丁酉獨對)라고 한다. 그리고 3년 후인 숙종 46년(1720년) 그는 세상을 떠났다. 그는 절대군주로서 제압하지 못할 대상이 없었으나 정작 자신에게는 이기지 못했던 것이다.

죽음 앞에서도 변하지 않는 성격

사람의 성격은 쉽게 변하지 않는다. 물론 심리학자들은 심리치료를 통해 내담자가 새로운 성격을 가질 수 있도록 돕고 많은 경우 변화에 성공하기도 한다. 어떤 이들은 다른 사람의 도움을 받지 않더라도 성격이 변하기도 하는데, 가족이나 친구처럼 가까운 사람이 갑자기 죽거나 자신이 큰 사고를 당하는 경우가 그렇다. 심리적 충격이 사람의 성격을 바꾸는 촉매가 된 것이다. 그러나 이러한 경우를 제외하고는 사람의 성격은 변하기 힘들다. 어쩌면 성격이라는 개념 자체가 잘 변하지 않는 일관된 행동특성을 말하는 것이므로 성격이 변하지 않는다는 것은 지극히 당연한 말일 수도 있다.

원자로 태어나 왕이 된 숙종은 어린 시절부터 자신이 원하는 모든 것을 할 수 있는 사람이었다. 절대군주에게 필요한 전능감을 경험하면서 살았기 때문에 이전의 왕들이 결코 해낼 수 없었던 일들을 과감히 해냈다. 그러나 숙종이 행복한 어린 시절을 보냈다고는 할 수 없다. 모든 것이 짜여 있는 궁궐 생활에서 그는 마음을 털어놓고 공감받고 이해받을 대상이 없었다. 자유롭게 자신을 드러낼 수 없는 환경에서 그는 스스로를 사랑하는 나르시시즘을 가졌다. 한편으로는 자신의 마음을 이해해 줄 대상을 끊임없이 갈구했지만, 그 대상이 필요 없어지면 바로 내치곤 했다. 결국 그가 마음의 위로를 받은 대상은 사람이 아니라 일이었다. 그래서 몸이 상하도록 일에 몰두하고 매달리다가 결국 죽음을 맞았다.

숙종은 이러한 성격을 죽는 순간에도 감출 수 없었다. 숙종 46년 (1720년) 4월 숙종의 병세가 악화되었고 죽음이 얼마 남지 않았음을 알았다. 이런 와중에서도 우의정 이이명에게 명하여 청나라 국새를 사용하지 말고 명나라의 것을 사용하도록 명했다. 다시 한 번 어떤 임금도 시도하지 못했던 일을 처리하고자 하는 절대군주의 기질이 드러난다. 청나라가 이를 알게 되면 분명 가만히 있지 않을 것임을 알면서도 숙종은 생각과 의지를 굽히지 않았다. 숙종은 병이 위중한 상황에서도 계속 일했다. 영의정 김창집이 들어와 6명의 승지 중에 세 자리가 공석이라고 하자 채워 넣었다. 세자가 대리청정을 한 지 3년이나 되었고, 세자도 어리지 않으니 세자에게 맡길 수도 있었지만 숙종은 모든 것을 감당해야 했다.

숙종의 이러한 행동은 일에 대한 욕심도 있지만, 세자에 대한 불신이 강하게 자리 잡고 있었기 때문이기도 했다. 사실 숙종은 후궁의 몸에서 태어났지만 세자로 삼을 정도로 세자에 대한 사랑이 남달랐다. 그러나 이것도 오래가지 못했다. 숙빈 최씨가 6년 후 연잉군을 낳으면서 숙종은 세자보다 연잉군을 더 총애했다. 특히 숙종 37년에는 세자가 혼인한 지 16년이 되었으나 자녀가 생기지 않은 것 때문에 신하들 사이에서 이 문제가 심각하게 논의되기도 했다. 세자의 나이가 24세였으니 걱정할 법도 했다.

이러한 맥락에서 보자면 숙종이 세자에게 마음이 떠난 것이 사극에서처럼 희빈 장씨의 아들이기 때문이 아니라, 후손이 없었기 때문이라고 보는 것이 타당할 듯하다. 숙종이 다른 모든 사람들의 반대를 무릅쓰고 후궁의 아들을 세자로 삼았던 것도 흔들리지 않는 왕권을 유지하기 위해서였는데, 세자가 후손이 없으니 숙종의 계획은 차질을 빚을 수밖에 없었다. 그렇다고 해서 단지 자식이 없다는 이유로 세자를 폐할 수는 없는 노릇이었다. 어찌 되었든 세자는 아직 20대였으니 말이다. 그래서 숙종이 생각해 낸 자구책은 세자에게 대리청정을 시키고 실수하기를 기다렸다가 그것을 구실삼아 폐세자(廢世子)를 하는 것이었다.

폐세자 구실을 찾기 위해서 대리청정을 시켰으니, 당연히 세자에게 모든 것을 믿고 맡기지는 못했을 것이다. 그래서 숙종은 죽는 순간까지 가능하면 자신이 업무를 처리하려고 했고 끝내 선위를 하지 못했다. 자신에게 필요하면 받아들이고 필요가 없어지면 내치는 나르시시즘의 특성이 죽음 앞에서도 드러난 것이었다.

제아무리 전능감을 가지고 있던 숙종이라고 하더라도 죽음 앞에서는 그저 무력한 인간이었을 뿐이다. 그러나 숙종의 영향력은 사후에도 지속되었다. 그래서 숙종의 뜻대로 왕위는 세자였던 경종을 거쳐 숙종이 총애했던 연잉군에게 넘어가게 된다.

제 8 장

억울함이 아버지와 아들 사이에 그림자를 드리우다
— 경종, 영조, 사도세자, 정조

사람들은 누구를 좋아하고 누구를 싫어할까? 구체적인 특징이야 사람마다 다르겠지만, 일반적으로는 자신에게 없는 좋은 부분을 가진 사람을 좋아하고, 자신에게 있지만 싫은 부분을 가진 사람을 싫어한다. 물론 정작 본인들에게 물어보면 전혀 다른 대답을 할 수도 있으나, 자신과 비슷한 부분이 있는 사람을 싫어한다는 사실은 주변에서 쉽게 관찰할 수 있다.

어느 날 친구가 와서 다른 사람의 흉을 볼 때, 우리는 종종 놀란다. 왜냐하면 친구가 보는 그 흉은 친구에게도 있는 모습일 때가 많기 때문이다. 그래서 친구에게 "너도 그래."라고 이야기하더라도, 친구는 전혀 인정하지 않을 것이다. 그러나 친구가 아무리 부인해도 사실은 사실이다. 소심한 사람은 소심한 사람을 싫어하고, 잘난 척하는 사람은 잘난 척하는 사람을 싫어한다.

자신이 싫어하는 자신의 모습을 가지고 있는 사람, 그래도 왠지 모르게 싫어지는 사람이 남이라면 그나마 좀 낫다. 가족이라면 문제는 심각해지고, 특히 부모와 자녀 사이라면 더욱 그렇다. 부모는 자녀가 자신보다 낫기를 바란다. 좋은 점만 닮고 나쁜 점은 안 닮기를 바라지만, 현실은 전혀 그렇지 못하다. 좋은 점은 하나도 안 닮고 나쁜 점만 닮은 것처럼 보일 때가 많다. 그러면 부모는 자녀에게 꾸지람을 한다. 이 꾸지람은 조금 더 잘하라는 의미의 격려나 채찍이 아니라, 쉽게 이해하기 힘든 분노로 표현될 때가 많다. 유전적으로도 그렇지만, 어린 시절부터 부모를 보고 자랐기 때문에 부모와 자녀는 비슷할 수밖에 없다. 따라서 부모와 자녀의 사이가 나쁜 것은 아주 흔한 일이다.

만약 자녀가 어리기만 하다면 일은 더 커지지 않지만, 자녀가 성장했다면 사태는 걷잡을 수 없이 번지기도 한다. 부모에게 과도한 꾸지람을 받은 자녀는 부모의 말에 순종하기보다는 오히려 부모가 가장 싫어하는 일을 한다. 이 악순환이 반복되면 아들이 부모를 죽이거나 아버지가 아들을 죽이는 끔찍한 사건이 발생할 수 있다. 영조도 자신과 너무나 비슷한 아들을 죽이고 말았다.

숙종이 승하한 뒤 왕위에 오른 경종은 어머니 희빈 장씨가 사사를 받는 장면을 목격한 14세 이후로 마음과 함께 몸이 병들었다. 게다가 후사도 없었기 때문에 노론 측에서는 후사를 결정하는 건저(建儲)를 서둘러야 한다고 주장한다. 결국 경종은 노론의 주장을 받아들여 연잉군을 세제(世弟)에 책봉했다. 경종이 왕위에 오른 지 1년 만에 여섯 살 연하의 이복동생이 후계자로 결정되는 초유의 사태가 일어난 것이다. 이것은 어디까지나 숙종의 뜻이었고, 노론은 이를 따른 것뿐이었다. 경종의 후사를 기다릴 수도 있는 상황이었지만 노론에게는 이미 경종이 아닌 연잉군이 왕이었다.

더 나아가 노론은 경종의 병약함을 이유로 들어 연잉군에게 대리청정을 시켜야 한다고 주장했고, 소론은 거세게 반대했다. 경종은 노론이 대리청정을 주장하면 받아들였다가, 소론이 반대하면 거두기를 반복했다. 그러던 중 소론은 노론이 경종의 시해를 도모했다는 목호룡의 고변을 빌미로, 노론을 탄핵하는 것은 물론 이와 관련된 노론 측 인사들과 그들의 가족을 모두 사사시켰다. 이 고변에는 연잉군도 모역에 가담했다는 내용이 포함되어 있었다. 당연히 연잉군도 사사시켜야 했으나 왕위를 이을 사람이 없었기 때문에 목숨을 부지했다. 이 옥사는 신축년과 임인년에 일어났기 때문에 신임옥사(辛壬獄事)라고 한다.

이 과정에서 연잉군은 자신을 지지하던 노론 측 인사들을 모두 잃고 소론에게서 신변의 위협을 느꼈다. 연잉군은 대비 인원왕후 김씨를 찾아가 거듭 결백을 주장했으며 결국 대비의 보호로 왕세제의 자리를 겨우 유지하게 되었다. 신임사화 이후 조정은 소론이 장악했지만 그 기간은 2년에 불과했다. 몸이 약했던 경종이 승하했기 때문이다. 그런데 경종의 죽음을 두고 궐내에서 무성한 소문이 돌았다. 연잉군이 경종을 독살한 것이라는 소문이 퍼진 것이다.

경종 4년(1724년) 8월 경종의 병이 갑자기 위급해지자 왕세제가 경종의 병구완을 지휘했다. 어의들이 경종의 병환을 호전시키려고 온갖 약제를 올렸으나 별 효과가 없었다. 그러던 중 대비전에서 게장과 생감을 보내었다. 어의들은 게장을 올리지 말라고 권유했으나, 연잉군은 대비전에서 특별히 보낸 것이라고 하면서 어의들의 반발을 무릅쓰고 진어했다. 경종은 게장 덕택에 입맛을 조금 되찾았고, 평소보다 많은 수라를 들었다. 그런데 그날 밤 경종은 복통을 일으켰고 설사를 심하게 했다. 어의들은 온갖 처방을 했으나 효과가 없었고, 연잉군은 인삼을 올리라고 명했다. 어의들은 자신들의 약과 인삼이 상극이라서 안 된다며 반대했지만 세제는 기운을 차리는 데 인삼만큼 좋은 것이 없다면서 인삼을 올렸다. 경종은 인삼을 먹은 후 결국 승하했다. 당연히 소론으로서는 대비와 연잉군을 의심할 수밖에 없었다.

탕평책과 경종 독살설

영조의 아버지였던 숙종은 세 명의 왕비로부터 아들을 얻지 못했다. 숙종에게 아들을 낳아 준 사람은 두 후궁이었다. 경종의 어머니 희빈 장씨와 영조의 어머니 숙빈 최씨가 그들이다. 희빈 장씨는 나인* 출신이었으며, 숙빈 최씨는 나인보다 더 낮은 신분인 무수리 출신이었다. 나인은 정식으로 뽑힌 궁녀로서, 보통 상민이나 중인 출신이다. 그러나 무수리는 궁녀들에게 세숫물을 떠다 바치거나 심부름을 하는 종으로 천민 출신들이다. 비록 숙종이 경종보다는 영조를 더 신임했고, 결국 왕위에 올랐지만 영조는 미천한 자신의 출신을 신경 쓰지 않을 수 없었다. 그런데 이에 더하여 왕위를 얻으려고 경종을 독살했다는 의심까지 받게 된 것이다. 게다가 자신을 지지하느라 신임옥사를 당하면서 온갖 고초를 당한 노론에게 정치적 빚까지 지고 있었다. 이래저래 왕권은 약해질 수밖에 없는 상황이었다.

영조가 왕위에 오르자 노론은 쾌재를 불렀다. 영조가 소론을 조정에서 몰아내면 노론의 세상이 올 것이라고 믿어 의심치 않았다. 그러나 영조의 생각은 달랐다. 삼정승을 모두 소론으로 임명한 것이다. 이유는 간단했다. 만약 영조가 성급하게 노론 편에 서면 영조는 평생 노론의 영향을 벗어나지 못하게 될 것이 분명했다. 그래서 그는 어느 당파에 편중하기보다는 여러 당파들을 고르게 등용하는 탕평책을 사용하기로 한 것이다. 영조는 붕당정치의 폐해를 너무나 잘 알고 있었기에 탕평정치를 하기로 마음먹은 것이기도 했다. 그러나

● 원래는 내인(內人)인데 나인으로도 읽는다.

탕평책을 쓴 또 다른 이유는 경종을 독살했다는 소문을 무마하기 위해서였다. 영조의 왕위 등극을 탐탁지 않게 여긴 소론을 탄압하면 영조가 왕이 되려고 경종을 독살했다는 소문은 더 힘을 얻을 것이기 때문이다. 영조는 경종 독살설을 무마하는 암묵적 대가로 소론의 정치적 입지를 담보해 주었으니, 이것이 바로 탕평책이다.

이처럼 탕평책은 경종 독살설과 맞물리면서, 영조의 주력 정책으로 자리를 잡았다. 탕평책에 대한 영조의 의지는 매우 확고했다. 많은 대신들, 특히 노론이 탕평책에 불만을 가지고 있었으나 영조는 아랑곳하지 않았다. 게다가 탕평책을 널리 알리기 위해 탕평채라는 음식을 만들기까지 했다. 다양한 색깔이 나는 재료들이 조화롭게 어울려 하나의 음식이 되는 것처럼 사색당파가 탕평책으로 조화를 이루라는 의도였을 것이다.

그러나 경종 독살설은 쉽게 사그라지지 않았다. 영조 4년(1728년)에는 경종의 복수를 한다면서 이인좌가 난을 일으켰다. 이는 권력 다툼에서 밀려난 남인이 주도하여 일으킨 것인데, 이들은 영조가 합법적인 방법으로 왕위에 오른 것이 아니라고 주장했다. 정통성이 없는 군주를 몰아내어 경종의 원수를 갚는다는 논리에 민심도 동요했다.

마침내 이인좌의 난은 진압되었지만, 영조는 이를 통해 탕평책을 더욱 강화해야 한다는 사실을 배웠다. 왜냐하면 자신에게 불만을 가진 당파는 늘 왕위 계승의 정통성 문제를 제기할 것이 뻔했기 때문이다. 그래서 초기에는 소론과 노론만을 등용하다가, 탕평정국이 본격화되자 그는 노론과 소론, 남인과 북인 등 사색당파를 고르게 등용했다. 영조의 예상은 적중했다. 탕평책을 통해 적어도 조정의 신하들 사이에서 더 이상 경종 독살설은 문제시되지 않았다.

그러나 궁궐 안에는 왕과 신하들만 있는 것이 아니었다. 수많은 궁녀들과 환관들이 있었다. 이들 중 경종을 따르던 사람들은 영조를 계속 의심했고, 영조도 이 사실을 알고 있었다. 영조의 자식들은 유난히 많이 죽었는데, 이를 두고서 궁궐에서는 영조가 벌을 받는 것이라고 했다.

이러한 시선은 비단 궁녀들과 환관만이 아니었다. 여전히 많은 백성은 의심의 눈초리를 거두지 못했다. 그래서 영조는 끊임없이 결백을 증명하기 위해 직간접적으로 할 수 있는 노력을 다했다. 대표적인 예로 영조 25년(1749년), 세자가 성인식을 치르자마자 선위교서를 내렸다. 왕위를 세자에게 넘기겠다는 것이다. 영조는 자신이 처음부터 왕위에 관심이 없었다는 것을 보여 주고 싶었다. 선조가 선위의 근거로 내세운 것은 기력이 쇠약해졌다는 것이다. 이렇게 왕이 선위교서를 내리면 세자와 대신들은 선위를 거두어 달라고 요청하고, 왕은 마지못해 선위를 번복하는 것이 선왕들의 관례였다. 그러나 영조는 대신들의 끊임없는 요청에도 아랑곳하지 않았고, 결국 세자에게 대리청정을 시키는 쪽으로 결론을 내렸다. 영조 입장에서는 실제적인 권력도 유지하면서 자신의 결백함도 주장하는 일거양득의 효과를 본 조치였다.

영조 31년(1755년)에는 나주 벽서사건이 일어나서, 영조의 정통성을 문제 삼았다. 이 사건은 나주의 객사인 망화루 기둥에 거병을 촉구하는 게시물이 붙은 것이 발단이었다. 조사 결과 주동자는 소론계의 윤지로 밝혀졌다. 영조의 왕위 계승을 인정하지 않던 그는 아들과 함께 동조자를 규합하여 역모를 일으키려고 했다. 조사 과정에서 윤지가 소론 인사들과 주고받은 서찰이 대량 발견되었고, 이에 연루되었던 신치운은 국문을 당하면서 영조의 면전에 "나는 갑진년(경종이 사망하는 해)부터 게장을 먹지 않았소!"라고 말했다. 영조에게 당신이 경종을 독살한 것이 아니냐고 따져 물은 것이다.

결국 신치운을 비롯하여 윤지와 서찰을 주고받은 소론의 인사들이 모두 사사를 받았는데, 소론 인사들 중 웬만한 명문가들은 거의 다 몰락했다. 소론은 재기가 불가능할 정도로 타격을 입었고 조정에는 노론만 남았다. 자연히 탕평책은 붕괴되었다. 영조의 주력 정책이 탕평책이었으나 영조는 경종 독살설 앞에서 탕평책도 과감하게 포기한 것이다. 이는 탕평책의 가장 중요한 목적이 경종 독살설을 무마함으로써 자신의 왕위 계승이 정통했음을 인정받고, 더 나아가 왕권을 강화하는 것이었음을 반증하는 것이다.

이렇게 영조는 자신의 정통성을 인정하지 않는 사람들을 모두 다

죽였지만, 그렇다고 마음을 놓을 수는 없었다. 자신이 왕으로 있을 때에야 더 문제 되지 않는다 해도, 자신이 죽고 난 후에 역사가 경종 독살설을 어떻게 바라볼지 두려웠던 것이다. 결국 영조는 자신의 왕위 계승이 정당한 것임을 기록으로 남기기 위해 『천의소감』을 편찬하게 했다. 경종 1년(1721년)부터 영조 31년(1755년)까지 일어났던 여러 번의 역모를 언급하면서, 자신의 세제 책봉은 모두가 정당한 처사였음을 밝혀서 후세에 전하려고 했다. 당연히 경종의 죽음과 자신은 무관하다는 입장을 견지하고 있다. 그러나 후세에 남은 것은 영조가 원했던 것처럼 자신의 결백과 왕위의 정통성이 아니라, 그가 만들라고 했던 요리 탕평채뿐이다.

억울함의 심리

영조가 실제로 경종을 독살했는지 아닌지는 아무도 확실하게 말할 수 없을 것이다. 그러나 경종 독살설을 대하는 영조의 태도를 보면 거짓말보다는 억울함이 더 맞는 것 같다. 다시 말하면 경종을 죽이기 위해서 의도적이고 치밀한 계획을 세워 놓고 독살한 후 오리발을 내미는 것 같지는 않다. 물론 경종의 죽음에 어느 정도 일조했을 수는 있지만, 적어도 영조는 자신의 결백을 주장하고 싶었던 것으로 보인다. 억울함이란 이처럼 자신의 마음을 다른 사람들이 알아주지 못할 때 생기는 심리상태를 가리킨다.

일반적으로 거짓말을 하는 사람들은 뻔뻔하다. 모든 것이 의도적이기 때문에 두려울 것이 별로 없으며, 또한 어떻게 거짓말을 할 것

억울함

서양에서 시작된 학문인 심리학에서 억울함은 일반적으로 많이 다루는 주제는 아니다. 그러나 문화심리학자들은 한국인의 심리를 이해할 때 한(恨)과 정(情), 그리고 억울함을 중요하게 본다. 이들은 특히 억울함이 해소되지 않으면 한이 된다고 주장한다.

인지도 미리 계산을 한다. 그러나 억울한 사람들은 당황스러워한다. 자신이 전혀 생각하지 못했던 부분에서 공격과 비난을 받기 때문에 어떻게든 상대방을 설득하려고 한다. 그래서 어떻게 보면 구차해 보이기까지 한다. 당연히 거짓말을 할 때보다 더욱더 오랫동안 이 문제에 얽혀 있다. 바로 영조가 그랬다. 영조는 자신이 왕위에 오른 지 30년이 넘도록 경종 독살설을 무마하려고 온갖 애를 썼다. 사람들은 끊임없이 영조를 비난했고 영조는 끊임없이 자신을 방어하고 변호하려고 했다.

사람들이 대인관계에서 가장 힘들어하는 경우 중 하나가 바로 누명을 쓰거나 오해를 받아 억울함을 느낄 때다. 자신은 잘하려고 최선을 다했지만 상대방이 전혀 알아주지 않는 것은 물론 오히려 왜 그렇게 대충 했느냐고 비난할 때, 자신의 호의와 친절을 상대방이 지나친 간섭으로 받아들일 때, 남모르게 애쓴 행동들이 무시당할 때 사람들은 억울함을 느낀다.

억울함을 느낀 사람들의 첫 번째 반응은 당황스러움이다. 왜냐하면 그 결과를 전혀 예상하지 못했기 때문이다. 그 다음 반응은 변명과 설득이다. 자신의 진심을 전달하려고 한다. 억울함을 호소함으로써 자신의 진심과 의도를 인정받으려고 한다. 언제까지 변명하고 설득할까? 상대방이 자신의 진심을 알아줄 때까지 한다. 물론 아무리 이야기해도 인정해 주지 않는다고 느끼면 어쩔 수 없이 포기하지만 이 포기는 적극적인 포기가 아닌 극단적인 낙담에 가깝다.

결국 억울함의 심리를 통해서 알 수 있는 것은 사람들은 자신의 진심을 다른 사람들이 알아주기를 바란다는 것이다. 나 혼자만 떳떳하면 될 것 같은데, 왜 그토록 다른 사람들의 반응과 인정을 원하는 것일까? 그 답은 다른 사람들이 우리 자신의 거울이기 때문이다.

우리는 스스로 자신의 얼굴을 볼 수 없다. 얼굴에 있는 눈이 늘 외부를 향하기 때문이다. 제아무리 재주가 좋은 사람이라도 눈을 꺼내서 자신의 얼굴을 볼 수는 없다. 그러나 사람들은 자신의 얼굴을 보고 싶어 한다. 내가 어떻게 생겼는지, 내가 누구인지 알고 싶어 한다. 그래서 인류는 거울을 만들었고 자신의 얼굴을 보게 되었다. 더 정확히 말하자면, 거울에 비친 얼굴이 자신의 얼굴임을 알게 되었다. 거울을 통해 비로소 자신의 얼굴을 알게 된 것이다.

우리의 마음도 이와 크게 다르지 않다. 세상에 막 태어난 갓난아기들은 자신이 어떤 사람이고, 자신의 성격이 어떻고, 얼마나 능력 있는 사람인지 알지 못한다. 우리는 자신의 얼굴을 볼 수 없는 것과 마찬가지로, 자신의 마음도 스스로 알 수 없다. 그렇다면 우리는 우리 자신을 어떻게 알게 될까? 거울을 통해서 얼굴을 보는 것처럼 우리의 마음도 거울을 통해서만 알 수 있다. 이 거울 역할을 해 주는 것이 바로 다른 사람들이다. 어린 시절에는 양육자나 부모가 거울이 되어 주고, 학교에 가면 친구들, 직장에 가면 동료들, 결혼을 하면 배우자와 자녀들이 거울 역할을 해 준다.

만약 부모가 자녀에게 "넌 참 괜찮은 아이야."라고 계속 말해 주면 아이는 자신이 정말로 괜찮은 사람이라고 생각한다. 반대로 부모가 "넌 왜 그렇게 멍청하니!"라고 하면 아이는 자신이 멍청하다고 생각한다. 학교에서도 선생님과 친구들에게 인정받는 사람은 자신이 인정받을 만한 사람이라고 생각하며, 늘 인정받지 못하는 사람은 자신은 무엇을 해도 인정받지 못할 것이라고 생각한다. 이처럼 우리는 다른 사람들의 반응을 통해 자신의 모습을 깨닫는다.

자신이 아무리 열심히 해도 다른 사람들이 인정해 주지 않으면 하나도 기쁘지 않은 것도 이런 이유다. 자신은 열심히 호의를 베풀었는데 상대방이 왜 이렇게 귀찮게 하냐고 하면 한없이 속상한 것도 마찬가지다. 이것이 억울함의 본질이다.

심리적으로 보면 억울함이란 '자신이 생각하는 나'와 '다른 사람들이 생각하는 나'가 서로 다를 때 생기는 감정이다. 억울함이 그토록 힘든 이유는 우리에게 '다른 사람들이 생각하는 나'를 '자신이 생각하는 나'보다 더 중요하게 받아들이는 경향이 있기 때문이다. 생각해 보라. 당신이 얼굴을 예쁘게 꾸몄다고 하자. 화장도 하고 머리도 하고 최선을 다했다. 그리고 거울을 보았다. 그런데 거울에 비친 당신 모습이 너무나 끔찍하다면, 당신은 그것을 바로 자신의 모습이라고 받아들이게 된다. 거울은 항상 정확하다는 생각 때문이다. 그러나 거울도 틀릴 수 있다는 사실을 알고 거울을 올바르게 바꿀 수만 있다면 아마도 거울을 바꾸려고 노력할 것이다.

영조가 그랬다. 영조는 스스로 '경종을 끝까지 보살피려고 노력한 이복동생'이라고 생각했지만, 수많은 사람들은 영조를 '왕위를 차지하기 위해 경종을 독살한 이복동생'이라고 생각했다. 영조는 억울했다. 자신의 진심을 몰라주는 사람들이 한없이 답답하고 미웠다. 그러나 다른 사람들이 몰라줘도 나만 결백하면 된다고 생각할 수는 없었다. 다른 사람들의 반응을 무시할 수 없었다. 그냥 두었다가는 역사가 자신을 그렇게 평가할 것이기 때문이다. 그래서 어떻게 해서든 바꾸려고 노력했다. 경종 독살설을 제기하지 못하도록 당파에 상관없이 인재를 고르게 등용하기도 하고, 독살설을 제기하는 사람들을 잔인하게 죽이기도 했다. 그리고 책을 남기기도 했다.

억울함에 사로잡힌 영조에게 인정받는 방법은 아주 단순했다. 영조가 경종의 죽음에 무관하며, 경종을 끝까지 보살피려 했다는 마음을 알아주면 되는 것이다. 그리고 영조는 주변 사람들에게 자신의 마음을 인정받기 원했다. 자신의 진심을 알아주지 못할 때 그의 분노는 극단적으로 표출되었다. 그 희생양이 바로 그의 단 하나뿐인 아들이었다.

단 하나뿐인 아들

영조에게는 모두 여섯 명의 아내가 있었다. 그의 정실부인인 정성왕후 서씨는 영조의 연잉군 시절 가례를 올렸는데, 자식을 낳지 못했다. 그는 왕세제로 책봉되기 2년 전 정빈 이씨에게서 첫 아들을 얻었는데, 그가 효장세자다. 그러나 효장세자는 영조 4년(1728년)에 10세의 나이로 세상을 떠난다. 이때 영조가 받은 충격은 이루 말할 수 없었다. 사랑하는 아들이 죽은 것도 충격이었지만, 그보다 대가 끊어질지도 모른다는 위기감이 더 컸다. 효장세자를 제외한 나머지 자식은 모두 딸이었기 때문이다.

영조의 또 다른 후궁인 영빈 이씨는 화평옹주를 낳고 그 아래로 딸 셋을 더 낳았지만 모두 죽고 말았다. 그리고 그 다음에는 화협옹주를 낳았다. 당연히 영조는 초조할 수밖에 없었다. 그러던 중 영조 11년(1735년) 영빈 이씨가 사도세자를 낳았다. 효장세자가 죽은 지

7년 만이고 영조의 나이 42세 때였다. 무수리 출신 후궁의 아들이었던 영조는 가급적 중전으로부터 아들을 얻고 싶었겠으나, 정성왕후 서씨는 아이를 낳지 못하는 여자였다. 그래서 후궁들을 통해서라도 아들을 얻고자 했지만, 태어나는 아이마다 모두 딸이었던 것이다. 그러다가 사도세자가 태어났으니 영조의 기쁨은 이루 말할 수 없이 컸을 것이다. 그리고 마치 기다렸다는 듯이 이듬해 3월에 사도세자를 왕세자로 책봉했다.

사도세자는 어린 시절에 총명했다고 한다. 학문과 무예 모두에서 뛰어난 재능을 보였는데, 3세 때 부왕과 대신들 앞에서 『효경』을 외웠고, 7세 때에는 『동몽선습』을 독파했다고 한다. 그리고 시를 지어 수시로 대신들에게 나누어 주었으며, 10세 때에는 소론이 주도했던 신임옥사를 비판했다고 한다. 게다가 말도 잘 타고 활도 잘 쏘았다고 한다. 당연히 아들에 대한 영조의 기쁨과 기대는 날로 커져 갔을 것이다. 그래서 세자가 15세가 되어 성인이 되었을 때 선위교서를 내린 것이다. 영조의 선위교서는 세자의 대리청정으로 결론 내려졌다. 그러나 세자의 대리청정이 시작되면서 영조와 사도세자 사이의 갈등이 싹트기 시작했다.

대리청정이 시작되기 6개월 전인 영조 24년(1748년) 사도세자의 큰누님이었던 화평옹주가 세상을 떠났다. 화평옹주는 영조의 사랑을 독차지했을 정도로 영조가 무척이나 아끼고 사랑하던 딸이었다. 그뿐만 아니라 자신의 친동생인 사도세자를 잘 챙겨 주었다. 그러던 그녀가 아이를 낳다가 세상을 떠난 것이다. 이때 영조는 궁을 떠나 화평옹주의 집에 들어가서 밤새도록 통곡했다고 한다. 신하들은 영조에게 환궁해야 한다고 했지만 영조는 꿈쩍도 하지 않았다. 그렇게 밤새도록 슬퍼한 다음에야 환궁했다. 영조는 화평옹주의 장례를 '공주'의 장례식으로 치르도록 했다.

영조가 특히 사랑한 사람은 화평옹주 외에도 또 한 명이 있었다. 바로 효장세자의 아내였던 현빈 조씨였다. 효장세자가 일찍 죽어서 그녀는 평생 청상과부로 살다가 죽었는데, 영조는 현빈 조씨를 볼 때마다 효장세자 생각이 나서 극진히 대우했다. 그런데 대리청정이 시작된 지 2년이 지난 영조 27년(1751년)에 그녀도 세상을 떠났다. 영조는 슬픔을 이기지 못하여 현빈 조씨의 빈소를 자주 찾았다. 그런데 그곳에서 영조는 조씨의 궁녀인 숙의 문씨를 만났고, 합방을 하게 된다.

환갑을 바라보는 영조가 큰며느리의 장례도 치르기 전에 궁녀와 합방한다는 사실을 좋게 보는 사람은 아무도 없었다. 특히 대리청정을 하고 있는 아들은 더욱 그랬다. 세자는 아버지의 행동에 시위라도 하듯이 숙빈 임씨에게 임신을 시켰다. 그래서 영조 29년(1753년) 3월에 문씨가 영조의 딸을 낳기 한 달 전에, 임씨가 세자의 아들을 낳았다. 당연히 영조는 세자의 행동을 질책했을 것이고, 세자도 가만히 듣고만 있지 않았다. 영조와 세자의 갈등과 대립은 조금씩 심해지고 있었다.

그러나 영조와 세자의 갈등이 극한으로 치닫지 않았던 이유는 대비인 인원왕후 김씨와 왕비인 정성왕후 서씨가 완충 역할을 해 주었기 때문이다. 그런데 영조 33년(1757년) 2월에는 왕비가, 3월에는 대비가 갑작스럽게 승하했다. 결국 아버지와 아들의 갈등은 한계를 모르고 커져 갔다. 특히 영조의 총애를 받고 있던 문씨가 둘 사이를 이간질했다. 문씨는 자신을 못마땅하게 보는 세자가 마음에 들 리 없었다. 영조도 세자를 마뜩치 않게 여기고 있었기 때문에, 자신이 아들을 낳는다면 세자가 바뀔 수도 있는 상황이었다. 문씨는 세자에 대해서 안 좋게 말하는 소문을 듣는 대로 영조에게 고했으며, 영조는 사실 여부도 확인하지 않고 시도 때도 없이 무조건 세자를 꾸짖었다. 그러다가 세자가 영조 앞에서 죽어 버리겠다면서 우물에 뛰어드는 소동까지 벌어졌다.

영조 33년(1757년) 가을부터 세자는 살인을 한다. 영조는 이 소식을 다음 해 2월에 알았고 세자를 불러서 왜 사람을 죽였는지 물었다. 세자는 화증(火症)이 나면 견디지 못해 짐승이나 사람이라도 죽여야 마음이 풀어진다고 했다. 영조는 "왜 화증이 나느냐?"고 물었고, 세자는 "사랑하지 않으시니 서럽고, 꾸중하시니 무서워서 화가 되어 그렇게 되었습니다."라고 했다. 영조는 세자의 말을 듣고서 자신에게도 어느 정도의 책임이 있다고 느꼈는지 "앞으로는 그렇게 하지 않으마!"라고 대답했다. 세자는 영조가 자신을 더 크게 질책할 줄 알았는데, 오히려 영조가 자신의 잘못을 인정하는 듯한 반응을 보이자 반성하는 글을 발표했다. 영조는 이에 대하여 여섯 사람에게 보상을 해 주라고 명했다. 세자가 죽인 사람이 여섯 명임을 알 수 있다.

세자의 이상행동은 여기에서만 그치지 않았다. 궐 밖으로 나가서 시전 상인들을 갈취했다. 이 사실을 안 영조는 직접 상인들을 만나 사실을 확인하고 그들의 피해를 보상해 주었다. 왕으로서의 체통이 땅에 떨어졌다. 그뿐만 아니라 세자는 영조에게 고하지도 않고 관서 지방을 유람했다. 세자가 임금 몰래 궁궐을 나간다는 것은 상상도 할 수 없는 일이다. 게다가 세자가 영조를 대신하여 대리청정을 하고 있던 기간이니, 이것은 왕명을 거역한 정도가 아니라 왕에게 정면으로 도전한 것이나 마찬가지다. 이뿐 아니라. 세자는 자신의 행실에 대하여 지적한 후궁 경빈 박씨를 죽였으며, 여승을 궁궐 안으로 끌어들여 겁탈했다. 척불의 나라 조선에서는 있을 수 없는 일이 일어난 것이다.

이러한 세자의 행동을 영조에게 고한 사람은 나경언이었다. 나경언은 궁궐 출입이 자유로웠던 중인으로서, 형조를 찾아가 세자가 환관들과 함께 반란을 꾀하고 있다고 고했다. 그리고 세자의 허물이 적힌 문서를 꺼내 놓았다. 나경언이 이렇게 행동한 것은 정순왕후 김씨의 아버지 김한구의 사주를 받았기 때문이라고 한다. 영조는 정성왕후 서씨가 죽자 영조 35년(1759년)에 15세의 정순왕후 김씨와 가례를 올렸다. 김씨는 아들을 낳으면 장차 왕이 될 수 있을 것이라는 생각에 적극적으로 영조와 세자 사이를 이간질한 것이다.

그런데 세자가 영조를 죽이려고 했다는 것은 단지 소문만은 아니었던 것 같다. 혹자들은 세자가 관서지방을 다녀온 것이 단순한 여행이 아니라 역모를 꾸민 것이라고 한다. 이것의 사실 여부는 확인할 수 없지만, 세자가 영조를 죽이려고 한 것은 분명해 보인다.『한중록』에 의하면 영조 38년(1762년)부터 세자는 영조를 죽여 버리고 싶다는 말을 했다고 하며, 실제로 칼을 가지고 영조가 머무는 궁궐로 들어가려고 수구(水口)까지 갔다고 한다. 이를 안 세자빈 홍씨는 세자의 친어머니였던 영빈 이씨에게 이 사실을 알렸고, 결국 영빈 이씨는 영조에게 이를 알렸다. 영조는 영빈 이씨의 말을 듣자마자 창덕궁으로 가 세자와 대면했다.

영조는 세자에게 자결하라고 명했다. 그러나 세자가 말을 듣지 않자 영조는 직접 칼로 찌르려고 했다. 주변에 있던 모든 신하들이 만류했지만 영조는 이들을 물리쳤다. 결국 신하들은 세손(정조)을 동원했다. 당시 11세였던 세손은 손을 모으며 애걸했으나 영조는 단호했다. 세손을 밖으로 내보낸 다음 세자에게 계속 죽으라고 했다.

오전부터 시작된 영조와 세자의 기 싸움은 오후까지 계속되었다. 그러다가 오후에 갑자기 뒤주가 들어왔고 영조는 세자에게 뒤주 안으로 들어가라고 명했다. 그리고는 결국 초경(저녁 7~9시)에 세자가 뒤주로 들어갔다. 사시(오전 9~11시)부터 시작된 영조와 세자의 실랑이는 이렇게 끝났고, 8일 만에 세자는 숨을 거두었다.

사도세자의 정신병리

사도세자의 죽음을 두고 말이 많다. 어떤 이들은 이렇게 말한다. 사도세자가 대리청정을 하면서 소론에 동정적인 태도를 보여서 노론의 눈 밖에 났고, 이것은 아이러니하게도 소론과 세자의 사이를 더욱 긴밀하게 연결했다. 한편으로 세자는 영조에게 불만이 있었던 만큼 노론과 편한 사이는 아니었다. 결국 사도세자가 소론과 함께 정변을 꾀한다는 고변이 영조에게 들어갔고, 영조는 급기야 사도세자를 죽였다는 것이다. 물론 충분히 가능한 일이다. 비록 나주 벽서 사건으로 소론의 상당수가 멸문지화를 당했으나, 여전히 남아 있는 세력들이 반전을 꾀할 수 있었다.

그럼에도 불구하고 이렇게 당파간의 갈등으로만 사도세자의 이야기를 풀어내기에는 석연치 않은 부분이 있다. 그것은 바로 세자의 이상행동이다. 소론과 사도세자가 함께 정변을 꾀한다고 해서 세자가 이상행동을 해야만 했던 것은 아니다. 사도세자는 원래부터 이상

행동을 하는 사람이었던 것이고, 소론은 이렇게 극단적이고 폭력적 성향의 사도세자를 이용했다고 볼 수는 있다.

그렇다면 세자의 이상행동의 원인은 무엇일까? 세자는 영조 29년 (1753년)과 30년(1754년) 즈음에 장인이었던 홍봉한에게 보낸 편지에서 자신에게 울화증(鬱火症)이 있다고 적고 있다. 이러한 이유로 혹자는 세자가 우울증을 겪고 있었다고 추측한다.

그러나 단순한 우울증으로 보기는 어려운 측면이 있다. 세자의 행동 중에서 특별히 우울을 암시할 만한 것이 없기 때문이다. 물론 겉으로 드러나지 않는 우울증도 있지만 이 정도는 누구에게나 있을 수 있기 때문에 정신병리학에서는 중요하게 다루지 않는다. 우울증이라고 하려면 일상적인 일에 전혀 흥미를 못 느끼고 식음을 전폐하고서 잠만 잔다든지, 혹은 계속 죽고 싶다고 하는 등의 증상이 지속적으로 나타나야 한다. 정말 누가 봐도 우울하다는 것을 알 수 있는 정도다. 그러나 세자에게는 이러한 증상이 나타나지 않는다. 오히려 정반대다. 사람을 죽이고, 관서지방을 유람하고, 여자를 임신시키거나, 아버지를 죽이려고 하는 등 적극적이고 활동적인 모습이 주로 보인다. 따라서 우울증보다는 가벼운 조증에 가깝다고 할 수 있다.

조증인 사람은 우울증과 정반대로 에너지가 지나치게 넘쳐서 끊임없이 사고를 친다. 자신에게 고통을 가져다줄 행동들도 서슴지 않는다. 그리고 며칠씩 잠도 자지 않고 끊임없이 무엇인가를 한다. 생각도 많아지는 것은 물론 말이 끊이지 않기도 한다. 그런데 보통 조증 뒤에는 우울증이 나타나는데, 만약 세자에게 우울증이 나타났다면 그것은 아마도 경미한 우울증이었을 것이고, 그래서 사료에 언급되지 않았을 것이라고 추측할 수 있다.

세자의 행동이 모두 조증으로 설명될 수 있는가? 관서지방을 유람하는 것과 여자를 임신시키는 것은 설명이 가능하지만, 사람을 죽이는 것은 조금 다르다. 조증 상태에 있는 모든 사람들이 다른 사람을 죽이지는 않는다. 조증은 에너지가 과다한 것으로 정서의 문제인데, 사람을 죽이기 위해서는 적대감이 있어야 한다. 적대감은 인지의 문제로, 조증과는 다른 차원이다.

기본적으로 세자는 아버지를 비롯하여 주변 사람들에게 뿌리 깊은 불신감을 가지고 있었던 것으로 보인다. 대리청정이 시작된 후로 영조와 세자는 사사건건 부딪쳤는데, 영조는 이때마다 세자를 질책했고 세자는 영조에게 반항했다. 대리청정이란 세자가 임금의 지시를 받아서 국정을 돌보는 것으로, 임금의 질책과 훈계는 당연한 것이었다. 그러나 세자는 이를 받아들이지 못했다. 영조의 잔소리와 훈계가 모두 자신을 싫어하고 미워하기 때문이라고 해석한 것이다. 그렇기 때문에 급기야는 아버지였던 영조를 죽이려고 했던 것이 아닌가 한다. 이러한 적대감과 공격성은 후궁이었던 경빈 박씨에게도 향했고, 결국 박씨를 죽였다. 환관 김한채도 목을 베어 죽였다.

세자의 이러한 행동은 편집성 성격장애에 가깝다고 할 수 있다. 앞서 명종의 어머니 문정왕후 윤씨의 성격을 설명할 때 언급했듯이 편집성 성격장애란 타인의 행동이 악의에 찬 동기를 가지고 있다고 해석하는 등 불신과 의심을 하는 것이 주된 특징이다. 성격장애는 보통 성인이 된 후에 나타나는 것이기 때문에, 어린 시절에는 총명하고 재주가 많았던 세자의 모습과도 상충되지 않는다. 편집성 성격은 주변 사람들에게 마음을 쉽게 털어놓지 못하는데, 그 이유는 자신의 말을 상대방이 꼬투리 잡거나 악의적으로 사용할지 모른다고 생각하기 때문이다. 그리고 자신에게 모욕을 주거나 경멸했던 사람들을 용서하지 않는 등 원한을 풀지 않는다. 또한 자신이 공격당했다고 느끼면 즉시 화를 내거나 반격하는 특징을 보인다.

　세자는 실제로 주변 사람들에게 속내를 잘 털어놓지 않았다. 그래서 대리청정이 시작될 때 즈음 영조는 세자의 마음을 잘 모르겠다고 하기도 했다. 특히 세자에게 아버지 영조는 편한 대상이 아니었다. 사실 40년 이상 나이 차이가 나는 아버지, 여기에 더하여 작은 잘못에도 쉽게 화를 내는 아버지에게 편하게 마음을 털어놓을 사람은 흔치 않다. 그리고 세자는 자신을 무시하는 듯한 태도를 보이는 대상에 대해서는 분노를 참지 못했고, 결국 살인까지 저지르고 말았다. 그리고 이러한 살인 충동은 결국 영조에게도 이르렀다고 볼 수 있다. 결국 세자의 이상행동은 조증과 더불어 편집성 성격으로 설명할 수 있다.

그렇다면 왜 세자는 이러한 성격을 가지게 되었을까? 영조가 경종을 독살했다는 의혹은 궐내의 궁녀와 환관들에게도 널리 퍼져 있었다. 특히 경종을 모시던 궁녀와 환관들은 의혹을 버리지 않고 있었다. 영조는 이들에게조차도 결백을 인정받고 싶었다. 그래서 자신의 아들을 이들에게 맡겼다. 자신이 먼저 이들에게 화해의 제스처를 보내면, 이들도 자신의 진심을 믿어 줄 것이라고 생각했는지도 모른다. 그만큼 영조는 경종의 독살설에 대해서 자신은 결백하다고 생각한 것 같다. 그러나 영조는 동시에 이들이 자신의 진심을 받아들이지 않으면 어떡하나 걱정했다. 만에 하나 이들이 세자에게 영향을 주어 자신을 선왕을 독살한 살인자로 보지 않을까 신경을 쓸 수밖에 없었다.

실제로 환관들과 내시들 역시 세자에게 음으로 양으로 영향을 주었을 것이다. 아버지 영조가 선왕을 독살했다고는 말하지 않았겠으나, 세자의 아버지에 대한 이미지를 엄격하고 무서우며 언제 화를 낼지 모르니 늘 조심해야 하는 사람으로 만드는 데 일조했을 수 있다. 어린 시절부터 편안하고 행복한 환경에서 자라지 못한 세자의 성격이 의심과 불신으로 만들어진 것은 당연한 것이다.

그러나 이들보다 더 세자의 성격에 악영향을 미쳤던 사람이 있다. 바로 영조 자신이었다. 나이가 많은 아버지, 그것도 최고의 권력자인 아버지가 자신을 인자한 눈으로 바라보아도 편하게 대할 수 있을까 말까 한데, 영조는 의혹 반 걱정 반의 눈초리로 세자를 바라보았다. 그리고 다그치는 듯한 말투로 질문을 던졌다. 당연히 세자는 아버지가 두려웠고 위축될 수밖에 없었다. 아버지 앞에서 말수는 줄어들었다. 세자의 말이 적을수록 영조의 언성은 더 높아져만 갔고, 세자는 더 위축되었다. 악순환이 반복된 것이다.

아버지와 아들의 그림자

　사도세자의 극단적인 이상행동은 의심과 공격성이 많고, 한번 감정이 폭발하면 그 조절이 잘 안 되기 때문에 일어난 것이었다. 그런데 이러한 성격은 비단 사도세자에게만 나타나는 것이 아니다. 바로 그의 아버지 영조에게서도 나타난다. 물론 영조와 사도세자를 직접 비교할 수는 없지만, 영조도 자신의 정통성에 조금이라도 흠집을 내려는 사람은 결코 그냥 두지 않고 사사를 내렸다. 그리고 사람들이 자신의 왕위 계승을 어떻게 생각할지 몰라 늘 의심하면서 사람들을 대했다. 의심과 공격성이 사도세자와 크게 다르지 않다. 그뿐만 아니라 영조도 한번 감정이 일어나면 조절이 잘 안 되는 성격이었다. 평소 너무나 아끼던 큰며느리의 죽음을 애도하여 자주 찾아간 빈소에서 만난 궁녀 숙의 문씨를 임신시켰다. 여승을 궐내로 불러들여 겁탈했던 사도세자와 크게 다르지 않다. 그리고 무엇보다 하나뿐인 아들을 뒤주에 가두었다는 것은, 사도세자가 자신의 아내를 죽였다는 사실 못지않게 충격적이다.

　영조와 사도세자의 성격은 너무나 비슷한데, 사실 따지고 보면 이것은 집안 내력이다. 감정을 통제하지 못하고 자기 맘대로 사람을 공격하는 것은 숙종도 마찬가지였다. 그 기질이 영조를 이어서 사도세자에게까지 내려온 것이다. 영의정을 지냈던 이천보가 죽기 전에 쓴 유언상소를 통해 영조가 때로 감정을 통제하지 못하고 기쁨과 노여움을 폭발시켰다는 것[喜怒暴發]을 알 수 있다. 영조는 화가 나면 수시로 정승을 교체했고, 걸핏하면 왕위를 세자에게 물려주겠다고 신하들을 위협했다. 이러한 기질은 이후 정조에게도 이어졌다. 사람

분석심리학

융이 만든 심리학파로, 개인의 무의식 세계를 언급하여 많은 논란을 일으킨 프로이트의 정신분석학보다 한 걸음 더 나아가 집단무의식을 언급하고 있다. 집단무의식이란 인류가 공통으로 가지고 있는 무의식 세계로서 신화나 민담에서 공통된 주제가 나타나는 것을 그 증거로 삼는다.

의 성격이 기질과 밀접한 관련이 있고, 기질은 유전자의 영향이라는 점을 고려할 때 충분히 이해가 되는 부분이다.

이렇게 아버지와 아들은 비슷한 점이 있다. 그렇다면 아버지와 아들이 서로를 더 잘 이해할 수 있지는 않을까? 물론 가능하기도 하고, 실제로 영조가 사도세자를 이해한 적도 있다. 영조 33년(1757년) 사도세자가 사람을 죽였다는 소리를 들었을 때, 영조는 왜 그랬는지 따져 물었다. 이에 세자는 화증 때문이라고 했고, 영조는 세자를 이해하고 넘어가는 모습을 보였다. 그러나 이러한 이해와 수용은 오래가지 못한다. 자신의 모습과 같은 모습이 있으면 상대방을 더 쉽게 이해하고 더 많이 수용할 것 같으나, 대부분의 경우에는 더 극단적으로 싫어하고 경멸하는 태도를 취한다. 왜 그럴까? 자신과 같은 모습을 왜 그토록 싫어하는 것일까? 이것을 분석심리학(Analytic Psychology)의 창시자인 융(Carl Jung)은 '그림자'로 설명하고 있다. 그림자는 융이 생각한 마음의 여러 구조물 중의 하나다.

그림자

융이 말하고 있는 인간의 마음 구조 중 자아의 어두운 면을 말한다. 일반적인 그림자의 속성, 즉 어둡고 음침하지만 실체와 떨어지지 않는 여러 속성을 마음의 그림자도 동일하게 가지고 있다. 융은 우리의 마음이 성숙하기 위해서는 자아가 자신의 그림자와 화해해야 한다고 말한다.

융이 말한 마음속의 그림자를 이해하기 위해서는 먼저 일반적으로 우리가 알고 있는 그림자의 속성에 대해서 확인할 필요가 있다. 나의 그림자는 결코 나와 떨어지지 않는다. 아무리 도망가려고 해도 도망갈 수 없으며, 밝고 화려한 불빛 앞에서 그림자는 더욱 어두워진다. 그리고 그림자는 내 모습과 똑같이 행동한다. 내가 팔을 벌리면 그림자도 팔을 벌리고, 내가 앉으면 그림자도 앉는다. 이러한 그림자는 늘 빛의 반대쪽에 있기 때문에 쉽게 볼 수 없다.

융은 우리 마음에도 이와 비슷한 특성을 가진 그림자라는 마음의 구조물이 있다고 한다. 융이 말하는 그림자란 나도 모르는 나의 또 다른 면으로, 보통 자신이 싫어하는 자신의 모습이라고 할 수 있다. 자신이 알고 있는 자신을 자아라고 하며, 자신도 모르는 자신을 그림자라고 한다. 자아의 어두운 측면이라는 의미도 있다.

그렇다면 내 모습 중에 어떤 것이 자아가 되고 어떤 것이 그림자가 되는가? 바로 자신이 좋아하고 인정하는 모습은 자아가 되고 자신이 싫어하고 부인하는 모습은 그림자가 된다. 싫어하고 인정하지 않는 자신의 모습이기 때문에 자연스럽게 억압되어 무의식에 존재한다. 그렇기에 대부분의 사람들은 자신에게 그림자가 있다는 사실을 알지 못한다.

그렇다면 자신의 그림자를 알 수 있는 방법은 없을까? 융은 그림자를 알 수 있는 방법이 있다고 한다. 바로 다른 사람들과의 관계를 통해서다. 당신 주변에 특별한 이유도 없이 너무 싫은 사람이 있는가? 특별한 갈등이 있었다거나 자신에게 해를 입힌 것은 아닌데, 이상하게 싫은 마음이 드는 사람이 있는가? 보기만 해도 기분이 별로인 사람이 있는가? 단, 여기서 말하는 사람은 자신과 같은 성(性)이어야 한다. 남자에게는 남자, 여자에게는 여자다.

융은 이렇게 특별한 이유가 없이 싫거나, 혹은 싫어할 만한 이유가 있더라도 필요 이상으로 지나치게 싫은 사람이 있다면, 그 사람이 당신의 그림자를 가지고 있을 것이라고 지적한다. 다시 말해 자신의 그림자가 그 사람에게 투사되었기 때문에, 그 사람의 모습 속에서 당신의 그림자를 발견하기 때문에 싫다는 것이다. 그림자란 절대로 인정하고 싶지 않을 정도로 싫어하는 내 모습인데, 그 모습이 내 앞에서 보이니 당연히 싫은 마음이 든다는 것이다. 융은 이 모든 과정이 우리가 의식으로는 알 수 없는 무의식에서 일어나는 일이기 때문에 '내가 왜 저 사람이 싫지?' 하고 생각하면 딱히 특별한 생각이 나지 않는다고 한다.

　만약 자신의 그림자를 보여 주는 사람이 가까운 사이가 아니라면 크게 문제 될 것이 없지만, 가까운 사이라면 심각한 갈등에 직면할 수도 있다. 어떠한 특별한 이유 때문에 싫은 것이 아니라 그 사람이 무조건 싫기 때문에, 그 사람이 하는 말이나 행동 등 모든 것이 못마

땅해 보일 수 있다는 것이다. 가장 심각하게 문제 되는 경우가 바로 가족이다. 특히 아버지가 자신의 싫어하는 모습을 아들에게서 볼 경우, 지나치게 심한 질책과 꾸중으로 대하는 경우가 많다.

자신감이 없고 줏대가 없는 아버지는 아들의 위축된 모습에 화를 참지 못하고, 잘난 척하기 좋아하는 엄마는 잘난 척하는 딸을 싫어한다. 주변 사람들은 그 아버지에 그 아들, 그 엄마에 그 딸임을 알지만 정작 본인들은 인정하지 않는다. 모두 자신들의 그림자이기 때문이다.

영조도 사도세자의 모습과 행동을 보고 도저히 참을 수 없었다. 세자를 위험인물로 느낀 노론세력은 바로 이 점을 이용하여 아버지와 아들을 이간질했고, 결국 영조는 감정을 참지 못하고 아들을 죽음으로 내몬 것이다. 그리고 세자가 죽은 바로 그날 '사도(思悼)'라는 시호를 내렸다.

나는 사도세자의 아들이다

아버지의 죽음을 목격한 정조의 마음은 어땠을까? 무엇보다 할아버지가 칼을 들고서 아버지를 죽이려고 했던 그 장면을 직접 본 그는 평생 아버지의 얼굴을 잊지 못했을 것이다. 그러나 그는 아버지의 죽음에 대해서 절대로 내색할 수 없었다. 사도세자를 죽음으로 몰아간 중요한 원인이 된 노론세력은 훗날의 화를 미연에 방지하기 위해 정조를 그냥 두지 않으려고 했으나, 한 가지 다행스러운 것은 영조가 손자를 매우 아꼈다는 사실이었다.

사도세자가 세상을 떠나고 두 달이 지나 영조는 세손을 동궁으로 칭할 것을 명했다. 공식적인 왕위계승자가 된 것이다. 이로부터 2년 후인 영조 40년(1764년)에 영조는 왕세손을 효장세자의 후사로 삼겠다고 명했다. 영조는 이렇게 함으로써 사도세자의 흔적을 지워 버리려고 했다. 이것은 혜경궁 홍씨에게 큰 충격이었다. 시아버지로부터 남편을 빼앗긴 후에 아들까지 빼앗긴 것이다.

그러나 더 큰 충격을 받은 사람은 바로 정조였다. 그러나 정조는 아무런 내색도 할 수 없었다. 조정에는 온통 자신을 제거하려는 노론들로 가득 차 있었기 때문에, 조금이라도 빌미를 주어서는 안 되었다. 결국 정조가 할 수 있는 일은 두문불출하면서 학문을 연마하는 것뿐이었다. 그 결과 정조는 조선의 왕들 중에서 최고의 학식을 가진 군주가 될 수 있었다.

정조를 반대했던 신하들은 정조가 왕위에 오른 후 아버지의 죽음에 직간접적으로 관여했던 자신들에게 보복을 할까 두려웠을 것이다. 그런데 이렇게 정조를 믿지 못했던 것은 대신들만은 아니었던 듯하다. 영조도 세손을 믿지 못했는지, 정조가 성인이 된 후에도 전위의사를 밝히지 않았다. 영조가 대리청정 의사를 처음으로 밝힌 것은 사도세자가 죽은 지 13년 후인 영조 51년(1775년) 11월 경연에서였다. 당연히 대신들은 이를 결사반대했다. 그러나 아무도 82세의 노쇠한 왕 영조의 뜻을 꺾지 못했고, 세자의 대리청정은 시작되었다. 그리고 3개월 후 영조는 83세의 나이로 세상을 떠났고, 정조는 24세의 나이로 왕이 되었다.

왕이 되기 직전 정조는 대리청정을 시작한 지 2개월 정도 되었을 때, 사도세자가 묻혀 있는 수은묘를 참배한 후 여러 신하들을 만난 자리에서 아버지가 죽던 해의 「승정원일기」 1년치를 없애겠다고 선언했다. 그 자리에서 정조는 아버지의 죽음을 생각하면 도저히 견딜 수가 없다고 말하면서 눈물을 쏟았다. 그리고 영조에게 상소를 올려 자신의 뜻을 전했다. 영조의 기력이 조금만 더 있었더라도 세손은 죽임을 당할 수도 있었으나, 영조는 이제 83세의 노인이 아니던가. 영조는 세손의 청을 들어주었다. 너무나 당연한 것이지만 정조는 아버지의 죽음에 대한 상처와 고통을 한시도 잊고 살 수가 없었던 것이다. 이로부터 한 달 뒤 영조가 세상을 떠나고, 엿새 후에 정조는 경희궁에서 즉위하면서 이렇게 말한다.

"나는 사도세자의 아들이다!"

이 말은 정조가 그동안 아버지를 죽인 자들에 대한 복수의 칼을 갈고 있었다는 것을 의미했다. 정조는 왕위에 오르자마자 우선 아버지 사도세자의 격을 한 단계 높이는 작업을 했다. 사도세자의 존호를 올려서 '장헌(莊獻)'이라고 하고, 사도세자의 묘를 '영우원(永祐園)'이라고 했으며, 사당을 '경모궁(景慕宮)'이라고 했다. 그 다음에는 일사천리로 아버지의 복수를 진행했다. 노론의 김상로를 제거하고 영조의 후궁이었던 숙의 문씨를 내쫓았다. 작은 외조부 홍인한을 제거하고 정순왕대비의 오빠인 김구주를 제거했다.

이렇게 여러 사람들을 제거했지만 정조의 마음은 풀어지지 않았다. 아버지의 죽음을 목격한 뒤 하루하루 살얼음판을 걷는 듯한 기분으로 살아야 했던 정조의 마음속에는 도저히 풀리지 않는 화(火)가 자리 잡고 있었다. 그래서 정조는 한 걸음 더 나아가는 조치를 취한다. 바로 아버지의 묘를 수원 화산(花山)으로 옮긴 것이다. 정조는 그곳을 현륭원(顯隆園)이라고 불렀다. 이때가 정조 13년(1789년)이었다.

정조는 이듬해부터 사망할 때까지 무려 12차례나 현륭원을 찾았다. 물론 정조가 아버지의 묘를 찾는 것은 단지 참배만을 위한 것은 아니었다. 왕권을 극대화하는 방법이기도 했고, 백성과 직접 접촉할 수 있는 기회이기도 했다. 정종의 능행 때 어가를 따르는 인원은 6,000여 명이 넘었으며, 동원된 말만 해도 1,400여 필이나 되었다고 한다. 더군다나 왕을 구경하기 위해 나온 백성은 자신들의 억울함을 왕 앞에서 직접 호소할 수 있었다. 화려한 의상과 휘장들, 그리고 백성의 억울함을 해결해 주는 왕은 백성에게 최고의 군주였다. 그러나 이것이 능행의 본래 목적은 아니었다. 능행은 어디까지나 정조가 아버지의 무덤을 찾아가는 것이었다. 그는 현륭원에 갈 때마다 울지 않을 때가 없었다고 한다. 그의 가슴 속에는 해결 불가능한 슬픔이 있었던 것이다.

정조는 이 슬픔을 승화시켜서 여러 개혁적인 시도를 많이 했다. 개혁의 중심에는 세손 시절부터 정조를 경호하던 홍국영이 있었다. 비록 지나칠 정도로 홍국영에게 권력이 집중되어 4년 만에 정조가 쫓아내기는 했지만, 이 기간에 정조는 많은 개혁적 조치를 실시했다. 규장각을 통해 인재를 양성했을 뿐더러, 실학을 장려했으며, 노비에 대한 처우도 획기적으로 개선했다. 그뿐만 아니라 경제와 군사 부문에서도 정조는 끊임없이 이상을 실천하면서 새로운 시대를 향한 준비를 차근차근 밟고 있었다. 그러나 이러한 모든 준비들은 결국 정조의 마음에 있는 화기(火氣) 탓에 미완으로 끝났다.

정조 24년(1800년) 6월 그는 머리와 등에 난 종기 때문에 세상을 떠났다. 정조는 이 종기의 원인을 마음의 화(火)라고 말했다. 일각에서는 정조가 죽는 과정에서 정순왕대비가 독살한 것이 아니냐는 의심을 하기도 하지만, 그렇다고 하더라도 정순왕대비의 행동도 정조가 해결하지 못한 '화'의 결과라고 할 수 있다. 결국 정조는 아버지의 비극적인 죽음이 불러일으킨 마음의 화(火)를 화(和)로 다스리지 못한 비운의 군주였다.

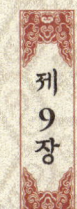

제 9 장

시아버지와 며느리의 투쟁,
500년 조선의 막을 내리다
― 순조, 헌종, 철종, 고종, 순종

사람의 성격은 변하는가, 변하지 않는가? 정답은 상황에 따라, 사람에 따라 다를 수 있다. 어떤 이들은 변한다고 할 것이다. 그러면 다른 쪽에서는 변하지 않는 증거를 들고 나온다. 어떤 이들은 변하지 않는다고 할 것이다. 그러면 이번에는 변하는 실례를 제시할 것이다.

여전히 우리의 궁금증을 자극하는 질문이기는 하지만, 아직까지 단 하나의 정답이 없는 질문이다. 그리고 앞으로도 그럴 것이다. 왜냐하면 사람의 마음은 너무나 복잡하기 때문이다. 그래서 어떻게 보면 변하기도 하고, 어떻게 보면 변하지 않기도 한다. 분명히 변하는 부분도 있고, 변하지 않는 부분도 있다. 한 사람의 마음에는 아주 다양한 모습들이 담겨 있는 까닭이다.

이렇게 복잡한 존재인 사람은 자신 안에 있는 다양한 모습들 중 상황과 때에 적절한 모습을 내어 놓곤 한다. 본심을 그대로 드러내기도 하지만, 때로는 숨기기도 한다. 더 큰 목표를 위해 당장의 모욕을 참다가, 나중에 원하는 것을 이루면 드러내기도 한다.

그렇다면 사람은 원래부터 이렇게 복잡한 존재일까? 물론 태어날 때부터 그럴 수도 있지만, 대부분 상황이 사람을 그렇게 만든 경우가 많다. 무인도에서 혼자 살지 않는 이상 사람들은 주변의 영향을 많이 받는다. 아니 무인도에서 사는 사람조차도 그 환경의 영향을 받을 것이다. 이 환경의 영향은 우리의 생각보다 아주 커서, 착한 사람인 줄로만 알았던 사람이 끔찍한 일을 저지르기도 하고, 악한 사람인 줄로만 알았던 사람이 예상 외의 선행을 하기도 한다.

물론 사람들은 환경보다는 타고난 기질이나 성격을 믿는 경향이 강하지만, 정확히 따지면 사람들은 성격이나 기질보다는 환경의 영향을 많이 받는다. 그래서 환경에 따라, 여러 사건을 경험하면서 사람의 성격이 바뀌기도 한다. 게으른 성격 때문에 외양간을 고치기 싫은 사람도, 소를 잃고 나면 외양간을 고치곤 한다. 그러나 외양간에 들어갈 소가 없는 것이 문제다. 조선의 마지막 왕이자 대한제국의 첫 황제인 고종의 이야기다.

정조 이후 60년은 안동 김씨가 주도하는 세도정치의 시대였다. 안동 김씨가 줄곧 왕실의 외척이 되면서 권력을 좌우하게 된 것이다. 이것이 조선 초기의 척신세력과 다른 이유는 안동 김씨 일족이 지속적으로 정권을 독점했다는 점에서 붕당정치와 유사하게 진행되었기 때문이다. 원래 세도정치의 세도(勢道)는 세도(世道)를 풍자한 것이다. 세도(世道)는 '세상을 올바르게 다스리는 도리'라는 뜻으로, 성리학에서 말하는 이상적인 통치의 도를 말한다. 안동 김씨는 자신들이 세도(世道)정치를 한다고 했으나, 세인들이 보기에는 세도(勢道)정치를 하는 것이었다.

정조가 승하한 뒤 순조가 11세로 왕위에 올랐다. 순조의 중궁은 안동 김씨 김조순의 딸인 순원왕후 김씨였다. 이후 안동 김씨가 조정의 요직을 모두 장악했고 최고의 실세로 자리 잡았다. 세도정치는 반대파가 없는 독재정치로 군왕도 허수아비로 만들어 버렸고, 매관매직은 물론 가렴주구(苛斂誅求)•가 판을 쳤다. 순조는 안동 김씨를 견제할 목적으로 풍양 조씨 조만영의 딸을 세자빈으로 맞았으니, 바

● 세금을 가혹하게 거두어들이고, 무리하게 재물을 빼앗음

로 신정왕후 조씨다. 순조 27년(1827년) 효명세자가 대리청정을 시작하면서 풍양 조씨의 세력이 막강해지고 또 다른 세도정권을 만들어졌다. 그러나 대리청정 4년 만에 효명세자는 죽고, 그의 아들인 헌종이 8세의 나이로 즉위한다. 왕실의 최고 어른인 순원왕후 김씨가 수렴청정을 하면서 안동 김씨의 세도는 지속되었다. 그러다가 순원왕후의 수렴청정이 끝나자, 이번에는 신정왕후 조씨의 영향으로 풍양 조씨 일문이 득세했다.

이러한 와중에서 헌종은 후사를 보지 못하고 23세의 나이로 요절했다. 이때 순원왕후 김씨는 풍양 조씨가 왕위를 세우기 전에 먼저 손을 써서 항렬상 헌종의 7촌 아저씨뻘 되는 강화도령 원범을 데려와 왕으로 세웠으니 이가 바로 철종이다.

철종은 사도세자의 증손자로, 정조의 아우인 은언군의 손자다. 사도세자를 죽음으로 몰아넣은 노론은 후환이 두려워 정조의 왕위 등극을 막고자 정조의 이복동생을 왕으로 추대하려다가 발각되었는데, 이때 정조의 이복동생들은 유배를 갔다. 그중 한 명인 은언군이 강화도에서 살면서 낳은 막내아들이 원범이었다. 그는 부모를 일찍 여의고 농사를 지으면서 살다가 19세에 왕위에 올랐다. 2년 동안 순원왕후 김씨의 수렴청정을 받고, 역시 안동 김씨인 철인왕후 김씨를 중궁으로 맞이하여 순조과 헌종처럼 세도정치의 희생양이 되었다. 결국 술과 여색에 빠져 33세를 일기로 죽고 만다. 철인왕후와 7명의 후궁에게서 5남 1녀를 얻었지만, 아들들이 모두 일찍 죽어서 후사가 없었다.

고종이 왕이 되기까지

사도세자가 숙빈 임씨에게 얻은 아들은 은언군과 은신군 두 명이었다. 철종은 은언군의 손자였고, 고종은 은신군의 증손자였다. 원래 은신군은 아들이 없었다. 그래서 일찍이 인조의 셋째 아들인 인평대군의 자손 중에서 양자를 들였는데, 그가 바로 흥선군 이하응의 생부인 남연군이었다. 이하응은 어린 시절부터 총명했다고 한다. 12세에 여흥 민씨 집안의 딸과 결혼을 했는데, 얼마 지나지 않아 모친상을 당하고 5년 후에는 부친상을 당했다. 상황이 이렇게 되자 이하응은 혼자서 살아나갈 방법을 터득해야 했다. 왜냐하면 왕족이라는 이유로 억울하게 죽은 사람들이 많았기 때문이다.

왕권이 약해지고 왕위 계승의 정통성이 신하들에게 인정받지 못할 때마다 늘 모반 사건이 일어났다. 모반 사건은 왕권에 도전하는 신하들이 왕족 중에서 유능하고 똑똑한 사람을 앞세워 반역을 일으키는 사건이다. 물론 이러한 모반이 실제로 계획된 적도 있으나, 그보다는 정적을 제거하기 위한 수단으로 날조된 것들이 더 많았다. 그러나 실제 사건이건 날조된 사건이건 이러한 일이 일어나면 연루된 사람들은 모두 죽거나 유배를 가게 마련이다. 이 과정에서 왕족들이 많은 희생을 당했다. 정조의 이복동생들이었던 은언군과 은신군도 마찬가지였다. 당연히 이하응도 생명의 위협을 느꼈을 것이다.

세도정치가 시작되면서 척벌들은 늘 무능한 왕을 선호했다. 그래야 자신들의 기득권을 계속 유지할 수 있기 때문이다. 강화도령 원범이 철종이 되어 왕위에 오른 것도 이러한 맥락이었다. 그래서 유능하거나 명철한 왕족을 제거하는 데 혈안이 되어 있었다. 철종의 아들들이 모두 일찍 죽자, 철종의 사후에는 누가 왕이 될 것이냐가 초미의 관심사로 떠올랐다. 이때 유력한 두 사람이 있었는데 한 명은 이하응이었고, 또 다른 한 명은 이하전이었다.

이하전은 성품이 강직하고 직설적인 인물이었다. 사실 이하전은 헌종 사후 유력한 후계자로 물망에 올랐으나 안동 김씨가 반대했다. 당연히 그의 성품 때문이다. 그는 과거에 응시할 때에도 자리 때문에 안동 김씨의 자제들과 다투기도 하는 등 기세가 등등했고 안동 김씨는 그를 눈엣가시 보듯 했다. 결국 철종 13년(1862년) 모반을 도모했다는 무고 때문에 억울하게 사사를 당했는데, 이는 안동 김씨의 모략이었다.

반면 이하응은 처신을 다르게 했다. 사실 그는 재주와 지략이 뛰어난 인물로서, 27세인 헌종 13년(1847년)에 종친부(宗親府)를 실질적으로 운영하는 직책에 임명되어 종친부의 권한 확대를 추진하는 등 주목받는 역할을 하기도 했다. 그러나 그는 살아남기 위해서 능력과 야망을 숨긴 채 파락호(破落戶)●처럼 행동했다. 가난을 빌미로 삼아 당시의 세도가였던 김좌근의 집에 찾아가 큰아들의 취직을 부탁하기도 했으며 돈을 꾸기도 했다. 거리의 건달처럼 생활하면서 길에서 행패를 부리거나, 기생방에서 기녀들을 희롱하기도 했다. 당연히 사람들은 그를 조롱했으며, 그의 의도대로 안동 김씨는 그를 전혀 위협적인 인물로 생각하지 않았다. 그러나 그는 겉과 속이 다른 사람이었다.

시간이 흘러 철종이 과도한 주색으로 병이 들자, 이하응은 왕실

● 재산이나 세력이 있는 집안의 자손으로서 집안의 재산을 몽땅 털어먹는 난봉꾼

에서 가장 서열이 높은 신정왕후 조씨에게 접근했다. 조대비와 이하응은 안동 김씨의 세력을 꺾어야 한다는 것에 동의하고 철종의 후계자로 이하응의 둘째 아들을 낙점했다. 비록 조대비와 이하응은 의기투합했지만 이들의 속내는 달랐다. 조대비는 이하응을 이용하여 안동 김씨의 세력을 누르고 풍양 조씨 일문을 부흥하고자 했지만 이하응은 안동 김씨는 물론이고 풍양 조씨의 세도정치까지 끝내고 왕권을 강화하는 것이 목적이었다.

결국 철종은 세상을 떠났고 안동 김씨가 후계자를 찾지 못하여 우왕좌왕하는 사이 조대비는 궁궐의 어른으로서 이하응의 둘째 아들 명복을 후계자로 발표했다. 이로써 장안의 파락호로 알려진 이하응은 임금의 생부인 대원군(大院君)이 되었다. 대원군이라고 하면 흥선대원군 이하응을 가리킨다고 알고 있으나, 실제로는 그렇지 않다.

조선왕실 역사에서 군왕이 후사 없이 죽었을 경우 종친 중에서 한 명을 왕으로 세웠는데, 이때 그의 생부를 칭하는 말이다. 조선 500년 역사에서 이러한 경우는 고종을 제외하면 선조와 인조, 철종이 있다. 선조의 생부는 덕흥대원군, 인조의 생부는 정원대원군, 철종의 생부는 전계대원군이었는데, 셋 다 이미 죽은 뒤라 추존되었다. 그런데 흥선군은 살아서 대원군으로 봉해진 것이다.

안동 김씨 세력은 조대비의 결정에 크게 반대하지 않았다. 왜냐하면 흥선대원군을 별 볼일 없는 사람으로 보았기 때문이다. 그래도 혹시나 하는 생각에 당시 영의정이었던 김좌근은 군왕의 사친을 정사로 수고롭게 해서는 안 되고 편히 봉양해야 한다고 주장하여 흥선대원군의 정치 개입을 제지하려고 했다. 만약 흥선대원군이 정치에 개입하지만 않는다면 자신들의 세도는 유지될 것이라고 보았기 때문이다. 그러나 조대비는 이들의 주장을 물리치고 흥선대원군을 끌어들여 자신의 섭정 권한을 그에게 위임했다. 이로써 흥선대원군은 향후 10년 동안 실질적인 조선의 왕이 되었다.

흥선대원군은 본격적으로 세도정치를 타파하기 시작했다. 우선 안동 김씨 세도정치의 근거가 되는 비변사를 점차 무력화했으며, 당파를 초월하여 인재를 고루 등용했다. 세도정치 아래 백성을 무자비하게 착취한 서원을 철폐하고 일련의 개혁을 통해 민심을 수습했다. 흥선대원군은 준비된 권력자였다. 철저하게 본모습을 위장했다가 때가 되자 모든 일을 하나씩 실천해 나간 사람이었다.

걸과 다른 속, 속과 다른 걸

우리는 종종 겉과 속이 다른 사람을 볼 수 있다. 겉과 속이 다르다는 것은 달리 표현하자면 상반되는 두 모습이 있다는 것이다. 예를 들어 낮에는 많은 이들에게 존경받는 친절한 의사지만, 밤에는 끔찍하고 무서운 악마의 모습을 드러낸다는 『지킬 박사와 하이드 씨(The Strange Case of Dr. Jekyll and Mr. Hyde)』는 연극과 영화, 뮤지컬과 노래로 만들어진 만큼 사람들의 큰 호응을 얻은 작품이다. 큰 호응을 얻었다는 것은 그만큼 많은 사람들이 동감했다는 것일 테다. 예전에 외화 시리즈로 방영되었던 〈두 얼굴의 사나이(The Incredible Hulk)〉도 계속 영화로 리메이크되면서 꾸준한 인기를 누리고 있다.

굳이 소설이나 영화에서 예를 찾지 않더라도 신문 기사를 통해 이런 예는 얼마든지 접할 수 있다. 법을 수호하고 범법자를 잡아 처벌해야 할 모범경찰이 알고 보니 불법 오락실을 운영하고 있었다든지, 인품이 훌륭하며 성(聖)스럽게 말하고 행동하는 종교인이 성(性)범죄를 저질렀다든지, 남에게는 한없이 친절한 이웃집 아저씨가 집에서는 아내를 구타하는 폭력남편이었다든지, 여자 중학교 앞에서 성기를 노출하는 일명 '바바리맨'을 잡고 보니 주변 사람들에게 평판이 좋은 청소년 상담원이었다든지 하는 이야기는 이제 일상적인 뉴스거리다.

뉴스에서만 볼 수 있는 것도 아니다. 우리 주변에서도 얼마든지 볼 수 있다. 아랫사람에게는 지독히 못되게 하는 직장 상사가 회사 임원을 만나면 아주 상냥하고 공손하게 대하는 모습에서도 우리는 겉과 속이 다르다는 생각을 한다. 비밀을 지켜 준다고 하여 혼자만의 고민을 친구에게 어렵게 털어놓았는데, 그 친구가 다른 사람들에게 자신의 이야기를 떠들고 다닐 때의 배신감도 만만치 않다. 주변 사람들에게는 지나치게 친절하던 사람이 음식점에서 점원의 작은 불친절 때문에 불같이 화를 내는 모습도 우리를 당황하게 만든다.

도대체 왜 사람들은 이렇게 양면성을 지니고 있을까? 간단하게 말하면 인간은 두 욕구가 있기 때문이다. 동물은 겉과 속이 다르지 않다. 좋으면 좋은 표현을 하고, 싫으면 싫은 표현을 한다. 개만 해도 반가워서 짖는 소리와 공격하기 위해 짖는 소리가 다르다. 꼬리를 흔들고 반갑게 짖으면서 달려오다가 갑자기 달려들어 공격하는 개는 없다. 물론 동물도 종마다 천차만별이겠지만 개략적으로는 이렇게 말할 수 있다.

거짓말을 못하는 것, 단순한 것이 동물의 일반적인 특성이다. 동물이 이렇게 단순한 이유는 뇌가 비교적 단순하기 때문이다. 동물의 뇌는 대부분 생존과 생식을 위해 자동적이고 즉각적인 반응들을 주로 담당하는 구조물로 이루어져 있다. 동물의 일상의 대부분은 먹고, 놀고, 자고, 배설하고, 교미하며, 공격을 당하면 싸우거나 도망가는 반응으로 이루어진다. 이것을 심리학에서는 일차적 욕구 혹은 생리적 욕구라고 한다.

물론 인간에게도 이러한 속성이 있다. 그러나 인간은 동물이 할 수 없거나 거의 갖고 있지 않은 속성이 있다.* 바로 이차적 욕구 혹은 사회적 욕구다. 이 욕구는 인간이 경험을 통해 학습한 욕구들을 의미하

● 최근의 학자들은 인간과 동물을 이분법적으로 나누지 않는 경향이 있다.

는데, 대표적으로는 관계를 추구하는 것을 들 수 있다. 물론 많은 동물은 새끼에게 모성애를 느낌으로써 관계에 대한 욕구를 가지고 있다고 할 수 있지만, 인간은 이것과 비교할 수 없을 정도로 다양한 사람들과 다양한 관계를 추구한다. 인간의 삶이 복잡한 것은 바로 관계의 문제 때문이다. 인간이 이렇게 관계를 추구하는 것은 동물에 비해 대뇌피질(cerebral cortex)이 발달했기 때문이다. 대뇌피질은 인간을 동물과 구별시켜 준다. 이 대뇌피질 때문에 우리는 어느 집단과 모임에 소속되고 싶고, 다른 사람들에게 인정받고 사랑받고 싶은 마음을 가지는 것이다. 그리고 더 나아가 많은 권력과 권위를 얻고 싶어 한다. 그뿐만 아니라 이차적 욕구에는 어떤 일을 하고 성취감을 느끼고 싶은 마음, 더 많은 권력과 권위를 얻고 싶어 하는 마음도 있다.

다시 앞의 질문으로 돌아가 보자. 왜 인간은 동물과 달리 겉과 속이 다른가? 그것은 바로 인간에게는 일차적 욕구와 이차적 욕구가 있기 때문이다. 두 욕구가 힘겨루기를 하는데 그 힘이 비슷하여 막상막하일 경우에는 서로 번갈아 나타나는 것으로 타협을 본다. 그래서 마치 두 모습을 가진, 즉 양면성이 있는 사람처럼 보이는 것이다. 성직자로서의 역할과 임무를 다하고 사람들에게 인정받기 위해 성(聖)스러워야 하지만 인간이기 때문에 가지고 있는 성(性)적인 욕구를 포기할 수 없는 것이다. 다른 사람에게 듣는 좋은 평판을 계속 유지하고 싶어서 화가 나도 참고 친절히 대하지만, 아내에게는 그럴 필요를 별로 못 느끼기 때문에 화가 나면 바로 표현하는 것이다.

이처럼 일차적 욕구와 이차적 욕구의 힘이 비슷할 때에는 번갈아 나타나기도 하지만, 때로는 한쪽이 어느 한쪽을 일시적으로 압도하거나 통제하기도 한다. 이렇게 될 경우에는 당장 힘이 센 욕구가 나타나지만 이 욕구가 어느 정도 채워진 다음에는 다른 욕구가 나타난다. 일차적 욕구가 이차적 욕구를 이기는 경우는 전쟁이나 기근과 같은 극단적인 상황에서 나타난다. 정말 죽을 것처럼 배가 고프면 체면은 설 자리가 없다. 다른 사람에 대한 배려도 없어진다. 그래서 내 것이건 남의 것이건 상관없이 닥치는 대로 배를 채운다. 그렇게 배를 어느 정도 채우고 나면 그 다음에 자신의 체면이나 타인에 대한 배려가 생각난다. 바로 이차적 욕구가 작동하는 것이다. 그 반대도 마찬가지다. 이차적 욕구가 힘이 세면 먼저 나타날 것이고, 이것이 어느 정도 채워진 다음에는 일차적 욕구가 나타난다.

　안동 김씨에게 억울한 죽임을 당한 이하전의 경우는 일차적 욕구가 이차적 욕구를 압도했던 사람이었다. 그래서 세도정권인 안동 김씨에 대한 불쾌감을 숨기지 못했기 때문에 화를 당했다. 그러나 흥선대원군은 다르게 행동했다. 이하전 못지않게 안동 김씨에 대한 불만과 분노가 있었지만 오히려 그러면 그럴수록 정반대로 행동했다. 일차적 욕구인 자신의 감정을 일단 통제하고 다스려서 자신을 더 우습게 보도록 만들었다. 안동 김씨에게 무시를 당하면 당할수록 더욱 차분하게 훗날을 도모했다. 안동 김씨보다 더 많은 권력을 가지기 위해 당장의 분노를 다스린 것이다. 바로 이차적 욕구가 일차적 욕구를 통제한 것이다. 결국 흥선대원군은 아들을 내세워 조선 최고의 권력자가 되었고 그 다음에는 눌러 놓았던 것을 분출했다.

며느리가 숙적이 되다

아들을 왕으로 만든 대원군은 여러 개혁적인 조치를 시행함과 동시에 아들의 결혼을 준비한다. 사실 대원군은 안동 김씨 김병학의 딸을 며느리로 맞아들이기로 했었다. 그러나 자신의 영향력이 조금씩 커지자 태도를 바꾸었다. 사실 대원군은 왕실의 외척이 주도하는 세도정치에 치를 떨었던 사람으로 안동 김씨의 자제를 중궁으로 받아들일 수는 없었을 것이다.

대원군은 고종의 중궁을 간택하는 데 무엇을 가장 염두에 두었을까? 당연히 세도정치를 할 염려가 없는 집안 배경이어야 한다는 것이다. 과거에는 비교적 명문가였으나 현재에는 세력이 약한 집안의 딸이 적격이었다. 이러한 대원군의 마음에 드는 사람이 바로 여흥 민씨 민치록의 딸이었다. 민씨의 가문은 꽤 화려했다. 여흥 민씨는 태종비 원경왕후와 숙종비 인현왕후를 배출한 노론세력의 집안이다. 또한 여흥 민씨 가문의 딸을 중궁으로 선택한 데에는 대원군의 어머니와 부인이 모두 여흥 민씨였던 것도 영향을 미쳤을 것이다. 실제로 대원군의 부인과 민씨는 12촌 자매지간이다.

고종 3년(1866년) 민씨는 왕비로 간택되어 고종과 가례를 올리고 입궁한다. 본격적으로 중전의 삶이 시작된 것이다. 민비는 궁궐의 여러 어른들과 시부모를 잘 봉양하여 칭송이 자자했다. 특히 재기의 가능성이 없었던 집안 배경에 아버지까지 일찍 여의고 힘겹게 살아갈 운명에 처한 자신을 왕비가 되게 해준 시부를 지극정성으로 모셨다.

이처럼 주변 어른들에게는 사랑받는 중궁이었지만 정작 고종에게는 그렇지 못했다. 고종에게 민비는 첫 여인이 아니었다. 고종은 가례를 올리기 이전부터 귀인 이씨와 이미 합방을 한 상태였다. 고종은 민비와의 결혼을 정략결혼으로 보았고, 그 이상의 의미를 두지 않았다. 사실 대원군이 민비를 며느리로 받아들인 것은 세도정치의 염려가 없는 가문이었기 때문이다. 당연히 대원군도 민비를 크게 좋아할 이유가 없었고, 당연히 민비는 궐내에서 남모를 외로움을 견뎌야 했다.

설상가상으로 고종 5년(1868년)에 귀인 이씨가 아들을 낳았다. 고종과 대원군을 비롯한 궐의 어른들은 기쁨을 숨기지 못했다. 순조와 헌종, 철종이 모두 아들이 없었던 것이 세도정치의 구실을 만들어 주었다는 점을 상기해 볼 때 왕자가 태어났다는 것은 더할 나위 없는 기쁨이었다. 비록 적자는 아니었으나 왕실은 적통에 대한 미련을 버린 지 오래되었기 때문에 문제될 것이 없었다. 고종은 이 아이를 세자로 삼고자 했으나 왕실의 역사를 잘 알고 있는 대원군은 반대했다. 중궁에게 아들이 생길 가능성이 얼마든지 있기 때문이다.

민비는 속이 상했지만 그럴수록 조대비를 비롯하여 궐의 어른들과 고종에게 더욱 지극정성으로 대했다. 이러한 민비의 노력은 고종 7년(1870년) 임신으로 이어졌다. 얼마나 기쁘고 설렜을까? 그러나 기쁨도 잠시, 민비는 유산을 했다. 그러나 다행히 그해 다시 임신을 했고, 몸가짐과 마음가짐을 조심스럽게 했다. 열 달을 기다려 이듬해 11월에 드디어 왕자를 낳았다. 민비의 행복은 이루 말할 수 없었을 것이다. 4년 만에 얻은 아들이었다. 그런데 기쁨은 오래가지 않았다. 태어난 지 사흘이 되도록 아기가 대변을 보지 못한 것이다. 모두 마음을 졸이고 있던 차에 아기는 대원군이 보낸 산삼을 먹고 이틀 만에 죽고 말았다.

민비는 그동안 시부에게 느꼈던 서운한 모든 감정들과 함께 아이를 잃은 슬픔과 상실감까지 겹쳐 시부를 증오하기 시작했다. 한 가지 민비에게 다행한 일이 있었다. 이제 고종의 총애를 한 몸에 받게 된 것이다. 그리하여 민비는 고종 10년(1873년) 2월 딸을 하나 낳았는데, 잘 크는가 싶더니 아니나 다를까 7개월 만에 또 죽고 말았다. 결국 자녀들이 모두 죽은 것이다. 민비는 이렇게 계속 재앙이 닥친 이유를 시부 탓이라고 생각했다.

이때 서원 철폐 등 흥선대원군의 여러 개혁작업의 잘못을 지적하고, 고종에게 친정을 촉구하는 상소가 빗발쳤다. 민비도 고종에게 친정을 부추겼고 고종도 친정에 대한 생각이 있었다. 22세나 된 고종이 친정을 하지 못할 이유가 없었기 때문이다. 동부승지 최익현은 상소를 통해 한 사람, 즉 대원군 때문에 나라의 기강이 어지럽고 끊임없이 재앙이 일어난다고 하면서 중궁의 아이들이 계속 죽는 이유도 이 탓이라고 했다. 자칫하면 역적으로 몰려 죽을 수도 있는 상소였지만 이를 본 고종은 그를 '정직한 사람'이라고 하면서 호조참판으로 승진 임명했다. 상황이 이렇게 되자 흥선대원군이 물러나지 않으면 안 될 분위기가 조성됐다. 결국 고종 11년(1874년) 흥선대원군은 운현궁을 떠났고 10년간의 섭정은 이렇게 일단락되었다.

누가 흥선대원군을 내쫓았을까? 공식적으로 고종이었으나 사실적으로는 민비였다. 사실 고종이 성년이 되어도 흥선대원군이 자리를 내어놓지 않으려고 했던 것은 아들의 성격을 잘 알기 때문이다. 고종은 정치력이나 결단력이 부족하여 60년간의 세도정치를 끝내고 급변하는 국제 정세에 맞게 조선을 끌어갈 왕의 자질이 아니라고 본 것이다. 어쩌면 흥선대원군은 아들을 전면에 내세운 채 자신이 계속 권력을 휘두르려고 했는지도 모른다. 그런데 예상과 달리

고종이 강하게 나오자 흥선대원군도 달리 방법이 없었던 것이다. 궐을 떠나면서 흥선대원군은 미완의 개혁작업들에 대한 아쉬움과 조선의 미래에 대한 걱정, 자신이 과거에 절치부심하여 견뎌 온 세월이 아무런 빛도 보지 못했다는 생각에 울분을 삼켰을 것이다. 그리고 당연히 고종을 그렇게 조종한 며느리 민비에게 증오를 느꼈을 것이다. 보잘 것 없는 가문의 여식을 왕비로 만들어 주었건만 은혜를 갚지는 못할망정 자신을 내쫓아 버렸다는 생각에 흥선대원군은 견딜 수가 없었다.

흥선대원군이 하야한 다음 고종은 노론세력들과 여흥 민씨 외척들을 대거 등용했다. 특히 민비의 이복오빠인 민승호가 조정의 실세로 떠올랐다. 이것은 실제적인 권력이 민씨에게 있었다는 말이다.

민승호는 대원군이 그동안 발탁한 남인을 숙청하면서 흥선대원군의 10년을 부정하는 태도를 취했다. 그러던 중 고종 11년(1874년)에 민승호의 집에서 폭탄 테러가 일어나 민승호가 죽었다. 이 폭탄을 누가 보냈는지 정확히는 알려지지 않았으나 민비는 당연히 대원군일 것이라고 확신했다. 이로 인해 대원군과 민비의 갈등은 돌아갈 수 없는 강을 건너게 된다.

민비는 왜 흥선대원군을 미워하게 되었나

대원군과 민비의 대립과 갈등은 조선 말기 역사를 이해하기 위한 핵심 중의 하나다. 과거 역사상 시부와 자부가 이렇게 대립하고 갈등했던 적은 거의 없었다는 점에서, 민비와 대원군의 대립 구도는 매우 흥미롭다. 그렇다면 대원군과 민비의 갈등의 시작은 무엇이었는가? 앞서 언급했듯이 태어난 지 사흘 동안 변을 보지 못했던 아들이 대원군이 보낸 산삼을 먹고 죽었기 때문이다.

미국의 실험심리학자였던 카민(Leon Kamin)은 실험용 쥐를 A와 B 두 집단으로 구분한 다음, A 집단의 쥐들에는 번쩍거리는 불빛을 비추었다. 바로 뒤이어 전기 쇼크를 가하여 쥐에게 고통을 주었다.

	A집단	B집단
절차 1	불빛	쇼크
절차 2	불빛 소리-쇼크	소리-쇼크
결과	불빛에만 공포	불빛과 소리 모두에 공포

이 경우 쥐들은 불빛에 대한 공포를 학습한다. 이 절차는 B 집단의 쥐들에게는 생략되었고 A 집단의 쥐들에게만 실시되었다.

그리고 다시 A 집단과 B 집단의 쥐들 모두에게 이번에는 버저 소리와 함께 번쩍거리는 불빛을 비추었다. 그리고 전기 쇼크로 쥐에게 고통을 주었다. 그 결과 B 집단의 쥐들은 버저 소리만 들어도 공포를 느끼고 불빛만 보아도 공포를 느꼈다. 그렇다면 A 집단의 쥐들은 버저 소리와 불빛 중 어느 것에 공포를 느꼈을까? 아니면 B 집단의 쥐들처럼 소리와 불빛 두 자극 모두에게 공포를 느꼈을까? 그것도 아니면 두 자극 모두에 공포를 느끼지 않았을까?

실험 결과 A 집단의 쥐들은 첫 번째 절차를 통해 공포를 학습했던 불빛에 대해서만 여전히 공포를 느꼈고 두 번째 절차에서 새롭게 제시된 버저 소리에 대해서는 전혀 공포를 학습하지 못했다. 이러한 결과는 첫 번째 절차가 없었던 B 집단의 쥐들과는 대비되는 것이다.

이 실험을 통해 카민은 동물들도 예기치 못한 일이 벌어졌을 때 그 원인을 자신의 경험(기억) 속에서 찾으려고 한다는 기억주사설(memory-scan hypothesis)을 주장했다. 과거의 기억을 탐색하여 자신에게 일어난 예기치 못한 사건의 원인을 찾는다는 것이다.

물론 이 실험의 결과는 동물에게만 해당되는 것은 아니다. 사람도 마찬가지다. 사람은 재앙이나 사고처럼 고통을 불러일으키는 사건을 경험하면 왜 자신에게 이런 일이 일어나는지 원인을 찾고자 한다. 이것은 앞으로 또다시 일어날 수 있는 고통을 미리 예측하고 방지하여 생존의 확률을 더 높이기 위해서다.

어떤 사람이 집에 강아지를 한 마리 사 왔는데 그때부터 집에 사고와 재앙이 끊이지 않는다면 그 사람은 강아지를 탓할 수 있다. 우리나라의 가부장적인 문화에서 이러한 예는 가정 안에서도 많았다. 아들이 결혼하여 며느리를 새 식구로 맞았는데 아들이 번번이 사업이 실패하고 교통사고를 당한다고 하자. 끊이지 않는 재앙의 원인으로 대부분의 사람들은 며느리를 지목할 것이다. 주변에서는 사람이 잘못 들어와서, 결혼을 잘못해서 그렇다고 입방아를 찧을 것이다.

 기억주사설
심리학이 과학이 되기 위해서는 눈에 보이는 행동만을 연구해야 한다고 주장했던 행동주의자들의 주장을 무너뜨린 카민이 주장했던 가설로서, 이제는 당연하게 받아들여지는 관점이다. 보통 사회심리학에서 행동이나 상황에 대한 원인을 찾는 귀인(歸因, attribution)으로 연구가 된다.

민비도 마찬가지였다. 민비에게 아들은 불안정한 자신의 입지를 확고히 세워 줄 수 있는 최상의 방법이었다. 더구나 고종의 첫 자녀였던 귀인 이씨의 아들이 잘 자라고 있는 상황에서는 아들이 더욱 절실했다. 오매불망 기다리던 태기가 나타났다. 그런데 유산이 되었다. 큰 슬픔에 빠져 지내면서 왜 유산이 되었을지 생각했을 것이다. 얼마 지나지 않아 또 다시 태기가 있었고 드디어 아들을 낳았다. 그러나 이 아들도 태어난 지 일주일이 안 되어 죽었다. 아들이 죽었을 때 민비의 기억 속에 가장 먼저 떠오른 것은 무엇일까? 바로 시부가 구해다 준 산삼이었다. 사실 삼(蔘)은 잘 쓰면 약이 되지만 잘못 쓰면 독이 될 때가 많다. 경종도 연잉군(영조)이 올린 인삼을 먹은 뒤 죽었을 만큼 사람의 체질과 여러 약재나 음식과의 조화까지 생각해서 먹어야 하는 약재 중 하나다. 비록 아들의 죽음이 대변을 보지 못했기 때문일 수도 있으나 사실과 상관없이 민비에게는 대원군 탓이었던 것이다.

자신에게 닥친 고통의 원인을 찾은 다음 할 일은 그 위험을 제거하는 것이다. 그래서 민비는 고종에게 친정을 계속 요구했으나 고종도 마땅한 방법이 없었다. 결국 위험을 제거하지 못하여 불안한 상황에서 민비가 다시 임신을 했고 건강하게 아기를 낳았다. 이번에는 딸이었다. 그런데 문제는 이 딸이 7개월 만에 또다시 죽은 것이다. 민비는 이 모든 것이 대원군 탓이라고 생각했다. 시부의 개혁 정책으로 전국의 유림이 반발했고 대원군과 고종을 향하여 원망과 저주의 소리가 끊이지 않았다. 민비는 어찌되었든 시부 때문에 자신의 아들이 죽은 것이라고 생각했고, 첫 아들이 산삼을 먹고 죽었을 때 시부를 쫓아내지 못한 것을 자책하면서 고종에게 끊임없이 압력을 넣는다. 결국 대원군은 실권하고 고종의 친정이 시작된다.

시부 때문에 자녀들이 죽은 것이라는 민비의 의심은 결국 사실로 증명되었다. 왜냐하면 대원군이 물러나고 고종이 친정을 시작하던 그해 민비는 다시 임신을 했고, 이듬해에 건강한 아들을 낳았기 때문이다. 그리고 그 아이는 죽지 않고 자라서 조선의 마지막 왕 순종이 되었다.

자리가 사람을 만든다

몰락한 명문가의 평범한 여식으로 살 뻔했던 자신을 왕비로 만들어준 시부를 쫓아내고 고종을 조종하여 조선 말기 최고 권력의 자리에 오른 민비를 사람들은 여걸이라고 부른다. 그런데 원래부터 민가는 정치력과 추진력이 뛰어난 여걸이었을까? 아니면 왕비라는 자리와 시대 상황이 그녀를 그렇게 만든 걸까? 자리가 사람을 만든다는 말이 있다. 이 말에 따르면 민비는 본래 여걸은 아니었으나 주변 상황이 그녀를 그렇게 만들었다고 할 수 있다. 정말 그럴까?

사람들은 일반적으로 어떤 사람의 행동에 대한 원인을 그 사람의 내적 요소인 성격에서 찾는 경향이 있다. 일상적인 예로 길거리에서 구걸하는 사람이 실제로 일자리를 찾지 못하는 상황일 수 있는데도, 우리는 일하기 싫어하는 사람이라고 판단한다. 또 직장에 지각한 사람은 예기치 못한 돌발상황 때문에 늦었을 수 있는데도, 우리는 게으른 사람이라고 판단한다. 이러한 것을 가리켜 기본적 귀인오류(fundamental attribution error)라고 한다. 행동의 원인을 찾는 귀인에서 많은 사람들이 일반적으로 범하는 오류라는 것이다.

기본적 귀인오류

'기본적'이라는 말이 붙을 정도로 사람이라면 모두 범하는 일반적인 귀인의 오류란 상대방의 행동을 외적인 원인(상황)보다는 내적인 원인(성격이나 기질)으로 돌리는 것이다. 그러나 이는 오류일 가능성이 많다.

그러나 많은 경우 사람의 행동은 성격보다는 외부의 환경에 영향을 받는다. 심리학의 한 분야인 사회심리학에서는 사람의 행동을 잘 예측하는 단서는 성격이 아니라 환경이라는 입장을 견지한다. 실제로 어느 연구 결과를 보면 성격이 사람의 행동을 예측하는 것은 30퍼센트라고 하는데, 그렇다면 나머지 70퍼센트는 무엇으로 예측할 수 있을까? 바로 환경적 요인이다.

환경이 사람의 행동에 얼마나 큰 영향을 미치는지에 대해서는 연구 결과가 많다. 사회심리학의 대표적인 실험이자 충격적인 결과로 주목을 받은 실험 두 가지가 있다. 바로 밀그램(Stanley Milgram)의 복종실험과 짐바르도(Philip Zimbardo)의 모의감옥 실험이다.

밀그램은 제2차 세계대전에서 독일군 장교들이 단지 상부의 지시라는 이유만으로 엄청난 유대인을 학살했던 독일군 장교들의 전

범 재판을 보고 복종실험을 고안했다. 사람들이 권위자의 부당한 명령에 얼마나 복종하는지 알아보기 위해서였다.

밀그램은 교사 역할을 하는 피험자들에게 학생 역할을 하는 피험자들이 문제를 틀릴 때마다 전기충격을 15~450V까지 차례대로 주라고 명령했다. 전기충격을 조금씩 높일 때마다 학생 역할을 하는 피험자들은 고통을 호소하면서 실험을 중단해 달라고 애원했다.

이때 교사 역할을 하는 피험자들은 상대방이 고통스러워하면서 울부짖는 소리를 듣고 실험을 중단해도 되냐고 실험자에게 물었지만 실험자들은 계속 진행할 것을 명령했다. 이 실험에서 고통을 받는 학생 역할 피험자들은 실험자들이 고용한 사람들로서 실제로 전기충격을 받지 않았으며, 고통을 호소하는 소리도 예전에 녹음해 둔 것이었다. 이 실험에서는 교사 역할을 하는 피험자들과 학생 역할을 하는 사람들이 서로 보이지 않는 방에서 소리만 들을 수 있었기 때문에 이러한 속임수가 가능했다.

실험 결과는 놀라웠다. 실험에 교사 역할로 참가한 40명 중 26명은 최대한도인 450V까지 전기충격을 주었다. 전기충격을 받는 상대방은 300V 이상에서는 아무런 반응이 없어서, 기절했거나 혹은 심장마비로 죽었을 수도 있다는 느낌을 주기에 충분했다. 게다가 전기충격 기계의 450V 스위치 아래에는 XXX라고 씌어 있어서 정말 죽을 수도 있는 위험한 수준의 전기충격임을 암시하고 있었다. 26명은 사회·경제적 수준도 평균적인 사람들이었고 심리적으로 아무런 문제가 없었으며 과거에 죄를 지어서 형을 살아 본 적도 없는 지극히 정상적인 사람들이었다. 우리가 날마다 보는 평범한 사람들이었던 것이다. 그런데 일정한 환경 아래서 이들은 무서운 살인마 혹은 범

죄자로 변했다.

짐바르도는 교도 프로그램을 통해서도 재범률이 줄기는커녕 오히려 늘어나는 이유가 무엇인지 알기 위해 스탠포드대학교 지하에 모의감옥을 만들었다. 그리고 피험자를 지원받아 9명은 죄수가 되고 9명은 간수가 되었다. 물론 이들은 앞의 실험에서처럼 모두 정상적이고 일반적인 사람들이었다.

짐바르도는 이들에게 아주 간단한 규칙만을 제시했다. 죄수는 간수에게 순종할 것, 간수는 죄수에게 물리적 폭력을 사용하지 말 것, 죄수를 부를 때는 이름 대신 죄수번호로만 부를 것, 화장실에서 볼일은 5분 안에 끝낼 것, '실험'이라는 말을 절대로 입에 올리지 말 것 등이었다. 실험의 예정은 2주였기 때문에 이들은 서로 편하게 지내면서 2주 후에 큰 액수의 수고비만을 챙길 수도 있었다.

그러나 실험은 그렇게 진행되지 않았다. 죄수들이 폭동을 일으켰고 간수들은 죄수를 신체적으로 억압하는 등 죄수와 간수 사이에서 주도권 싸움이 시작되었다. 간수들은 죄수들을 이간질하는 전략을 사용했고, 이 과정에서 정신병적 증상을 보이는 사람이 나타났다. 간수들은 날로 포악해져서 정말 감옥의 간수들처럼 죄수들에게 인격적인 모욕까지 서슴지 않았고, 죄수들은 수치감을 느끼면서도 간수들의 말에 절대적으로 복종했다. 결국 참가자들의 몰입 정도가 너무 심하고, 죄수들 중에서 정신이상 증세를 보이는 사람까지 생겨서 2주 예정이었던 실험은 6일 만에 끝났다.

짐바르도는 평범하고 선량한 사람도 어떤 상황과 환경 속에서는 악한 행동을 저지른다고 하면서 이를 루시퍼 효과(Lucifer effect)라고 명명했다. 한편 이 실험은 2004년 이라크 아부그라이브 교도소에서 벌어진 이라크 포로 학대사건을 통해 다시 주목을 받기도 했다.

두 실험은 사회심리학의 기본 관점을 고스란히 담아내고 있다. 바로 우리의 행동을 설명하는 것은 개인의 성격보다는 개인이 처한 환경이라는 것이다. 우리는 너무나 당연하다는 듯이 어떤 사람의 행동을 보고 원래 저런 사람이었다고 말하지만, 사회심리학자들은 저렇게 행동할 수밖에 없는 환경에 있기 때문이라고 말한다.

그렇다면 민비는 어떠한가? 민비도 원래 여걸은 아니었다. 비록 어린 시절의 경험이 나중에 왕비가 된 뒤 정치력과 지도력을 발휘할 수 있도록 영향을 미친 것은 사실이지만 민비의 행동은 다분히 자리가 만들어 낸 결과라고 할 수 있다.

시부 때문에 자녀들이 죽는 상황에서 강해지지 않을 어머니는 없다. 더군다나 시부에게 눌려서 왕으로서 권위가 전혀 보이지 않는 고종을 대신하여 무엇이라도 해야 했다. 또 시부를 하야시킨 후 권력의 공백을 메우기 위해 민비는 그동안 조선에서 행해진 대로 척족을 끌어들였다. 특히 조선 말기의 혼란한 상황에서 민비는 먼저 죽이지 않으면 내가 죽을 수 있다는 사실을 깨달았고, 그때부터 본격적인 조선의 여왕으로 자리매김하게 된다. 그리고 이러한 민비의 행적에는 고종의 영향도 적지 않다.

조선의 왕, 황제가 되다

대원군을 하야시키고 친정을 하라는 민비의 강력한 요청에 고종은 순순히 응한다. 그래서 대원군이 물러가고 고종의 친정이 시작되었으나, 민비가 국정을 좌지우지하면서 조선은 마지막을 향해 치닫는다. 사실상 고종의 친정이 아니라 민비의 친정이 시작된 것이다. 민비는 자신의 친족들과 친분이 있는 사람들을 요직에 배치하면서 정국의 주도권을 모두 틀어쥐었다. 대원군이 그토록 꺼리던 민씨 척족들이 부정부패를 일삼는 형국이 된 것이다.

민비는 개화정책을 급속히 추진했고, 이 과정에서 신식 군대인 별기군(別技軍)이 조직되었다. 신식 군대와 구식 군대의 차별이 심해지자 결국 고종 19년(1882년) 구식 군대의 반란인 임오군란(壬午軍亂)이 일어났다. 처음에는 군대의 반란이었지만 하층민이 참여하면서 걷잡을 수 없는 사태로 번졌다. 이 과정에서 많은 사람들이 살해되었고 민비도 죽음의 위기를 겪었지만 살아남아 충주로 피신했다. 고종은 이 사건을 혼자 수습할 수 없어서 사람들의 조언대로 대원군에게 사태의 수습을 위임했다. 이로써 대원군은 최익현의 상소로 하야한 지 8년 만에 복귀하게 되었다.

대원군은 우선 왕비가 군란을 통해 죽었다고 하면서 시신 없는 장례를 치르게 했다. 군란을 진정시키려는 의도와 함께 실제로 민비를 인정하지 않으려는 특단의 조치였다. 그리고 모든 체제와 행정을 문호개방 이전으로 환원했다. 그러나 가만히 있을 민비가 아니었다. 민비는 고종과 극비리에 연락을 취하면서 청의 협조를 얻어 흥선대원군을 납치하여 천진으로 보내 버리고 자신은 한양으로 돌아왔다. 임오군란을 계기로 들어온 청군은 이후에도 한양을 떠나지 않고 계속 주둔하면서 조선을 자신의 영향력 아래 두려고 했다.

임오군란 이후 민씨 척족은 더욱 강력한 체제를 구축했다. 당연히 개화정책도 제대로 될 리가 없었다. 일본을 등에 업은 김옥균을 비롯한 급진적인 개화파들은 민씨 세력을 제거할 계획을 세웠다. 고종 21년(1884년) 우정국 낙성을 기념하는 자리에서 갑신정변(甲申政變)이 일어났다. 김옥균과 박영효 등 급진 개화파는 창덕궁으로 가서 고종과 민씨를 협박하여 민씨 척족을 부르게 했고, 이들이 보는 앞에서 그들을 모두 살해했다. 민비는 청군에게 다시 한 번 도움을 요청했고, 청군이 창덕궁으로 진입하자 김옥균, 박영효 등은 일본으로 망명했다.

이를 통해 청나라의 간섭이 더욱 심해졌다. 청의 북양대신 리홍장(李鴻章)은 갑신정변에서 고종의 어리석음과 나약함, 민씨 척족의 세도정치, 일본의 사주를 받은 친일 개화파의 반청 행보를 비판하면서 조선을 대놓고 간섭했다. 그러자 민비는 러시아를 끌어들여 청나라를 견제했다. 청은 조선에서 입지가 약해지자 대원군을 환국하여 청국과의 관계 회복을 주문했다. 대원군은 고종 22년(1885년) 귀국했으나 민씨 척족은 대원군을 운현궁에 유폐시켰다.

대원군과 민비의 갈등이 지속되는 가운데 서구 열강은 조선을 계속 침탈하고 백성의 삶은 피폐해졌고, 결국 동학혁명이 일어났다. 이것을 계기로 청일전쟁이 일어났고, 승리한 일본은 동학농민군의 지지를 받는 대원군을 재집권시켰다. 그러나 일본은 김홍집을 중심으로 내정 개혁을 단행했는데, 이를 갑오개혁(甲午改革)이라 한다. 갑오개혁의 가장 핵심적인 사항은 왕권을 극도로 약화시킨 것과 화폐제도 개혁으로 조선 경제를 일본에 예속시키는 것이었다. 일본은 갑오개혁을 대원군이 주도하는 것처럼 선전했으나, 사실 갑오개혁에 제일 먼저 반대한 사람은 대원군이었다. 결국 일본은 그를 운현궁에 연금하게 된다.

민씨 일파는 고종 32년(1895년) 삼국 간섭을 계기로 러시아를 끌어들여 일제를 견제하려고 했고, 위기에 몰린 일본은 경복궁을 습격하여 민비를 살해하는 을미왜변을 일으킨다. 민비가 시해되자 고종은 일본의 강요로 마지못해 김홍집을 수반으로 하는 내각을 조직하고 개혁의 내용을 담은 140여 건의 법령을 공포했다. 그리고 일군이 을미왜변과 단발령에 반발하여 일어난 각 지역의 의병을 토벌하기 위해 지방으로 내려간 틈을 타서, 고종 33년(1896년) 2월에 러시아 공관으로 피난했다. 이후 러시아의 간섭이 심해졌고, 관원과 유생들 사이에서는 고종의 위상을 황제로 격상해야 한다는 여론이 팽배했다. 결국 재위 34년(1897년) 8월에 연호를 광무(光武)로, 국호를 조선에서 대한제국으로 바꾸고 황제 즉위식을 거행했다. 민비는 명성황후로 추봉되었다.

이후 고종은 대한제국의 정치체제를 입법화하는 작업을 서둘러 광무 3년(1899년) 8월에 대한국국제(大韓國國制)를 반포했다. 그리고 광무개혁이라고 하는 일련의 개혁을 통해 근대화에 박차를 가했다. 그러나 고종의 광무개혁은 광무 8년(1904년)에 일어난 러일전쟁으로 일본의 조선 침략이 본격화되면서 빛을 잃고 만다. 러일전쟁에서 승리한 일본은 고종에게 압력을 가하여 결국 광무 9년(1905년) 을사늑약(乙巳勒約)●을 체결했다. 고종은 일본의 강제적인 보호조약에 대한 무효를 선언하고 미국의 도움을 구하기 위해 밀서를 보냈으나 미국은 일본과 가쓰라·태프트 협정을 통해 필리핀과 대한제국의 지배권을 서로 용인하는 조약을 체결한 상태여서 아무런 반응도 하지

● 최근 사학계에서는 강압적으로 이뤄진 일이기 때문에, 조약(條約)이 아니라 늑약(勒約)으로 불러야 한다는 주장이 나오고 있다.

않았다. 결국 고종은 대한제국 문제를 국제사회에 알리기 위해 광무 11년(1907) 6월 제2차 만국평화회의가 열리는 네덜란드로 특사를 보냈다. 그러나 7월에는 결국 일본의 강요에 의해 퇴위하고 만다. 고종은 순종에게 선위한 후에 물러났고, 1910년 한일병합조약이 체결되었다.

의존적 성격에서의 탈피

고종의 치세는 대부분 그의 생부인 흥선대원군과 그의 아내인 민비의 이야기로 이루어져 있다. 왕위에 오른 후 대략 10년 동안 생부가 조선의 실제적인 통치자였고, 그 후부터 을미사변까지는 명성왕후 민씨가 실제적인 통치자라고 할 정도로 고종의 이야기는 찾기 힘들다. 이 말은 분명히 고종이 조선의 왕이기는 했지만 생부나 중궁의 결정과 판단에 너무 쉽게, 너무 자주, 너무 많이 의존했다는 것이다. 심지어 아버지와 아내의 뜻과 맞지 않을 때에도 적극적으로 나서서 의견을 개진하는 모습은 볼 수가 없다. 적극적인 군왕의 모습이 아니라 너무나 소극적이고 의존적인 모습이다. 마치 조선의 마지막 모습을 그대로 보는 것 같다.

이러한 고종의 모습은 의존적 성격으로 쉽게 이해할 수 있다. 의존성 성격을 가지고 있는 사람들은 보호받고자 하는 욕구가 강하며, 다른 사람의 충고 없이는 결정을 내리지 못한다. 심지어 자신의 삶에서 아주 중요한 영역까지도 의존할 수 있는 사람을 필요로 하며, 자신의 뜻과 상충될 때에도 반대 의견을 말하기 어려워한다. 그래서 혼자 있으면 무기력감을 느낀다. 한 사람과의 친밀한 관계가 끝나면 즉시 자신을 지지하고 보호해 줄 다른 사람을 찾는다.

이러한 의존적 성격의 특징은 고종에게 잘 나타난다. 대원군이 주도적으로 국정을 장악하고 있는 동안 고종은 성인이 되어 갔다. 그러나 자신을 왕으로 만들어 준 아버지에게 친정을 하겠다고 말하지 못한다. 그러다가 민비의 강력한 요청으로 친정을 시작했다. 그러나 고종은 국정에서 무엇이 옳고 그른 것인지 판단을 내릴 만한 자기확신이 결여된 사람이었다.

의존적 성격

독립적 성격과 반대되는 의존적 성격은 정도가 심하면 정신장애에 포함되기도 한다. 아주 중요한 결정부터 일상생활의 사소한 결정까지 남에게 의지해야 하는 의존적 성격은 개인주의적인 서구사회에서 비하여 집단주의인 우리나라에서는 크게 문제가 되지 않기도 한다.

이 틈새를 민비가 파고들었고 결국 고종은 전권을 아내에게 넘겼다. 사람을 임명하는 일부터 시작하여 거의 모든 국사를 민비의 의견대로 한 것이다. 민비의 의견을 듣고 자신의 의사결정에 참고하는 정도가 아니라 전적으로 민비의 의견을 따랐다. 그러다가 임오군란을 통해 민비는 충주로 피했는데, 이때 고종은 다시 아버지를 찾았다. 군란 탓에 민심이 흉흉하고 일련의 개혁들이 필요한 상황에서 아버지에게 사태 수습을 위임한 것이다. 이때 고종은 대원군이 살아 있는 멀쩡한 중궁을 두고 장례식을 치를 때에도 반대하지 않았다. 그리고 반대로 민비가 청군을 동원하여 대원군을 납치할 때에도 이를 묵인하는 모습을 보였다. 다시 민비가 권력을 쥐고 흔들 때 고종은 등장하지 않았다. 모든 것이 민비의 마음대로 이루어졌다. 이렇게 고종은 끊임없이 의존할 대상을 찾았다. 의존할 대상이 아버지이건 민비이건 중요하지 않았다. 의존만 할 수 있다면 의리든 자존심이든 아무것도 필요치 않았다.

그러다가 민비도 시해당하고 대원군의 정치적 생명도 끝나 더 의존할 사람이 없어지자, 그는 여론에 의존했다. 대표적인 예가 아관파천(俄館播遷), 즉 러시아 공관으로 피신을 간 것이다. 한 나라의 왕이 국내 정세를 감당할 수가 없어서 다른 나라의 공관으로 갔다는 것은 참으로 부끄러운 일이다. 그러나 당시 고종은 백성에게 전폭적인 지지를 받았고, 여론에 의존한 고종은 무려 1년이나 그곳에 머물렀다. 그러던 중 여론은 조선을 제국으로 바꿔야 한다는 쪽으로 변했고, 고종은 여론에 따라서 대한제국의 설립을 반포했다.

어느 집단이든지 리더에게 필요한 자질은 여러 사람의 의견을 폭넓게 수용할 수 있는 아량과 더불어, 모두 반대하더라도 옳은 일이라면 끝까지 밀고 나가는 추진력이다. 아량이 있다고 해서 다른 사람의 의견을 모두 수용하고 실천해야 한다는 것은 아니다. 더 좋고 옳은 선택을 위해 마음으로 듣는 것이 중요하다. 또한 리더에게는 당연히 있을 수밖에 없는 좌절과 위기 앞에서 굴하지 않고 밀어붙이는 추진력도 필요하다. 고종은 이러한 부분에서 많이 부족한 리더였다. 어느 것이 옳고 그른지 스스로 판단하지 못하여, 결국 이 사람 저 사람에게 휘둘리는 신세가 되었다.

그러나 고종의 의존적 태도는 대한제국의 반포를 계기로 조금씩 변하기 시작했다. 광무개혁을 통해 근대적인 국가를 만들려고 노력했다. 왕위에 오른 지 35년 만에 왕으로서의 권위가 나타나기 시작했다. 만약 고종이 조금만 더 일찍 의욕적으로 왕권을 행사했더라면, 그래서 아버지와의 관계나 아내와의 관계에서 적절한 균형을 잡으면서 개혁을 추진했더라면 분명 역사는 달라졌을 것이다. 그러나 때는 이미 너무 늦었다. 일본은 조선 깊숙이 들어와 있었고 결국 조

선은 합방되었다.

　의존적인 왕이 아니라 의욕적인 왕이 된 고종은 포기하지 않고 국제사회의 도움을 요청하며 다각적으로 대한제국이 처한 문제를 해결하려는 모습을 보여 주었다. 물론 결과는 강제 퇴위로 돌아왔다. 그러나 고종은 그런 상황에서도 포기하지 않고 해외망명 계획을 수립했다. 이렇게 고종이 적극적으로 문제를 해결하는 모습은 백성에게 큰 위로와 희망을 주었다. 고종의 의욕과 노력으로 얻은 실제적인 결과물이 없을지라도 백성의 마음에 자주독립에 대한 희망과 가능성을 불어넣은 것이다. 이 희망과 가능성은 고종황제의 갑작스러운 승하를 계기로 독립만세운동으로 태어났다. 고종의 자주국가에 대한 열망이 한반도에 퍼져 나간 것이다.

조선왕조 세계도(世系圖)

※ 본 세계도는 본문에 등장하는 왕과 왕후만을 중심으로 구성하였습니다.

태조~세종(1장)

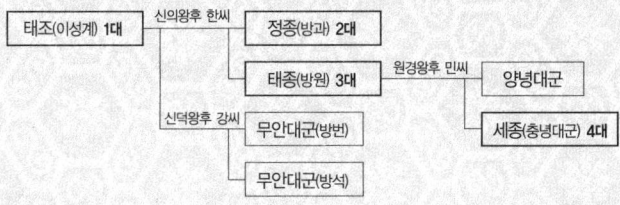

세종~세조(2장)

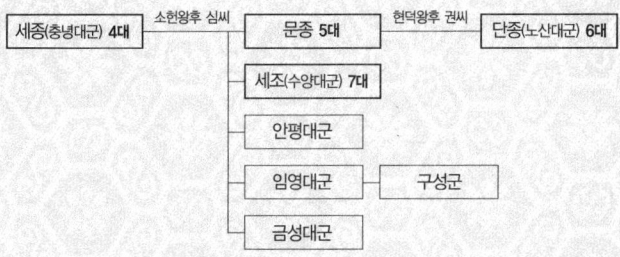

세조~중종(3장)

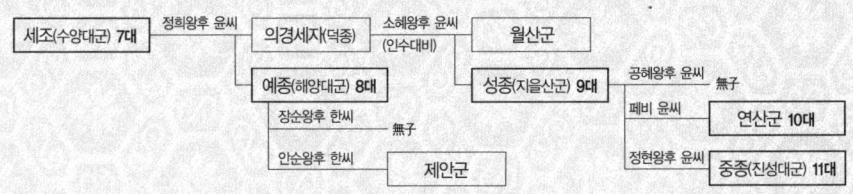

중종~선조(4, 5장)

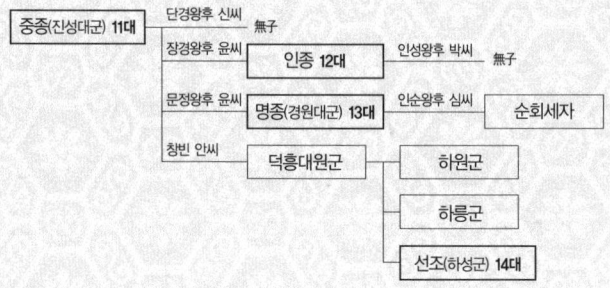

선조~인조(5장)

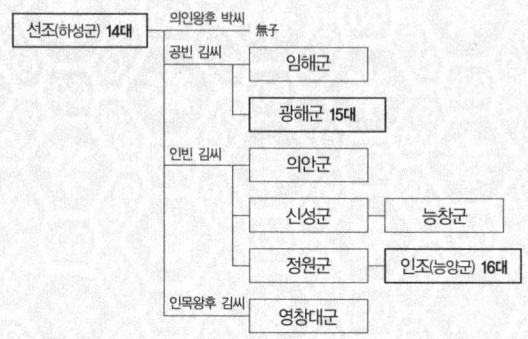

인조~숙종(6, 7장)

숙종~정조(7, 8장)

정조~헌종(9장)

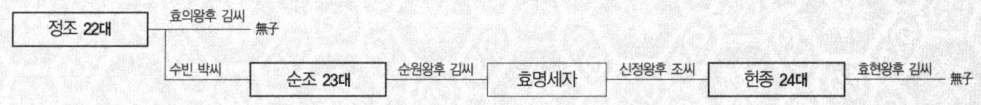

철종~순종(9장)

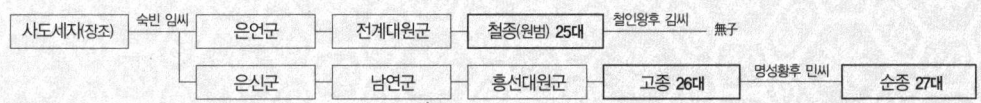

심리학으로 보는 조선왕조실록

| 펴낸날 | 초판 1쇄 2008년 10월 27일 |
| | 초판 13쇄 2022년 5월 13일 |

지은이 **강현식**
펴낸이 **심만수**
펴낸곳 **(주)살림출판사**
출판등록 1989년 11월 1일 제9-210호

주소   경기도 파주시 광인사길 30
전화   031-955-1350   팩스 031-624-1356
홈페이지 http://www.sallimbooks.com
이메일   book@sallimbooks.com

ISBN   978-89-522-1018-0   03180

※ 값은 뒤표지에 있습니다.
※ 잘못 만들어진 책은 구입하신 서점에서 바꾸어 드립니다.